Kerl • Hovawart

Susanne Kerl

Hovawart

Das große Rassehandbuch

Müller Rüschlikon

Einbandgestaltung: Katja Draenert
Titelbild: Susanne Kerl

Bildnachweis: Backes: S. 17, Baruth: S. 37, 146, Bergedieck: S. 45, 84, Bergedieck/Reiter: S. 77, Bremer: S. 10 r, Breves: S. 32, Bürger-Löloff: S. 102, 109 o, Fischer: S. 94 u, 145, Franz-Geschke: S. 34, Graf: S. 18 o + u, 19, Haake: S. 14, 57, 60, 65, 66 u, 80 o, 106 r, Hansen: S. 20, 153 u, Hartan: S. 67, 73, 139, Horisberger: S. 47 u, 55, 78, 104, Hoßfeld: S. 15, 133, 172, Jell: S. 47 o, 56, 59, 68, 88, 96, 108, 115, 117, 123, 128, 165, 170, Kerl: S. 7, 8, 25, 27 28, 29 u, 31, 33, 38, 39, 41, 58, 62, 63 u,69, 71 u, 80 u, 83, 87, 89, 90, 94 o, 97, 100, 110, 114, 135, 136, 138, 143, 147, 151 o, 153 or, 157, 158, 159, 162, 171, Lessmann: S. 11, Metz-Schlobohm: S. 43, Miller: S. 23 u, Müller: S. 131, Pinnekamp: S. 10 l, 42, 46, 112, 143, 149 r, Rickert: S. 89 u, Rotter: S. 21, 92, 103, Scheferling: S. 49, 118, Schiebeker/Petersen: S. 122, Schröder: S. 120, 151 u, Schwalm: S. 93, 153 ol, Siebert: S. 13, 44, 63 o, 66 o, 74, 91, 106 l, 109 u, 124, 137, 167, Stein: S. 23 o, Zahles: S. 129, 144, Zierott-Simon: S. 29 o, 51, 71 o,72, 148, 149 l, 161, »Unser Rassehund«: S. 22

ISBN 3-275-01470-6

1. Auflage 2003

Lektorat: Rosemarie Wild
Innengestaltung: Marit Wolff
Reproduktionen: digi bild reinhardt, 73037 Göppingen
Druck: Schwertberger GmbH, 86687 Kaisheim
Bindung: Conzella, 84347 Pfarrkirchen
Printed in Germany

Inhaltsverzeichnis

Vorwort

Während ich an diesem Manuskript zu schreiben beginne, liegt unsere blonde Hündin Brenda (10) nach einem langen Spaziergang ausgestreckt hinter meinem Schreibtischstuhl und zuckt im Traum mit den Pfoten. Alma, ihre schwarzmarkene Enkelin (4), ruht irgendwo auf einem der diversen Hundeliegeplätze, die unser großes Haus zu bieten hat. Beide verbreiten eine Atmosphäre wohliger Ruhe und Entspannung: Wenn Hovawarte tief und fest schlafen, ist draußen und drinnen garantiert alles in Ordnung.

Sobald die beiden aber die fremden Schritte unseres neuen Nachbarn auf der Straße hören, könnte es kurzzeitig mit der seligen Versunkenheit vorbei sein: Dieses Geräusch würde meine wachsamen Haus- und Hofwächter sofort bellend auf den Plan rufen und an ihren Job erinnern. Treffen wir den Mann nachher vor der Tür und erweist er sich als Hundefreund, dürfte er dagegen charmant von den Vierbeinern in unserer Nachbarschaft willkommen geheißen werden.

Situationsbedingte Wachsamkeit einerseits und nervliche Ausgeglichenheit andererseits: Die Zahl von Hundeliebhabern, die das spezielle Hovawartwesen in Verbindung mit dem eleganten und dennoch kraftvollen Erscheinungsbild zu schätzen weiß, ist groß. Ich wurde 1983 zum bestandenen Abitur von meinen Eltern vor eine angenehme Wahl gestellt: entweder zwei Wochen Parisurlaub oder einen Hovawart! Sie ahnen sicher, wofür ich mich entschied: Eine acht Wochen alte blonde Hündin war die größte Belohnung, die ich mir überhaupt vorstellen konnte.

In diesem Buch werde ich aber kein Blatt vor den Mund nehmen und Ihnen nicht vorgaukeln, der Hovawart sei ohne besondere Mühe zu führen: Gehen Welpenkäufer mit falschen Vorstellungen an die Haltung heran, kaufen sie den Welpen bei dubiosen Züchtern, versäumen sie das Gegensteuern bei kleinen Problemchen im Frühstadium, dann sind echte Probleme mit dieser liebenswerten, aber starken Hundepersönlichkeit unausweichlich. Der Hovawart ist eben *kein* Vierbeiner, der sich quasi von alleine erzieht. Er ist *kein* Hund, der mit einer Zuwendung von 10 Minuten pro Tag zufrieden ist. Er ist *keiner*, der eine unfaire, miserable Behandlung ohne weiteres wegsteckt und seinem Besitzer dafür noch liebevoll die Hände leckt. Häufig sorgt aber gerade das Wahrnehmen und Bearbeiten eventueller Disharmonien zwischen Mensch und Hovawart für ein besonders starkes Zusammenwachsen. Beim Erkennen alterstypischer Schwierigkeiten (durch die ich selbst jede Menge über Hundeverhalten lernte) möchte ich Sie deshalb in diesem Buch unterstützen und Ihnen Mut machen: Der Hovawart ist ein Vierbeiner, der Sie freundlicherweise innerhalb weniger Jahre zum Hundekenner ausbildet – oder Sie zum reinen Katzenliebhaber werden lässt, falls Sie die gestellten Lernaufgaben nicht zusammen mit ihm lösen.

Sie halten kein Rasseporträt traditioneller Machart in der Hand, sondern eines mit völlig neuem Konzept: Ich lade Sie darin ein, mich nach einem Streifzug durch die ungewöhnliche Rassegeschichte auf einer Zeitreise durch ein ganzes Hovawartleben mit seinen verschiedenen Entwicklungsstufen zu begleiten. Die Betrachtung beginnt mit dem Kennenlernen des Züchters kurz vor der Geburt des süßen Welpen. Sie endet mit dem traurigen Abschied vom betagten Hovawart. Es kommt nicht von ungefähr, dass die Darstellung der einzelnen Altersstufen unterschiedlich lang geriet: Welpen- und Junghundzeit sind nun einmal jene Lebensabschnitte, in denen Sie (neben dem Züchter und der Mutterhündin) die weitere Entwicklung Ihres Hovawarts entscheidend beeinflussen. Sie haben es vor allem in seinen ersten drei Lebensjahren maßgeblich in der Hand, ob Ihr Hovawart alle in ihn gesetzten Erwartungen erfüllen und dem Idealbild des treuen Begleiters entsprechen wird oder nicht. Eine eingebaute Garantie für Wesensfestigkeit gibt es beim Hovawartkauf nämlich nicht – Sie müssen selbst viel Arbeit investieren. Aber ich verspreche Ihnen aus Erfahrung: Wenn Sie sich der Herausforderung stellen, wird Ihre Mühe reich belohnt werden.

An welcher Stelle dieses Entwicklungshandbuches Sie mit Ihren eigenen Hovawarterfahrungen auch einsteigen, bitte verges-

Der Hovawart vereint Temperament und Nervenstärke, Wachsamkeit und Intelligenz. Auch meine beiden Hündinnen passen trotz ihrer Verspieltheit bestens auf Haus und Grundstück auf.

sen Sie nie: Der Gang über den Lebensbogen Ihres Hundes vergeht wie im Fluge – 10 oder gar 15 Jahre sind nur ein Wimpernschlag im Auge der Zeit. Genießen Sie deshalb Ihren Vierbeiner vom ersten Moment an ganz bewusst, so sehr Sie auch in den ersten Jahren manchmal über Ihren furchtbar wilden Irrwisch fluchen mögen. Vielleicht erkennen Sie sich und Ihren Hund an einigen Stellen dieses Buches zwischen den Zeilen schmunzelnd wieder? Ich würde mich darüber freuen! Und trotz guter Vorsätze werde ich wohl an manchen Textstellen nicht umhin kommen, eine Liebeserklärung, mehr noch: eine Hommage an den »Hovi« zu schreiben. Wenn Sie schon Hovawarthalter sind, wissen Sie, wie sehr der Charakter dieser Hunderasse ihre Zweibeiner gefangen nimmt. Mir kommt im Hinblick auf das Zusammenleben mit diesen starken Persönlichkeiten kaum noch der kühl-distanzierte Begriff »Hundehaltung« über die Lippen. Ein Hovawart ist einfach ein echter Freund, der mit uns durch dick und dünn geht. Wenn wir seine intensive Zuneigung zu spüren bekommen und erahnen, was in seinem schönen Kopf vor sich geht, lässt sich das Schwärmen über diesen Hund trotz so manchem Wenn und Aber kaum noch vermeiden.
In diesem Sinne bitte ich um Nachsicht und wünsche Ihnen viel Freude beim Lesen – sowie mit Ihrem Hovawart, der möglicherweise schon jetzt einen festen Platz in Ihrem Herzen und an Ihrer Seite hat. Ich habe jedenfalls nie bereut, damals nicht nach Paris gefahren zu sein.

Herzlichst,
Ihre Susanne Kerl,
im Oktober 2003

I. Der Hovawart stellt sich vor

Das mittelhochdeutsche Wort »Hovawart« bedeutet soviel wie »Wächter der Habe« oder »des Hofes«. Wach- und Hofhunde unterlagen harten Auslesekriterien. Robustheit, Genügsamkeit und wenig Wildpassion gehörten dazu.

Ein Hund, der Interesse weckt

»Was für ein Hund!« – diesen bewundernden Ausspruch bekommen Hovawartfreunde oft zu hören, wenn sie mit ihrem gut erzogenen Vierbeiner Hundeliebhaber treffen. Hovawarte haben eine selbstbewusste, edle und gleichzeitig lebenslustige Ausstrahlung. Auf einen kurzen Nenner gebracht, könnten folgende Wesensattribute hinter dem Namen dieser Rasse stehen:

H	wie	**h**erzlich
O	wie	**o**riginell
V	wie	**v**erlässlich
A	wie	**a**usgeglichen
W	wie	**w**achsam
A	wie	**a**rbeitsfreudig
R	wie	**r**udeltreu
T	wie	**t**emperamentvoll

Wer diese langhaarigen, gut mittelgroßen Vierbeiner – Rüden erreichen laut FCI-Rassestandard eine Schulterhöhe zwischen 63 und 70 cm, Hündinnen zwischen 58 und 65 cm – in den Farben schwarzmarken, blond und schwarz nicht kennt, wird die gleichen Worte aber noch einmal fragend vortragen, sobald er die Rassebezeichnung gehört hat: »*Was* für ein Hund ist das?« Zur Beantwortung möchte ich Sie auf einen Abstecher in die turbulente Hovawart-Geschichte entführen. Ohne ihre Anfänge und die konträren Ansichten ihrer Anhänger zu kennen, lässt sich diese Hunderasse in ihrem heutigen Wesens- und Erscheinungsbild nämlich nicht wirklich verstehen. Auch die bunte Hovawart-Vereinslandschaft erklärt sich nur historisch. Deshalb: Bitte anschnallen und Start frei für eine kurze Reise mit der kynologischen Zeitmaschine.

Die Entstehung des modernen Hovawarts

Der Hovawart trägt einen alten Namen, der aus dem Mittelhochdeutschen stammt und »Hofwächter« oder »Wächter der Habe« bedeutet. Schon im Römischen Reich hatte es nachweislich hoch geschätzte Hof- und Stallwachhunde gegeben, wie Vergil in einem Gedicht mit dem Titel »Hunde auf dem Bauernhof« berichtet. Die Germanen hielten überwiegend hochläufige Vierbeiner, deren Widerristhöhe zwischen 45 und 67 cm variierte, wie Skelettfunde kultisch bestatteter Wachhunde etwa unter der Türschwelle von Häusern belegen. Solche Hunde waren vermutlich auf Handelswegen aus den römischen Provinzen nach Germanien gelangt.

Im Mittelalter vergrößerte sich die Variationsbreite der Hundephänotypen deutlich. Auf dem Land wurden vorwiegend große Hunde für spezielle Aufgaben gehalten. Zwei Exterieurformen herrschten Knochenfunden im 11. Jahrhundert nach in Deutschland vor: die der eher schlanken und die der eher starkknochigen, derben Hundetypen. Letztere dürften den urtypischen Bauernhunden entsprochen haben, die als »rekeln, rodden« oder »hofwarden« bezeichnet wurden. Solche schon damals unverzichtbaren Vierbeiner waren in alten Schriften, u. a. im Schwabenspiegel (1274/75), immer wieder »hovewart« genannt worden.

Das Leben der bäuerlichen Hofhunde verlief hart und entbehrungsreich. Teure Fleischfütterung kam kaum infrage. Kleiereiches Brot oder Schrotbrei mit Abfällen menschlicher Nahrung musste genügen. Bauernhunde, die der Hunger zum Wildern trieb, trugen im 16. Jahrhundert oft schwere Holzscheite, so genannte Büngel, an ihren eisernen Halsbändern. Sie sollten die Hunde vom schnellen Laufen bei der Wildhatz abhalten. Da auf Wilderei hohe Strafen standen, hatte die Hoftreue ihres Hundes für die Bauern also einen existenziellen Stellenwert. Unter dieser Maßgabe ist es nicht verwunderlich, dass geringe Streunerneigung und wenig ausgeprägte Jagdpassion bei gleichzeitiger zuverlässiger Wachsamkeit noch heute als die klassischen Hovawartattribute gelten. Diese typischen Hofhundeigenschaften werden über Jahrhunderte bei der Gebrauchsauslese eine Rolle gespielt haben, bis sie bei diesem Hundetyp genetisch verankert waren. Vierbeiner, die notorisch streunten und Wild hetzten, wurden nicht mehr durchgefüttert und bei Verpaarungen ganz sicher nicht willentlich eingesetzt. Doch die damaligen Hofhunde führten kein ruhiges Leben als Wächter und Aufpasser, sondern mussten beim Ziehen von Milch- und Lastkarren zusätzlich hohe körperliche Leistungen erbringen. Eine besondere Aufgabe bestand im Bewegen hölzerner Tretmühlen bei der Butterherstellung. Die Bauern wussten ihre genügsamen Arbeitshunde zu schätzen und ge-

währten ihnen vielerorts, anders als dem menschlichen Gesinde, sogar Zutritt zu ihren Wohnstuben.
Scherenschnitte, die als Auftragsarbeiten um 1820 im Artland entstanden, zeigen den porträtwürdigen Hofhund mit Familienanschluss. Diese Wertschätzung belegt einen weiteren Wesenszug, der dem heutigen Hovawart immer noch zu eigen ist: seine ungewöhnlich enge Bindung an die Familie. Selbstverständlich hatten diese vierbeinigen Aufpasser noch längst nicht den Status einer einheitlich durchgezüchteten Rasse. Aus regionalen Schlägen entwickelten sich aus diesem Hofhundtyp verschiedene unserer jetzigen Hunderassen. Auch heute noch finden sich auf ländlichen Gehöften in ganz Europa Bauernhunde eines Hovawart ähnlichen Typs. Eine Rasse namens »Hovawart« gab es im 19. Jahrhundert aber noch nicht, während z. B. Neufundländer, Mops und Pudel längst als solche bekannt waren.

Geplante Rückzucht

Beim Hovawart handelt es sich also im Grunde um eine neue Rasse mit altem Namen, deren Herauszüchtung in den Anfangsjahren des letzten Jahrhunderts begann. Zwei von Genetik, Zoologie und Biologie faszinierte Männer, genauer gesagt, Vater und Sohn, standen an der Wiege des modernen Hovawarts: Bertram und Kurt-Friedrich König. Die Idee war, den seit vielen Jahrhunderten existierenden, langhaarigen, robusten und vor allem charakterlich absolut zuverlässigen Bauern- und Hofhundtyp aus alten, ursprünglichen Hundestämmen zurückzuzüchten. Der im Saarland geborene Kurt-Friedrich Wilhelm Karl König (1.2.1896–26.1.1975), wie er mit vollem Namen hieß, sah im Hovawart jenen unverfälschten Hund, der in der Domestikation auf dem Weg vom Wolf über den Wildhund bis zum Haushund die so genannte Hausbarkeitsstufe repräsentierte, deren Vertreter erstmals nicht mehr verwilderungsfähig waren. So genannte Abartungserscheinungen wiesen für Kö-

Wachsame Hof- und Arbeitshunde mit derbem Knochenbau sind schon seit Jahrhunderten in Europa zu Hause. Eine Rasse, die den offiziellen Namen Hovawart trägt, gibt es allerdings erst seit rund einhundert Jahren.

nig auf diesen besonderen Status im Prozess der Haustierwerdung hin, die für ihn nur der Hovawart als erster wölfischer Haushund in sich vereinte. Dazu gehörten u. a. eine erbliche Zahmheit, das Erheben der Rute, der Verlust der Stehohren, die Fangverkürzung, Farbvariationen von hell bis dunkel, Abzeichen an Brust und Pfoten bis zum Scheckentum, die Erhaltung des Jugendhaarkleides bis zur Langhaarigkeit, die Bewahrung des kindlichen Lautgebens und Größenabweichungen.
»Der Hovawart war schon vorhanden, bevor wir ihn kannten«, so König junior, der im modernen Hovawart eine gleichnamige Neuform des früheren Hofwächters sah. Für ihn standen nordischer Großwolf und der kleinere asiatische Wolf gemeinsam als Ahnen der mittelgroßen Wach-, Hof- und Jagdhunde fest. Dort, wo in Würfen Afterklauen zu finden waren, deuteten sie für Kurt F. König darauf hin, dass beide Wolfsstämme zu den Vorfahren gehörten. Waren keine Wolfskrallen vorhanden, schloss er auf Wolfsahnen gleicher Herkunft. Doch König beließ es nicht bei der Theorie, ihn faszinierte der experimentelle Nachweis. Den Anstoß dazu gab allerdings eine ganz andere Beobachtung: »Aus der Frage, wie es möglich sei, dass aus zwei Dutzend Wildkaninchen, die Engländer nach Australien gebracht hatten (um etwas zum Abschuss zu haben), in relativ kurzer Zeit Millionen werden konnten, ergab sich für uns, einer Familie mit überdurchschnittlichem Wissensdurst, ein Problem: Warnungen vor Inzucht, wie sie für Mensch und Tier üblich sind. Es schien schlechterdings unmöglich, dass aus so wenigen Tieren so viele entstanden sein konnten, ohne (nach damaliger Auffassung, wie auch heute) mangels späterer ›Blutzufuhr‹ an Erbschäden untergegangen zu sein. Als dem Jüngsten der Familienrunde, ging der Forschungsauftrag an mich.« Seine Thesen der Haustierschaft (Domestikation) überprüfte er durch Inzuchtversuche mit gefangenen Hausmäusen – seinem später berühmt gewordenen so genannten Mäuseklavier –, deren Nachkommen schon bald »Abartungserscheinungen« wie unterschiedliche Konstitutionstypen, Verringerung des Fluchttriebs, andere Pelzfärbungen und -strukturen aufwiesen. König nannte das beobachtete Phänomen parainfantile Entartung, die er als Allgemeingut aller »erblich zahmen Haustiere« ansah. Wie modern Königs Ansatz damals war, ist aus seiner intensiven Beschäftigung mit dem »Biogenetischen Grundgesetz« des zeitgenössischen Zoologen Prof. Ernst Haeckel (1834–1919), Universität Jena, ersichtlich. Haeckel erhob darin die These zum Gesetz, wonach die frühe Individualentwicklung der Lebewesen weitgehend mit der Stammesentwicklung übereinstimmt. Allerdings flossen Haeckels damals ungeheuer populären Abstammungstheorien auch in den fatalen Rassenwahn der Nazis ein, weshalb die damals übliche Wortwahl (z. B. der Begriff »Entartung«) heute großes Unbehagen weckt.

Die Existenz des heutigen Hovawarts ist ohne Zweifel Kurt F. König (hier im Bild) und seinem Vater Bertram zu verdanken. Die beiden Haustierforscher verfolgten die Idee, den Hovawarttyp aus alten Hundestämmen zu rekonstruieren.

Das Hovawartideal der Herauszüchter

Bei der historischen Betrachtung darf nicht vergessen werden, dass der Startschuss für die moderne Rassehundezucht erst in der zweiten Hälfte des 19. Jahrhunderts erklang: Ausgehend von England, dem Mutterland der modernen Kynologie, wurden erstmals Hundeausstellungen organisiert, Rassestandards erstellt, Zuchtbücher geführt und aus vorhandenen Hundeschlägen systematisch durchgezüchtete Rassen entwickelt. Insofern waren die Bestrebungen der sehr an Vererbungsfragen interessierten Königs zu ihrer Zeit absolut innovativ! Doch was hatte konkreten Anstoß für das Hundezuchtvorhaben von Vater und Sohn gegeben? In den Hinterlassenschaften Kurt F. Königs schilderte dieser eine peinliche, aber beeindruckende Jugenderinnerung seines Vaters Bertram: Dieser hatte in einer Badeanstalt gute Erfahrungen mit dem dort beheimateten großen, langhaarigen Hund gemacht und war mit dem freundlichen Vierbeiner bekannt gewesen. Eines Abends riskierte der junge König senior es, nach Ende der Öffnungszeiten den Zaun zu überklettern, um illegal baden zu gehen. Der Hund stellte sich ihm entgegen, doch König ignorierte die Warnung und sprang dennoch ins Wasser. Beim Auftauchen griff ihn der Hund im Wasser von hinten am Oberarm, zwang ihn ans Ufer, vereitelte die Flucht des jungen Königs und stellte ihn so lange, bis der Bademeister irgendwann vorbeikam und den Jungen befreite. Kurt F. König dazu wörtlich: »Dieser Vorgang, dass ein völlig kinderfreundlicher Hund zu Badezeiten zu anderer Zeit aber ganz anders reagieren konnte, nötigte meinem Vater einen solchen Respekt ab, dass er zeitlebens auf intelligente Hunde achtete, die ihre Handlungen der jeweiligen Situation anzupassen verstanden.« »Überlegsame Tiere«, wie König Vierbeiner mit der Fähigkeit zu situationsgerechtem Handeln nannte, waren für seinen Vater und ihn zeitlebens das Maß aller Dinge. Ihre Ausgangstiere, Typhunde oder Althirtenhunde genannt und die Zuchtbasis für die Rekonstruktionsversuche, fanden die Königs in den klimatisch rauen, abgelegenen deutschen Mittelgebirgsregionen, vor allem im Harz und im Schwarzwald. Schon um die Jahrhundertwende hatte Bertram König auf der Suche nach seinem Idealbild starkknochige, langhaarige Hofhunde verpaart und ab 1908 Hunde vom Hovawarttyp erhalten.

Einen engen Hovawartstandard wollte Kurt F. König, der in die Fußstapfen seines Vaters trat, nicht herausgeben, hielt aber die wesentlichen Körkriterien fest und beschrieb das Erscheinungsbild des angestrebten Hundetyps so: »Die Figur des Hovawarts erinnert an den nordischen Wolf, hier mit Hängeohren und in Erregung hochgetragener Rute.« Eine allzu breite Brust war nach Königs Ideal fehlerhaft, da sie für ihn auf lose Ellenbogen hindeutete. Wie Wölfe, so sollten auch Hovawarte deshalb eher schmal stehen, im Körperbau nicht quadratisch sein und durch einen langen Hals noch länger wirken. Die Behaarung konnte für König schlicht langhaarig sein, doch auch das zweckmäßige Rauzotthaar vieler Hütehunde konnte er sich für den Hovawart vorstellen. Alle bei Hunden möglichen Fellfarben wurden von König toleriert, der sich eine große Variationsbreite wünschte und standhaft die Ansicht vertrat, ein guter Hund könne keine schlechte Farbe haben. »Weißlinge« sollten wegen ihrer Anfälligkeit vermieden werden, doch weiße Hunde mit dunkel pigmentierter Haut sah König als unproblematisch an. Das Haarkleid hatte dicht und Regen abweisend zu sein, Locken auf dem Rücken waren deshalb unerwünscht. Unterwolle sollte nur das Winterfell aufweisen. Starke Sprunggelenke und einen langen, breiten Hintermittelfuß sah König als Voraussetzung zum schnellen Start aus der Liegeposition, dem er eine ganz besondere Wichtigkeit zuschrieb. Bei den Gangarten legte König Wert auf die Ausdauer und den Bewegungsablauf und erwartete vom Hovawart vor allem Trab, Pass- und Kreuzgang. Als wesentliches Merkmal der Wolfsabstammung verlangte er starke Gebisse, wobei der Hovawartherauszüchter fehlende Zähne und Aufbiss (also ein Zangengebiss) weniger bedenklich fand, als schmale, schwache Zähne. Einen großen Fehler und einen Hinweis auf Degeneration sah er im deformierten Oberkopf und in einem starken, aber eingedrückten Hinterhauptbein.

Überprüfung der Wesensanlagen

Schon beim jungen Hovawart sollten nach Königs Wünschen die angeborenen Wesensanlagen geprüft werden. Wichtige Testsituation war dabei der scheinbar schlafende, auf der Erde liegende Besitzer, der von einem Fremden beschlichen wurde. König: »Geht der Fremde dann zum Scheinangriff über, so verteidigt ein guter Schutzhund je nach Alter und Erfahrung. Dazu braucht es keines Kommandos, noch der Abrichtung.« Versuche, den Hovawart z. B. durch Ärgern oder Schmerzzufügung zum Beißen zu bringen, lehnte König konsequent

Ein Bild, das Kurt F. König sicher gefallen hätte. Übermäßige Wildpassion und gute Wachhundeigenschaften schlossen sich für ihn aus. Seine Anlageprüfungen enthielten deshalb einen entsprechenden Test.

ab. Der Schutzwert sollte beim Hovawart aus dem Bestreben kommen, seinen Herrn zu verteidigen, nicht aber einer echten oder anerzogenen Bissigkeit entspringen.

Die Förderung des Apportierens fand König bereits für Welpen sinnvoll. Zum Üben empfahl er einen mit dünnem Leder oder einer Schnur umwickelten mittelgroßen Schlüssel, der für den Hovawart zum angebeteten Fetisch werden sollte. Auch das Ausarbeiten von Eigenfährten der Besitzer, selbst älteren Datums, sowie die Überprüfung der Springfreude schon beim Junghund an niedrigen Hindernissen gehörten zu Königs Auslesekriterien. Die Wildpassion prüfte er vor einem Käfig mit Niederwild (etwa Kaninchen). An ihnen durfte der Prüfling durchaus Interesse zeigen. Er hatte jedoch nicht so fasziniert von der möglichen Beute zu sein, dass er etwa einen Handschuh seines Halters vor dem Kasten aus lauter Gier nicht aufnahm. Des Weiteren gehörte die Wasserpassion für König zu den erwünschten Anlagen, da sie für ihn eng mit Apportiereignung und Robustheit verknüpft war.

Zuchtentwicklung nach dem Ersten Weltkrieg

Die ersten Zuchtversuche wurden durch den Ausbruch des Ersten Weltkrieges jäh unterbrochen. Doch ab 1922/23 führte Kurt F. König das erste Zuchtbuch, welches Aufschlüsse über die Rasseentwicklung erlaubt. Zu dieser Zeit wurde (erst noch ohne Eintrag ins Vereinsregister, der 1924 erfolgte) auch der »Hovawart-Verein für Deutsche Schutzhunde e. V.« mit Sitz in Thale/Harz gegründet. Typhunde, die er als Träger alten Erbgutes ansah, verpaarte König in der dortigen Harzer Zootechnischen Station mit der Adresse Freiheit Nr. 5 vor allem mit dem langhaarigen Deutschen Schäferhund. Noch heute sehen die vom Aussterben bedrohten Altdeutschen Hütehunde Gelbbacken (schwarzmarken) und Westerwälder Kuhhund (rotblond mit schwarzer Maske) dem Hovawart trotz ihrer Stehohren ähnlich. Kein Wunder, verkörpern sie doch den ursprünglichen Arbeitshütehund, aus dem der Deutsche Schäferhund entstand, der wiederum in den Hovawart eingekreuzt wurde.

Eine blonde Hovawarthündin mit Verwandtschaft, die einst bei der Herauszüchtung half. Vor allem langhaarige (so genannte Altdeutsche) Schäferhunde wurden in frühen Verpaarungen mit Typhunden eingesetzt.

Erste Zuchtbucheinträge

Ins Zuchtbuch wurde der erste Wurf Königs am 3. April 1922 eingetragen. Es handelte sich um eine Typhund-Kuvasz-Kreuzung: Die Mutter des 4er-Wurfes hieß »Ortrud Husdan«, eine Kuvasz-Hündin. Der Vater trug den Namen »Baron« und war einer von Königs Typhunden. Drei hellblonde Hündinnen namens »Helma«, »Hummel« und »Herma« sowie den grauen Rüden »Hunolf« hatte die Kuvasz-Hündin geworfen. »Herma König« (Zuchtbuchnummer 4) war die Ururgroßmutter des wichtigsten schwarzmarkenen Hovawartvererbers der damaligen Zeit. Der Rüde stammte aus der Zucht einer gewissen Marta Meyer aus Soltau. Alwin Busch zog den Welpen auf, der später als Deckrüde großen Einfluss auf die Hovawartzucht haben sollte und in der Ahnenreihe der meisten heute lebenden Hovawarte zu finden ist: Die Rede ist vom legendären »Castor Meyer-Busch«, geworfen am 20. März 1932.
Inoffizielle Einträge gab es allerdings schon ab 1920, so wie den eines schwarzen Rüden namens »Lord«, der am 17.8.1920 das Licht der Welt erblickt hatte. Unter all diesen Hunden können wir uns bereits Hovawart ähnliche Vierbeiner vorstellen. Es gab drei Rekonstruktionsserien (bis 1914, ab 1918 und ab 1952), wobei Kurt F. König ab 1934 verstärkt selbst als Züchter und bis 1945 auch als Zuchtleiter in Erscheinung trat.
Ausspaltungsversuche wurden u. a. vorgenommen mit Kuvasz und Altdeutschen Schäferhunden, langhaarigen schwarzen und schwarzmarkenen Hirtenhunden, leichtfüßigen Neufundländern und Landseern, Großen Schweizer Sennenhunden, Gordon Settern und 1949 mit einer nordafrikanischen Wild- oder Windhündin namens »Tessa« (die Quellen sind diesbezüglich nicht eindeutig). »Tessa« war in Frankreich requiriert und in der Hamburger/Schleswig-Holsteiner-Hovawartzucht eingesetzt worden. Aber nicht nur »Tessa«, sondern auch alle analytisch eingekreuzten Hunde vor ihr halfen im Laufe der Zeit mit, den Hovawarttyp züchterisch zu festigen.

Zeitgemäßes Image

Der alte Hovawarttyp galt für König als Nachweis dafür, wie aus dem nordischen Großwolf ein hängeohriger Haushund entste-

hen konnte. Es entsprach dem Trend der damaligen Zeit, dass die neue Rasse gut in die Mystifizierung nordischen Gedankengutes einer zunehmend nationalsozialistischen Gesinnung passte. Die Nazis unterstützten die Zuchtaktivitäten in der »Reichsfachschaft Hovawart und bodenständige Hütehunde« und die SS soll zeitweise sogar selbst eine Hovawartzucht besessen haben.
Ob die braune Mentalität wirklich durchgängig und ernsthaft die der Hovawartbegründer war, ist nicht eindeutig zu belegen. Fakt ist, dass der Zeitgeist der Popularität der neuen Rasse Hovawart nützte: Seine Wesensattribute Unbestechlichkeit, Zuverlässigkeit, Standhaftigkeit, Gefolgschaftstreue und selbstloser Mut harmonierten bestens mit den gesellschaftlichen Werten der 30er-Jahre, die schließlich von den Nationalsozialisten pervertiert wurden.

Der Gebrauchshund-Streit

Dass sich seine Gegner mit dem Hovawart-Erstzüchter überwarfen, lag vor allem an einem Streitpunkt: Kurt F. Königs idealer Hovawart sollte situationsbedingt aus eigenem innerem Antrieb entscheiden könnten, ob sein eventuell hilfloser Zweibeiner hundliche Beschützerqualitäten gerade nötig hatte oder nicht. Eine Gebrauchshundausbildung bzw. den Schutzdienst lehnte König deshalb strikt ab. Seiner Ansicht nach brauchte adäquates Beschützen bei Bedrohung seines »Meisters« einem wesensfesten Hovawart mit hoher Reizschwelle nicht antrainiert und nicht einmal befohlen zu werden. Dieser Wach- und Schutztrieb sollte angeboren sein und nicht durch Abrichtung erreicht werden – eine Philosophie, die bis in die Gegenwart die Hovawartszene spaltet und sich wie ein roter Faden durch die Geschichte dieser Rasse zieht. Fred Graf, der zwölf Jahre lang eng mit Kurt F. König zusammenarbeitete, verweist auf den renommierten schweizerischen Kynologen Albert Heim, welcher Königs Ansicht teilte. Heim sagte um 1900 über die vier Schweizer Sennenhund-Rassen, die ähnlichen Ursprungs wie der moderne Hovawart sind und zum Teil zu seinem Entstehen beitrugen: »Sie bedürfen keiner besonderen Dressur, um etwas Tüchtiges zu werden. Unbestechliche Treue und Wachsamkeit, höchste Aufmerksamkeit wird ihnen nachgerühmt. Viele entwickeln in Schutz und Wache ganz besondere Intelligenzen (...). Es braucht dazu nur Gelegenheit und Beispiele – keine besondere Dressur!«

Königs Zuchtziel war ein Schutzhund ohne Gebrauchshundstatus, der keine entsprechende Ausbildung nötig hatte. Seiner Ansicht nach sollte ein Hovawart mit hoher Reizschwelle selbst entscheiden können, ob Gefahr besteht oder nicht.

König vertrat dabei die durchaus heute noch geltende Meinung, ein Leistungskennzeichen als solches würde den Hovawart im Wesen nicht verbessern. Erlerntes Verhalten vererbt sich tatsächlich als solches nicht – die Anlage, also die nervliche und körperliche Grundkonstitution nicht aller, aber vieler Leistungshovawarte (der starke Beutetrieb, das extreme Temperament, die niedrige Reizschwelle, die Neigung zur Hektik, der leichte Körperbau) allerdings in gewissem Umfang schon. Doch genau so wünschte sich König »seinen« Hovawart nicht! Die »Polizeihundsportlerei«, wie König den damals neuen Trend vor allem in der Schäferhundszene bezeichnete, sah er mit Sorge. Ihm taten die Tiere Leid, die aus sportlichem Ehrgeiz dressiert würden, und vermutete das Abreagieren von Minderwertigkeitskomplexen labiler Menschen dahinter. Der Hundesport der Nachkriegszeit war tatsächlich eine todernste Angelegenheit und bediente sich rüder Ausbildungsmethoden. König fand nach eigenen Aussagen den Drill zu »unbedingtem Gehorsam« im militärisch anmutenden Abrichten als Tierfreund und Tierschützer unerträglich und rief zur Leistungszucht auf, die ausschließlich auf angeborenen Anlagen fußen sollte. Damit rannte er bei vielen Gleichgesinnten offene Türen ein, aber fand sich auch heftigen Anfeindungen seiner Gegner ausgesetzt. König wörtlich: »Ich habe mich stets dagegen gewehrt, dass einzelne Vereine sich bemühen, eine ›Anerkennung‹ der Hovawarte als Diensthundrasse zu erlangen. Ich musste fürchten, dass dann auch die Hovawarte in den Dressurdreh hineingeraten würden und Abrichtekennzeichen wichtiger werden könnten als Anlageprüfungen. Die Mehrzahl unserer Liebhaber aber braucht einen sozial intakten, von Natur aus gehorsamen und leicht lenkbaren Hund, der möglichst wenig Wildpassion hat und erst innerhalb der ›hova‹ selbstständig und sonst nur bei Bedrohung seiner Leute aktiv in der Abwehr wird!« Der Hovawart entstand laut Königs Darstellung letztlich aus der Idee, die »Gebrauchshundzüchterei« zu überwinden und mit einem intelligenteren Vierbeiner ad absurdum zu führen. König sah im Hovawart somit einen Schutzhund ohne Gebrauchshundstatus. Andere frühe Züchter gingen eher vom Gebrauchshundgedanken aus, konnten sich aber gegen Königs Ansichten anfangs nicht durchsetzen.
Wie sehr ihm die Hovawart-Gebrauchshundzucht widerstrebte, macht ein Zusatz auf dem Abstammungsnachweis des am 1. Januar 1969 geworfenen, wildmarkenfarbenen Rüden »Nordmann« aus Königs Testzucht deutlich. Dort heißt es wörtlich: »Diese dritte Rekonstr.-Serie darf nicht zur Rettung schon entarteter Sportzuchten eingesetzt werden.«

Rasseanerkennung und Vereinswesen nach dem Zweiten Weltkrieg

Gedanken zur angestrebten Rückzüchtung auf den Hovawart des alten Schlages legte Kurt F. König in ausführlichen Schriften nieder. Seine streitbare Mentalität, seine zeitweise Verstrickung in nationalsozialistische Organisationen sowie die Weigerung, Zugeständnisse an die »Sportzüchter« und im Sinne eines Rassestandards zu machen, führten zum Bruch in der noch jungen Nachkriegs-Hovawartszene.
1937 wurde der Hovawart anlässlich der Grünen Woche des Reichsnährstandes in Berlin vom Reichsverband für das Hundewesen (dem Vorläufer des Verbandes für das Deutsche Hundewesen e. V., im Folgenden kurz VDH) offiziell als eigenständige Rasse anerkannt. Hatte es 1938 noch rund zwei Dutzend Hovawartwürfe gegeben, schmolz die Zuchtbasis durch den Zweiten Weltkrieg jedoch enorm zusammen. Der erste Wurf im Krieg fiel am 14.9.1939, danach tun sich bis nach Kriegsende große Lücken auf. Zu diesem Zeitpunkt wurden Hovawarte im Durchschnitt erst in der sechsten Generation gezogen!
Die Hovawartszene zerfiel nach Kriegsende zunehmend. In einigen Regionen Deutschlands wurde parallel gezüchtet und Zuchtbücher geführt, ohne dass die Hovawartfreunde voneinander wussten: Regionale Hovawartklubs entstanden in Coburg, Hamburg, Oldenburg und in Ost-Berlin. Durch die uneinheitliche Einkreuzungspraxis entwickelte sich in diesen Jahren eine Vielzahl unterschiedlicher Hovawarttypen. Trotzdem würden heute auch Hovawarte aus den 50er-Jahren problemlos als Hunde dieser Rasse erkannt, wie zeitgenössische Fotografien beweisen.
Und Kurt F. König? Einer Einladung des jungen VDH soll er anlässlich seiner Gründungsversammlung 1948 an Otto Schramm weitergereicht haben, der damals Vorsitzender des Coburger Rassezuchtvereins für Hovawart-Hunde e. V. (RZV) war. So kam es vermutlich, dass der RZV für Jahrzehnte als einziger zuchtbuchführender Verein im VDH die Rasse Hovawart vertreten durfte, denn jahrzehntelang nahm der VDH nur einen betreuenden Verein pro Rasse auf. Unter den jenseits des VDH verbliebenen Hovawartvereinen kam es immer wieder zu Veränderungen. Der Hovawart-Verein für Deutsche Schutzhunde

entstand neu in Hamburg, in Berlin wurde der Verein der Hovawartfreunde gegründet und 1958 in Oldenburg der Hovawart-Verein Weser-Ems. Wieder kam es zu Übertritten, Angliederungen und Aufsplitterungen. Bestrebungen zur Zusammenführung scheiterten Mitte der 50er-Jahre an unüberwindlichen Meinungsverschiedenheiten. Ein genaues Nachzeichnen der Vereinshistorie(n) würde hier zu weit führen, verwiesen sei u. a. auf die informative Homepage der Hovawart-Zuchtgemeinschaft Deutschland e. V., HZD (Adresse siehe Anhang).

Die Aufnahme des Hovawarts als siebtes Mitglied in den Kreis der Gebrauchshundrassen wurde 1964 auf einem FCI-Kongress in Stockholm besiegelt, nachdem der RZV jahrelang gegen den erbitterten Widerstand des Vereins für Deutsche Schäferhunde (SV) in dieser Frage gekämpft hatte. König missbilligte diesen Schritt, der seiner Ansicht nach dem Zuchtziel des Schutzhundes per Erbanlage widersprach.

Vereine betreiben Traditionspflege

Kurt F. König ging seinen eigenen Weg, der Ende der 50er-Jahre in die heutige Hovawart-Stammzucht e. V. (HST, gegründet 1975) mit neuer Zootechnischer Station, dem »Bio-Typ-Institut«, in Rotenburg/Wümme führte. Gisbert Langheim, Präsident des Rassezuchtvereins für Hovawart-Hunde, merkte allerdings kritisch an, König habe seine angebliche Rekonstruktionszucht mit RZV-Hunden aufgebaut. In der Hovawart-Stammzucht wird ohne FCI-Anschluss noch heute nach Königs Körvorgaben mit Hunden gezüchtet, deren Bezeichnungen neben den drei bekannten Farbschlägen auch wildmarken (wm) oder blondmarken (bm) lauten können – alte Hovawartfarben, aber zuchtausschließende Fehler in allen Hovawartvereinen, die der FCI angehören.

Der Hovawart-Verein für Deutsche Schutzhunde e. V., in der Nachfolge der Fachschaft für Hovawarte 1946 in Hamburg gegründet, fühlte sich während der deutschen Teilung als Zusammenschluss von Hovawartfreunden ebenfalls der Traditionspflege im Sinne des 1922/24 aus der Taufe gehobenen ersten Hovawartvereins gleichen Namens verpflichtet. Die Wahrung der Gedanken und Ideen der frühen Hovawartzüchter ist auch heute noch Anliegen und Ziel des ältesten deutschen Hovawartvereins, der seinen Sitz 1996 wieder nach Thale im Harz zurück verlegte.

Kurt F. König selbst war bis zu seinem Tod 1975 dessen aktives Ehrenmitglied. Der Verein ist im Besitz einer wirklichen Kostbarkeit: des ersten offiziellen Hovawartzuchtbuchs aus dem

Der Zerfall der Hovawartszene nach dem Zweiten Weltkrieg führte zu einer züchterischen Aufspaltung. Noch heute sind Hovawarte im Exterieur recht unterschiedlich. Hier ein sehr typvoller dreijähriger Rüde.

Jahre 1923. Auch über die mit Königs handschriftlichen Kommentaren und Eintragungsempfehlungen versehenen Meldescheine (zum Teil mit angehefteten Körscheinen) der ersten 125 Hovawartwürfe bis zum Herbst 1937 verfügt der Verein. Darin sind die gefallenen Welpen nach Farbe und Haarart beschrieben – wertvolles historisches Datenmaterial, das noch auf seine Auswertung wartet. Der Verein hat seit der VDH-Vollmitgliedschaft der Hovawart-Zuchtgemeinschaft Deutschland (HZD) keine eigenen Zucht- und Ausbildungsambitionen mehr, ist diesem Rassezuchtverein aber eng verbunden, da die HZD die Hovawartzucht im Sinne Königs (allerdings nach FCI-Reglement) fortsetzt. Statt dessen lautet das Vereinsziel neben der Traditionsbewahrung, kynologische Forschungsarbeiten zu unterstützen und in Auftrag zu geben, die sich mit der Herkunft, der körperlichen Entwicklung und dem Hovawartwesen beschäftigen.

Seiner Ansicht nach konnte ein guter Hund keine schlechte Farbe haben: Kurt F. König lehnte die Reduzierung auf nur drei erlaubte Farbschläge laut Rassestandard strikt ab und war bis zu seinem Tod 1975 außerhalb der FCI aktiv.

Hier ein bunter Wurf reinrassiger Hovawartwelpen, gefallen in der Hovawart-Stammzucht. Wildmarken und blondmarken sind Farben, die in FCI-Vereinen zuchtausschließend sind. Der schwarzmarkene Welpe würde aufgrund der weißen Pfoten nicht angekört.

Eine drei Monate alte Hündin, wildmarken mit Anflug, und ein blondmarkener Rüde (9) – zwei nicht verwandte und doch übereinstimmende Hovawarte alter Farbschläge. Die Meldescheine der ersten 125 Hovawartwürfe sind noch vorhanden und stellen wertvolle Originaldokumente aus den Anfängen der Zucht dar.

Entwicklung der Hovawartzucht in der DDR

In der damaligen Deutschen Demokratischen Republik führten die Hovawartfreunde ab 1953 ein eigenes Hovawartzuchtbuch. Eingetragen wurden in den ersten zehn Jahren rund sieben Würfe jährlich. Bis zum Fall der Mauer stiegen die Eintragungen auf durchschnittlich 48 Würfe pro Jahr an, eine systematisch gelenkte Linienzucht zeichnete die Hovawartzucht der DDR aus. Durch die politische und gesellschaftliche Isolation des Landes war der Genpool in der 1952 gegründeten »Spezialzuchtgemeinschaft Hovawart-Züchter« (SZG) nahezu geschlossen. Angegliedert war die SZG dem Verband der Kleingärtner, Siedler und Kleintierzüchter (VKSK), dem viele Vereinigungen in der DDR angehörten, die sich der Rassehundezucht verschrieben hatten. Einen eigenen Dachverband für die Hundezucht, ähnlich dem VDH, der schweizerischen SKG oder dem österreichischen ÖKV, gab es in der DDR dagegen nicht. Die Forderung der westdeutschen RZV-Hovawartfreunde in den 60er-Jahren, den Hovawart als Gebrauchshund anzuerkennen, unterstützten die Hovawartliebhaber in den heutigen neuen Bundesländern allerdings mit Nachdruck.

Einen geradezu sensationellen züchterischen Austausch zwischen Ost und West gab es 1966, als die in Magdeburg lebende Hovawarthündin »Assy vom Eschenbach« (sie war im gleichen Jahr Weltsiegerin im osteuropäischen Brünn geworden) vom Westberliner Rüden »Ajax vom Rosenberg« gedeckt werden durfte – eine Hovawarthochzeit zwischen Stacheldraht, mit Argusaugen bewacht von Ost-Volkspolizisten und West-Schutzpolizisten. Elf Welpen fielen nach dieser hoch politischen ost-/westdeutschen Verpaarung, von denen (wie damals allgemein üblich) aber nur sechs Welpen, nämlich zwei Rüden und vier Hündinnen, ins Zuchtbuch eingetragen wurden. Der schwarzmarkene Rüde »Ferry vom Eschenbach« durfte als lebende Decktaxe mit Warenbegleitschein, Gesundheitszeugnis und Ahnentafel zur Besitzerin seines Vaters am Sektorengrenzübergang Berlin-Prinzenstraße die DDR verlassen. In den 70er-Jahren kam es durch die Einfuhr zweier »West-Rüden« zu einer weiteren züchterischen Zusammenarbeit, doch diese Einzelfälle blieben, angesichts der schwierigen politischen Beziehungen beider Staaten, die absolute Ausnahme.

Aus der SZG entstand 1990 der »Rassezuchtverein für Hovawarte in der DDR«, welcher noch im gleichen Jahr der RZV-Landesgruppe Ost beitrat. Heute hat auch die HZD zahlreiche Mitglieder und Züchter in den neuen Bundesländern. Den vom Knochenbau her derben, in der Kopfform mit deutlichem Stop auffällig markanten, reich behaarten Hovawart ostdeutscher Abstammung erkennt der Insider auch heute noch in den alten Linien wieder. Die oft flammende Markenfarbe und das satte,

Die Hovawartfreunde in der DDR betrieben eine systematische, erfolgreiche Linienzucht. Eine Hovawarthündin ostdeutscher Abstammung mit typisch kräftiger Markenzeichnung: HZD-Champion Bianca vom Boddenland.

dunkle Blond weisen für Kenner ebenfalls zum Teil noch auf den »typischen DDR-Hovawart« hin.

Internationale Fangemeinde

Der Hovawart selbst hat sich (ebenso wie seine Anhänger) längst aus allen denkbaren geschichtlichen Verwicklungen gelöst und ist heute ein moderner Rassehund mit einer Fangemeinde in vielen Ländern der Erde. Erst seit 1991 muss der VDH nach einem Urteil des Bundeskartellamtes grundsätzlich mehr als einen zuchtbuchführenden Verein pro Rasse unter seinem Dach zulassen. Dies führte erneut zu Veränderungen in der Vereinslandschaft.

In Deutschland wird der Hovawart heutzutage im VDH von drei autonomen zuchtbuchführenden Vereinen betreut, die züchterisch zum Teil gar nicht und zum Teil hervorragend zusammenarbeiten: Da ist zum einen der bereits genannte Rassezuchtverein für Hovawart-Hunde e. V. (RZV) als weltweit mitgliedstärkster und ältester FCI-Zuchtbuch führender Hovawartverein im VDH zu nennen. Der 1948 gegründete RZV verfolgt in Deutschland, gegliedert in zwölf Landesgruppen mit insgesamt rund 6000 Mitgliedern, am konsequentesten das Zuchtziel des Hovawarts als leistungsstarkem Gebrauchshund. Die Standardzucht für gekörte Hovawarte ohne Ausbildungskennzeichen macht jedoch den Hauptteil aller RZV-Verpaarungen aus.

Als zweitgrößte Vereinigung mit rund 1200 Mitgliedern folgt die Hovawart-Zuchtgemeinschaft Deutschland e. V. (HZD), die 1959 aus einem Zusammenschluss einzelner Hovawart-Vereine entstand und in fünf Regional- sowie diverse Ortsgruppen gegliedert ist. Kurz vor der HZD wurde 1996 der mit der HZD freundschaftlich verbundene, 1984 gegründete Hovawart-Club e. V. ordentliches VDH-Mitglied. Hierbei handelt es sich um den kleinsten der drei VDH-Hovawartvereine mit nur rund 300 Mitgliedern deutschlandweit.

In der Schweiz wird der Hovawart unter dem Dach der Schweizerischen Kynologischen Gesellschaft (SKG) seit 1960 betreut vom Schweizerischen Hovawartclub (SHC), der in Deutschland mit der HZD und dem HC zusammenarbeitet. Mit rund 1200 Mitgliedern ist der Club einer der größten schweizerischen Rassehunde-Klubs überhaupt.

Der SHC ist bekannt für die Langlebigkeit seiner Hovawarte und für die systematische Förderung ihrer Sozialverträglichkeit, wie sie jährlich in einer legendären Ausbildungswoche in den schweizerischen Alpen, seit kurzem in Celerina/Engadin, unter Beweis gestellt wird. Die Teilnehmerzahl vom Oktober 2002 mit 110 Hovawarten aus dem In- und Ausland, gleichzeitig mit ihren Hundlern problemlos untergebracht in einem Viersternehotel, spricht für sich!

Im Österreichischen Kynologenverband (ÖKV) kümmert sich der dem RZV nahe stehende Österreichische Klub der Hovawartfreunde (ÖKH) seit 1971 um die züchterischen Belange der Rasse. Ab den 60er-Jahren wurden weitere Hovawartvereine in Europa gegründet: Auch in Dänemark (Dansk Hovawart Klub), Belgien (Club Belge du Hovawart), Finnland (Suomen Hovawart), Frankreich (Club français du Hovawart), Italien (Hovawart Club Italia), Norwegen (Norsk Hovawart Klub), Schweden (Svenska Brukshundklubben Hovawart), den Niederlanden (Hovawart Club Nederland), Ungarn (Ungarischer Hovawart-Club), der Slowakei (Slovenský Hovawart Klub) und Tschechien (Hovawart Klub Ceskeé republiky) hoben Hovawartanhänger und -züchter unter dem Dach der FCI eigene Clubs aus der Taufe. Um zu verhindern, dass die internationale Hovawartzucht auseinander driftet, und um die Interessen zu bündeln, wurde 1983 im Rheinland die Internationale Hovawart-Föderation (IHF) gegründet, der mittlerweile Vereine aus 13 Ländern angehören. Federführend bei der Koordination des Austausches ist der RZV, welcher auch den IHF-Präsidenten stellt. Unter der Schirmherrschaft der IHF werden u. a. Schauen und Gebrauchshundprüfungen durchgeführt sowie internationale Championtitel vergeben.

Hovawarte in anglo-amerikanischen Gefilden

In Großbritannien existiert seit 1982 mit »The Hovawart Club of Great Britain« ein Hovawartverein, der, wie der englische Dachverband »The Kennel Club«, jedoch nicht zur FCI gehört. Doch auch auf der berühmten Cruft's Dog Show in Birmingham/England sind in jedem Frühjahr Hovawarte zu bewundern. Die Begeisterung für diese Rasse ist längst über den großen Teich geschwappt und hat nicht vor Europas Grenzen Halt gemacht. In den USA wurde 1999 der Verein Authentic Hovawarts of North America (AHNA) und bereits 1995 der Hovawart-Club of America (HCA) gegründet. Die beiden größten deutschen Vereine RZV und HZD pflegen jeweils Kontakte zu den Hovawartfreunden in den USA, beraten in Zuchtfragen, exportieren Hunde oder entsenden eingeladene Zuchtrichter zu Schauen auf amerikanischem Boden. Der AHNA ist der Internationalen Hovawart-Föderation angeschlossen. Auch aus der Hovawart-Stammzucht kamen Hunde in die USA und nach Kanada.

Verbreitung und Welpenstatistik

Nach Angaben des HCA-Zuchtleiters Ulf Westblom gab es 1998 in den USA nur rund 150 Hovawarte. In aller Welt leben heute allerdings schätzungsweise 25.000 Rassevertreter, davon alleine in Deutschland rund 12.000. In der Schweiz ist die Zahl der vorhandenen Hovawarte nach Angaben des SHC auf über 1000 Exemplare angestiegen. Die 13 IHF-Vereine vertreten laut RZV ebenfalls mehr als 10.000 Hovawartbesitzer, vor allem in Europa. In Deutschland, dem offiziellen Mutter- bzw. Herkunftsland, entwickelten sich in neuerer Zeit die Welpeneintragungen in die VDH-Zuchtbücher für die Rasse Hovawart wie folgt:

Deutsche Hovawarte in den USA. Zwei Clubs kümmern sich in Nordamerika um die Betreuung und Zucht dieser Rasse und werden von deutschen Hovawartvereinen mit Rat und Tat unterstützt.

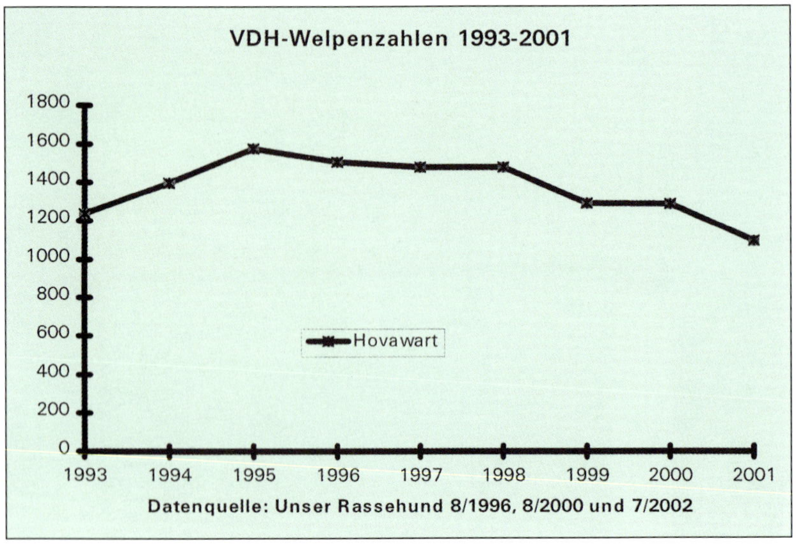

Im Visier von Landeshundeverordnungen und -gesetzen

In der bewegten Geschichte der Hovawartzucht blockierten zum Teil verletzte Eitelkeiten, alte Feindbilder und bissige Polemik auf allen Seiten den sachlichen Austausch. Die Zukunft liegt in der konstruktiven Zusammenarbeit, denn Liebhaber großer Hunde sitzen heute alle in einem Boot, nicht nur in Sachen Erbgesundheit: Nach einem Beißunglück im Sommer 2000 in Hamburg erließen bis auf Thüringen alle deutschen Bundesländer und die Bundesregierung fachlich unsinnige Gesetze und Verordnungen zur Eindämmung von Gefahren durch Hunde. Aufgestellt wurden dabei von Experten heftig kritisierte Auflistungen angeblich per Rasse gefährlicher Hunde, die völlig an der Realität vorbeigehen. Der Hovawart ist in keinem deutschen Bundesland in Listen der Kategorie I und II zu finden. In **Nordrhein-Westfalen** (Landeshundegesetz) und **Brandenburg** (Landesgefahrhundeverordnung) gilt er allerdings wegen seiner Größe und seines Gewichtes im Moment (Stand: Mai 2003) als so genannter 40/20-Hund (über 40 cm Widerrist-Höhe und schwerer als 20 kg). Er ist damit bei der Gemeinde meldepflichtig und hat einen implantierten Micro-Chip (ISO-Transponder) zu tragen. Sein Halter muss laut Landeshundegesetz in Nordrhein-Westfalen darüber hinaus eine Haftpflichtversicherung für den Hund abgeschlossen haben. Der Hovawartbesitzer hat außerdem in diesen beiden Bundesländern seine Sachkunde in Form einer theoretischen Prüfung nachzuweisen, sofern er nicht schon länger als drei Jahre einen Hund ohne besondere Vorkommnisse hält und somit als sachkundig gilt.
Hovawartfans sollten sich mit Besitzern noch stärker reglementierter Rassen solidarisch erklären. Wie sich die Kriminalisierung unbescholtener Hundehalter im Unterbewusstsein auswirkt, erlebte ich vor ein paar Jahren, als ich mich mit unseren beiden Hovawarten auf meinen Spazierwegen durch den Ort von einer Polizeistreife tagelang im Schritttempo regelrecht verfolgt fühlte. Verunsichert kontrollierte ich die Steuermarken an den Halsbändern, die Einhaltung aller Vorschriften und überlegte, ob ich eventuell Hundehaufen nicht beseitigt haben könnte. Ich war mir keines Vergehens bewusst, dennoch war mir sehr unwohl. Dann hielt eines Tages der Streifenwagen neben mir. Mein Atem stockte, als ein Polizist die Seitenscheibe herunter ließ – und strahlend mit folgenden Worten auf meinen Schwarzmarkenen zeigte: »Wir beobachten Sie schon seit ein paar Tagen. Der Hund sieht ja besonders toll aus! Sie müssen wissen: Ich bekomme selbst bald einen Hovawartwelpen in dieser Farbe …«

Ein Hovawart soll es sein

Hovawarte mit FCI-Papieren

Hovawart-Züchter, die dem FCI-Zuchtreglement unterliegen, vereint, dass sie sich alle an ähnlich strenge Vorgaben zu halten haben, was die Gesundheit, das Erscheinungsbild und das Wesen der Elterntiere, die Qualität der Zuchtstätte und die Kontrolle ihrer Aufzucht durch vereinseigene Zuchtwarte betrifft. Nur wenn nach den strengen Zuchtordnungen der Verbände und Vereine alle Anforderungen erfüllt sind, werden Zuchtvorhaben bewilligt und den Hovawartwelpen FCI-Papiere ausgestellt.
Wer einen Hovawartwelpen sucht, sollte kritische Vergleiche verschiedener Züchter, ihrer Hunde und ihrer Aufzuchtbedingungen anstellen. Das FCI-Gütesiegel ist zwar ein sinnvoller Wegweiser auf der Suche nach einem guten Hovawart, doch auf meinen gesunden Menschen- und Hundeverstand bei der Prüfung von Züchtern und ihren Zuchttieren würde ich mich dennoch immer zusätzlich verlassen. Denn leider gibt es unter

Ein Wurf, der in einem liebevollen Umfeld aufgezogen wird. Das FCI-Siegel sagt alleine leider noch nichts darüber aus, ob ein Züchter sich für seine Hovawarte beide Beine ausreißt und das Herz auf dem rechten Fleck hat.

Benito, ein vierjähriger Rüde, der in der Schweiz umplatziert werden musste und ein gutes Zuhause bei einem Ehepaar mit Hovawarterfahrung fand. Auch so können Freundschaftsgeschichten zwischen Mensch und Hovawart beginnen.

jenen, die für ihre Nachzucht FCI-Ahnentafeln vorweisen können, durchaus auch schlechte Züchter. Das Verbands-Logo alleine sagt noch nichts darüber aus, ob für jemanden das Wohl seiner Hunde wirklich an erster Stelle steht und ob er die Interessenten kompetent berät.

Hovawarte aus anderen Quellen

Wird der Kauf eines Hovawarts aus einem Verein erwogen, der nicht der FCI angehört, sollten unbedingt die Zuchtformalitäten (Körbedingungen, Gesundheitsnachweise der Elterntiere, die Wurfbetreuung durch den vom Verein ausgebildeten Zuchtwart usw.) mit denen eines FCI-Vereins verglichen werden. Unstimmigkeiten (auch bei FCI-Züchtern) kritisch hinterfragen und Welpen nie spontan kaufen, lautet das Motto! Verallgemeinernde Dämonisierungen der »Dissidenz« greifen ebenso wenig, wie ein pauschales Hohelied auf *alle* FCI-Züchter. Keineswegs jede, aber manche Ahnentafel ist allerdings wirklich das Geld für das Papier nicht wert, auf dem sie gedruckt wurde. Und noch ein Problem gibt es: Obwohl diese Hunderasse nie sonderlich in Mode war, gibt es immer wieder Käufer, die auf Massenzüchter mit Hovawarten auf der Lieferliste hereinfallen. Dort oder aus anderer dubioser Quelle, die sich vielleicht sogar noch einen seriösen Anstrich gibt: Von Mitleidskäufen kranker, schwacher oder ängstlicher Hovawartwelpen ist ganz dringend abzuraten. Käufer halten nur die Welpenproduktion wie am Fließband und das Ausbeuten der Muttertiere in Gang, wenn auf Kosten der Hunde das schnelle Geld gemacht wird.
Gründliche Information ist also das A und O vorm Hovawarterwerb! Denn ausbaden muss die gutgläubige Naivität oder das fadenscheinige Gefühl, Geld gespart zu haben, letztlich immer der Hovawart. Ihm würde in vielen Fällen eine erbärmliche Mitgift mit auf den Weg gegeben, die zwar den Tierarzt oder den Verhaltensexperten reich, jedoch den Besitzer und seinen Hund sehr, sehr unglücklich machen könnte.

Hovawarte aus zweiter Hand

Selbstverständlich ist auch die Übernahme eines bereits erwachsenen Hovawarts, der plötzlich umplatziert werden muss, möglich und wünschenswert. Scheidung, Erkrankung oder Todesfall des Besitzers, Umzug, Arbeitsplatzwechsel oder Erziehungsprobleme können die Gründe für die Abgabe sein. Bei den »Schwererziehbaren« handelt es sich meistens um zwei- bis dreijährige Rüden, die ihren Besitzern buchstäblich über den Kopf wuchsen.
Die Gründe für ihr Problemverhalten lassen sich vielfach in ungünstigen Haltungsbedingungen (chronischer Zeitmangel, unzumutbare, reine Zwingerhaltung) oder aber in der fehlenden Führungsstärke der früheren Halter finden. Zum Glück werden solche Unglücksraben, die sich von ihren Bezugspersonen notgedrungen trennen müssen, meistens innerhalb der Vereine weitervermittelt, sofern sich nicht der Züchter zur Zurücknahme bereit erklärt oder jemand aus der Verwandtschaft ein Auge auf diesen doch eigentlich tollen Hund geworfen hat. Nur sehr selten findet man abzugebende Hovawarte, die auf dem freien Markt angeboten werden oder im Tierschutz bzw. im Tierheim gelandet sind.

Die Würfel sind gefallen

Egal, ob erwachsener Second-hand-Hovawart oder Welpe: Wer je einen solchen Wächter der Habe aus gutem Hause kennen lernen durfte und sich mit den Gedanken trägt, einen eigenen Hund anzuschaffen, wird den ganz speziellen, intensiven Blick dieser braunen Augen nie wieder vergessen. Nicht wenige einmal so Ergriffener kommen ihr Leben lang von dieser Rasse und ihrer eben noch würdevollen und doch im nächsten Moment spitzbübischen Ausstrahlung nicht mehr los. Und oft geht die Verzauberung beim Warten auf den eigenen süßen Welpen in die nächste Runde …

II. Welpenzauber

Von der Geburt bis zum 5. Monat

Hovawartwelpen stecken voller Charme und Neugier. Sie gut ins Leben zu begleiten, ist eine beglückende Herausforderung und der Beginn einer langen, engen Freundschaft.

Der Beginn einer langen Freundschaft

Wenn Sie bereits einen Hovawart Ihr Eigen nennen: Wie begann Ihr gemeinsamer Mensch-Hund-Lebensweg und wie wurde aus Ihnen ein Hovawartbesitzer? Gehen wir davon aus, dass Sie sich an eine Welpenvermittlungsstelle eines seriösen Hovawartvereins wandten, eine Telefonnummer oder gar eine ganze Züchteradressliste bekamen und nun zu einem Hovawartzüchter Kontakt aufnehmen konnten. Vielleicht haben Sie auch einfach auf die Internet-Homepage eines Hovawartvereins geschaut und dort Züchteranschriften gesehen. Sie fanden jemanden, der Ihnen am Telefon nett zu sein schien, von seinen Ansichten her gefiel und Sie (hoffentlich) ehrlich beriet. Der Ihnen Informationsmaterial bezüglich seiner wenigen Zuchthunde zur Verfügung stellte, bevor Sie sich kennen lernten und den Kauf fest zusagten. Ihr Züchter schickte Ihnen bereitwillig Fotos der Mutterhündin und des Deckrüden oder mailte Ihnen Bilder (bzw. er verwies Sie auf seine Homepage). Stellen wir uns einen Rasseliebhaber vor, der Sie so gründlich ausfragte, dass Sie sich nach dem Gespräch fast gläsern fühlten und sich wunderten, was Sie einem noch wildfremden Menschen eben so alles bereitwillig über Ihren Lebenswandel offenbarten.
Verlief Ihr Vorgespräch vielversprechend, gab es in dieser Situation natürlich verschiedene Möglichkeiten: Entweder die betreffende Zuchthündin wurde z. B. in absehbarer Zeit erst gedeckt, der Wurftermin stand in Kürze bevor oder sie hatte bereits geworfen! Möglicherweise konnten Sie die werdende Hundemutter und die Züchterfamilie auch schon kennen lernen, bevor der Deck- bzw. der Wurftermin da war.

Der kleine Hovawart kommt zur Welt

Mitfiebern in der Ferne

Ganz besonders aufregend ist es natürlich für jeden Welpenkäufer, wenn er den Züchter und die Zuchthündin spätestens nach dem erfolgreichen Decken kennen lernt und der unaufhaltsam näher rückenden Geburt »seines« Hovawarts entgegenfiebern kann.

Doch obwohl wir beim Gedanken an einen Welpen eigentlich eher den süßen, hellwachen Puschelkopf kurz vor der Abgabe vor Augen haben, vollziehen sich ganz wesentliche Dinge bereits ab dem Geburtsmoment, und der Züchter spielt dabei neben der Hündin eine ganz wesentliche Rolle. Wie die Geburt und die ersten Lebenswochen verlaufen, wird Ihren kleinen Hovawart nämlich für den gesamten Rest seines Lebens entscheidend prägen! Dies ist nicht zuletzt der Grund, aus dem Ihnen der sorgfältigste Züchter und die wesensfesteste Zuchthündin als Mutter Ihres Hovawarts gerade gut genug sein sollten.
Wenn Sie nicht selbst Züchter sind und einen Welpen aus eigener Nachzucht behalten, sind dies außerdem die einzigen Wochen im Leben Ihres Hundes, welche Sie (bis auf Besuche, Fotos oder Videos) nur aus Erzählungen des Züchters kennen und nicht selbst miterleben können. Um Ihnen zu verdeutlichen, wie wichtig diese ersten Schritte ins Hovawartleben sind, beginnt das Blinzeln durchs Schlüsselloch also nicht erst bei der Übergabe des Welpen, sondern mit dem sehnsüchtigen Warten auf den Wurf. Beginnen wir mit der Betrachtung des Hovawartlebens quasi kurz vor der Stunde null, der allerletzten Phase der Trächtigkeit, und spielen wir Mäuschen bei dem, was jetzt im Züchterhaushalt vor, während und nach dem Geworfenwerden der jungen Hovawarte abläuft.

Die letzten Tage der Trächtigkeit

Unaufhaltsam rückt der große Tag immer näher. In der letzten Trächtigkeitswoche sind die Welpenbewegungen nicht mehr nur zu fühlen, sondern sogar zu sehen: Liegt die tragende Hovawarthündin entspannt auf der Seite, springen hin und wieder kleine Delfine unter ihrem Haarkleid herum und boxen sie zuweilen heftig in die Seiten. Doch wann wird es nun endlich so weit sein? Der 63. Tag nach dem Belegen gibt eine ungefähre Richtschnur für den Wurftermin vor. Große Würfe kommen in der Regel etwas eher zur Welt, während sich auch ein durchschnittlich großer Wurf über den 63. Tag hinaus Zeit lassen kann, ohne bereits problematisch sein zu müssen. Die durchschnittliche Wurfgröße liegt beim Hovawart im Moment bei rund 7 Welpen (um genau zu sein: Bei 7,39 Welpen, geht man von der RZV-Statistik für das Jahr 2002 aus). Ob überhaupt Welpen zu erwarten sind, lassen viele Züchter per Ultraschall vom Tierarzt frühestens nach dem 20., besser noch nach dem

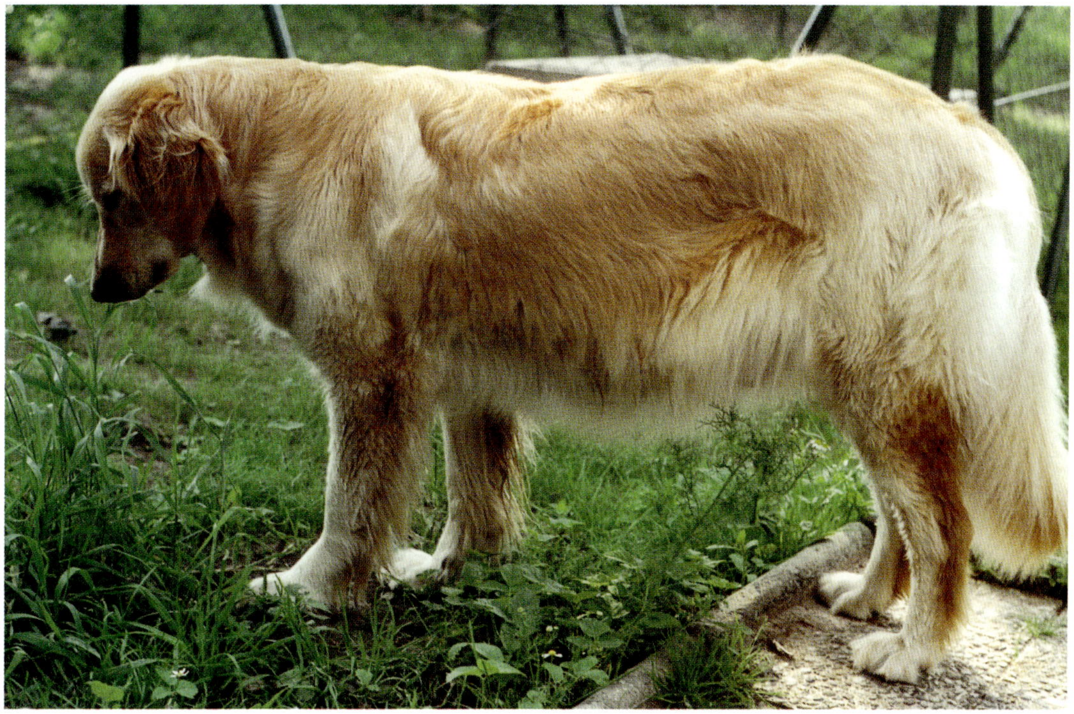

Eine hochträchtige Hündin wenige Tage vor dem Werfen von sieben gesunden Welpen. Somit bekam sie einen durchschnittlich großen Wurf. Sie hielt den errechneten Termin ein, aber der 63. Tag dient nur als grobe Richtschnur für den wahrscheinlichen Beginn des Werfens.

23. Trächtigkeitstag abklären. Über die genaue Anzahl (und natürlich ebenso wenig über die Farb- und Geschlechterverteilung) kann selbst der Tierarzt mit diesem bildgebenden Verfahren allerdings keine genaue Auskunft geben. Hierzu müsste die Hündin geröntgt werden, um die kleinen Skelette der Welpen im Mutterleib zwischen dem 45. und 48. Trächtigkeitstag zweifelsfrei darstellen zu können. Besteht kein Hinweis auf eine Risikogeburt, sehen die meisten Hovawartzüchter von diesem zusätzlichen Tierarzttermin inklusive der Strahlenbelastung für Hündin und Welpen aber ab und lassen sich überraschen.

Das Werfen kommt in Gang

Schließlich ist es so weit: Das Vorbereitungs- oder Öffnungsstadium kündigt sich mit Scharren und Hecheln an. Der Muttermund weitet sich allmählich, was zwischen sechs und zehn Stunden dauern kann. Es folgt die Austreibungsphase mit regelmäßigen, kräftigen Wehen. Je nach Alter und Konstitution der Hündin, Wurfgröße und -zahl kann diese sich zwischen einer und 20 Stunden lang hinziehen. Viele Hündinnen wollen partout im Garten, auf dem Bett oder auf dem Sofa werfen, mit etwas Überredung geleitet sie der Züchter nun in die Wurfkiste. Jetzt wird an der Vulva der werdenden Hovawartmutter zuerst etwas sichtbar, das wie ein kleiner Gummiball aussieht, heftig beleckt wird und erst immer wieder im Inneren der Hündin verschwindet, die erste Fruchtblase! Die Geburt des Welpen steht ganz kurz bevor. Mit dem Ellenbogen drückt die Hündin sich in die Rumpfseite, stützt sich dabei eventuell auch an der Wurfkistenwand ab, presst heftig und stöhnt möglicherweise. Mit einem Schwall blutigem Fruchtwasser ist mit einem Mal der erste Hovawart dieses Wurfes da: Je nachdem, ob die Fruchtblase, in die er oft (aber nicht immer) noch vollständig eingepackt ist, hell oder dunkel erscheint, kann der Züchter schon die grundsätzliche Farbe dieses Welpen erkennen.

Ob der Neugeborene schwarzmarken oder rein schwarz ist, zeigt sich allerdings oft erst, wenn der Welpe später trocken in der Wurfkiste liegt. Eine helle Marke unter dem Rutenansatz hat nur das schwarzmarkene Hovawartbaby! Doch erst geht es feucht weiter: Emsig leckt die Hündin die vielleicht schon im Geburtskanal gerissenen oder noch intakten Eihäute. Sie packt ihren Erstgeborenen regelrecht aus: Mit einer kräftigen Zungenmassage wird er von seiner klebrigen Umhüllung befreit. Die Hündin beißt die Nabelschnur durch, was manchmal erst einige Anläufe braucht: Unerfahrene Hovawartmütter neigen

Der erste Welpe ist da! Sein Auspacken aus der Fruchtblase, das Abnabeln und die kräftige Leckmassage sind auch bei Erstgebärenden uralte, instinktgesteuerte Verhaltensweisen, die jeden Züchter tief beglücken.

dazu, den Welpen an der Nabelschnur hochzuheben und daran schütteln zu wollen, um die erstaunlich robuste Verbindung zwischen ihr und dem Neugeborenen besser mit den Zähnen durchzubekommen. Zwar sollen die natürlichen Vorgänge soweit wie möglich alleine ablaufen, aber hier wird der Züchter eingreifen, will er nicht Nabelbrüche oder Verletzungen der Welpen riskieren. Ist sie bereits erschienen, verschlingt die Hovawarthündin die Nachgeburt, deren Aussehen an ein großes Stück frischer Leber erinnert.

Das neugeborene Hovawartkind

Der kleine, neugeborene Hovawart tut den ersten lauten Schrei und bewegt sich schon mehr oder weniger temperamentvoll und voller Lebenswillen. Laufen kann er zwar noch nicht, aber heftig mit dem Köpfchen pendelnd kriechen! Sein Ziel ist die mütterliche Zitze mit der für die Immunabwehr so wichtigen Kolostralmilch. Schon nach zehn Minuten (oder auch eher, die Abstände sind sehr individuell) kann Welpe Nummer zwei das Licht der Welt erblicken.

Die Aufgabe des Züchters ist es nun, jeden geworfenen Welpen zu wiegen, das Gewicht und dessen Verfassung festzustellen, die Uhrzeit des Werfens zu notieren und die Schar einzeln im Wurfprotokoll zu beschreiben. Auch der Grad der Welpenvitalität nach dem Auspacken aus der Fruchtblase ist eine interessante Beobachtung, die viele Züchter akribisch festhalten: Es gibt gemächlichere Welpen, die es nicht sonderlich eilig haben beim Weg zur Zitze, und es fallen die kleinen Turbos auf, welche bereits wie wild strampeln, obwohl sie noch ganz in der Fruchtblase stecken. Nicht selten bleibt dieses beobachtete Grundtemperament für immer erhalten.

Das Ende des Werfens

Nach einigen Stunden (die Dauer schwankt) ist die Geburt abgeschlossen und die Mutterhündin kommt sichtlich zur Ruhe. Manchmal legt sie auch nur eine lange Pause ein, denn die Welpen wandern bei der Geburt wechselseitig durch die beiden wie ein Ypsilon geformten Gebärmutterhörner, in denen sie während der Trächtigkeit wie auf einer zweibändigen Perlenkette links und rechts im Mutterleib hintereinander lagen. Bis die letzten Welpen aus den hinteren Abschnitten dieser Ketten im Geburtskanal ankommen, kann es unter Umständen lange dauern. Deshalb ist es auch ratsam, nach einer anscheinend abgeschlossenen Geburt den Tierarzt an die Wurfkiste zu bestellen. Eventuell ist noch eine Nachgeburt in der Mutterhündin verblieben oder sogar noch ein Welpe. Das gründliche Abtasten der Gebärmutter (das so genannte Palpieren) und eine Wehen- bzw. Abreinigungsspritze bringen dem Züchter die nötige Gewissheit, denn andernfalls – etwa bei einem noch vorhandenen toten Welpen in der Gebärmutter – ist die Gesundheit der Mutter in großer Gefahr. Wurden bei Welpen Afterkrallen festgestellt, wird der Tierarzt diese in den nächsten Tagen entfernen, um spätere Komplikationen wie das eventuelle Einwachsen oder Abreißen damit auszuschließen. (Das deutsche Tierschutzgesetz verbietet allerdings die Amputation von Körperteilen ohne tiermedizinische Indikation, was diese vorbeugende Maßnahme in die Diskussion brachte.) Ist er wieder aus dem Haus, kehrt endgültig Ruhe in der Wurfkiste ein.

Nun nimmt sich die Zuchthündin ihren verdienten Erholungsschlaf, während die Welpen wohlig am Gesäuge liegen und das tun, womit sie in nächster Zeit vor allem beschäftigt sein werden: Schlafen und trinken, sich lösen (stimuliert durch die kräftige Zungenmassage der Mutter), trinken und schlafen.

Spezielle Welpenwünsche

Ob Ihr möglicher Wunschwelpe darunter ist? Die Zahl fallender Rüden und Hündinnen ist statistisch fast gleich. Und die Farben? Grob gesagt, gibt es 60 % schwarzmarkene, 30 % blonde und 10 % schwarze Hovawarte, diese Anteile schwanken aber immer etwas. Im RZV fielen z. B. 2002 51 % schwarzmarkene, 33 % blonde und 16 % schwarze Welpen, wobei ich die Zahlen gerundet habe. Für die bessere Prognose ein kurzer Abstecher in die Farbvererbung: Ein blonder Hovawart ist bezüglich seiner Fellfarbe immer reinerbig, während schwarzmarkene und schwarze Hovawarte in Bezug auf das Merkmal Haarfarbe misch- *oder* reinerbig sein

Viele Welpenkäufer haben spezielle Farbwünsche. Aus der Verpaarung zweier blonder Hovawarte fallen nur blonde Welpen. Alle anderen Kombinationen lassen mehr oder weniger auf einen mehrfarbigen Wurf hoffen.

können. Werden zwei blonde Hovawarte miteinander verpaart, fallen ausschließlich reinerbige, blonde Welpen, keine anderen Farben. Alle drei Farbschläge in der Wurfkiste sind bei folgenden Verpaarungen möglich: schwarz x schwarz, blond x schwarz, blond x schwarzmarken und schwarz x schwarzmarken. Deckt z. B. ein schwarzmarkener Hovawartrüde eine gleichfarbige Hündin, sind vor allem schwarzmarkene und blonde, jedoch nur äußerst selten auch rein schwarze Welpen zu erwarten.

Die statistische Untersuchung der Farbe von 522 Hovawartwelpen ergab die interessante Erkenntnis, dass die Farbverteilung des Wurfes bei blond x schwarz-Verpaarungen auch noch abhängig davon ist, welche Farbe jeweils Vater und Mutter Hovawart aufweisen (J. Kerl 2000). Vielleicht möchten Sie unbedingt einen blonden Rüden, während der Wurf ausnahmslos aus schwarzmarkenen Hündinnen und einem einzigen rabenschwarzen Rüden besteht? Vielleicht schwenken Sie um auf eine andere Farbe. Möglicherweise ist es Ihnen aber doch noch wichtiger, Ihren seit langem erträumten Wunschhovawart zu finden, als einen Welpen von *diesem* speziellen Züchter und von *dieser* speziellen Mutterhündin zu bekommen. Dann geht die Suche weiter.

Die Qual der Farbwahl

Und wenn Sie in den nächsten Wochen die Wahl zwischen mehreren gleichfarbigen Welpen haben? Blonde Hovawartkinder dunkeln im Laufe der Jahre enorm nach (sehr aufschlussreich sind Vergleiche mit Welpenfotos der Elterntiere, was auch für die Schwarzmarkenen gilt). Sie erreichen jene Deckhaarfarbe, die jetzt an den Behängen sowie an den Sprunggelenken zu sehen ist. Solche Nachgedunkelten bekommen meistens besonders schöne Aufhellungen, die einfarbig rot-blonde Welpen (Berliner Blond genannt) kaum noch entwickeln werden.

Einen Hinweis auf die Aufhellung blonder Geschwister geben zusätzlich helle Streifen an den Schulterblättern. Schwach pigmentierte blonde Welpen ziehen ihren Kajalstrich mit der Zeit um die Augen noch nach und auch an Ballen, Lefzen und am Nasenspiegel kommt Farbe hinzu. Ihr Pigment wird aber selten so schwarz wie das der von Anfang gut gefärbten Welpen. Doch diese trifft die Gerechtigkeit des Schicksals: Anfangs pechschwarze Nasen der wie geschminkt wirkenden Blonden hellen mit der Zeit oft zu so genannten Wechselnasen auf.

Richtige Chamäleons sind schwarzmarkene Hovawartwelpen: Sehen die Brustmarken wie kleine Adlerschwingen aus, stehen die Chancen auf eine schöne Markenzeichnung gut, während Welpen mit sehr großen Marken später teilweise überzeichnet sind. Manche Schwarzmarkenen bilden helle Haarbereiche unter den Augen aus, die wie eine Brille wirken. Auch die Mohrenköpfchen mit schwachen Kopfmarken werden häufig mit der Zeit noch viel bunter!

Hat ein schwarzmarkener Welpe nur blonde Läufe und nicht den Hauch von Farbe an den anderen erwünschten Stellen, nützt das Prinzip Hoffnung allerdings wenig. Ich kenne solche Braunläufe aus vielen Vereinen: Sie werden nicht weniger geliebt als ihre farbigere Verwandtschaft, machen allerdings keine Ausstellungskarriere.

Ein guter Hund habe keine Farbe, meinte Kurt F. König, und das sollte in gewisser Weise auch für die drei FCI-Farbschläge gelten. Übertriebene Farbzucht hat schon ganze Rassen in den Ruin getrieben, wenn dafür Zuchtziele wie Wesen und Gesundheit geopfert wurden. Zum Glück liegt Hovawartzüchtern Farbfanatismus fern!

Die Gretchenfrage: Rüde oder Hündin?

Wenn das Wunschgeschlecht für Sie wider Erwarten im Wurf nicht dabei sein sollte oder einem anderen Interessenten schon ganz fest versprochen wurde, wird Sie der Züchter eventuell fragen, ob Sie sich auch umentscheiden könnten. Wie Ihre spätere Hovawarthaltung im Detail aussehen wird und was Sie zusammen mit Ihrem Hund erleben werden, hängt allerdings nicht zuletzt vom gewählten Geschlecht des Vierbeiners ab. Es gibt sehr dominante, machohafte Rüden, die Ihnen viel Konsequenz und Rückgrat bei der Erziehung abverlangen. Auf andere Rüden, vor allem auf etwa gleichaltrige, große Artgenossen, sind heranwachsende Rüpel unter den Hovawarten oftmals (trotz bester Sozialisation von Beginn an) nicht gut zu sprechen. Sie lieben die Provokation oder wollen bei Begegnungen am besten sofort für klare Verhältnisse sorgen. Dies bedeutet keineswegs, dass dabei gebissen würde, aber lautstarke Rangeleien, so genannte Kommentkämpfe ohne Verletzungsabsicht, dürfen es schon sein. Solche Vorkommnisse (inklusive der nicht immer verständnisvollen Reaktionen beteiligter Hundebesitzer) sollten Rüdenbesitzer in spe einkalkulieren. Es gibt unter Hovawartrüden aber ebenso jene sanften, zärtlichen Typen, die nie im Leben in der Rangfolge aufzusteigen versuchen. Sie kommen mit anderen Hunden in der Regel gut aus und haben eine hohe Reizschwelle. Streit mit anderen Vierbeinern suchen solche abgeklärten Rüden nicht, trotzdem lassen sie sich nicht jede Frechheit bieten.

Viele Hündinnen sind im Durchsetzen ihres Willens sturer als Rüden, tragen aber ihre Führungsanfragen indirekter vor. Erfahrene Hovawarthalter sind der Ansicht, im Grunde seien Hündinnen das »härtere« Geschlecht und schlitzohriger als Rüden. Auch unter ihnen gibt es echte Raubeine, die keinem Streit mit Artgenossinnen aus dem Weg gehen – vor allem ab den Wochen vor jeder Läufigkeit! Im Jahresverlauf unterliegen sie deutlichen hormonell bedingten Stimmungsschwankungen, die die ausgeglicheneren Rüden nur verspüren, wenn läufige Hundedamen im Revier aufkreuzen.

Besser oder schlechter ist keines der Geschlechter! Letztlich sind viele Menschen von ihrem Naturell her eindeutige Rüden- oder Hündinnenhaltertypen und kommen mit den jeweiligen geschlechtstypischen Eigenschaften einfach besser zurecht. Viele Verhaltensweisen von Rüden und Hündinnen sind keineswegs schicksalhaft vorgegeben, sondern durch gezielte Erziehung beeinflussbar. Ich riet einem Welpenkäufer einmal aus einem ganz anderen Grund dringend zu einer Hündin: Der Mann war Besitzer einer Baumschule!

Machen Sie sich auf jeden Fall Ihre eigenen Wünsche und Vorstellungen rechtzeitig bewusst, denn eines ist sicher: Wenn Ihr Züchter Sie spontan fragen sollte, ob Sie flexibel bezüglich des Welpengeschlechts sind, möchte er nicht allzu lange auf Ihre Antwort warten.

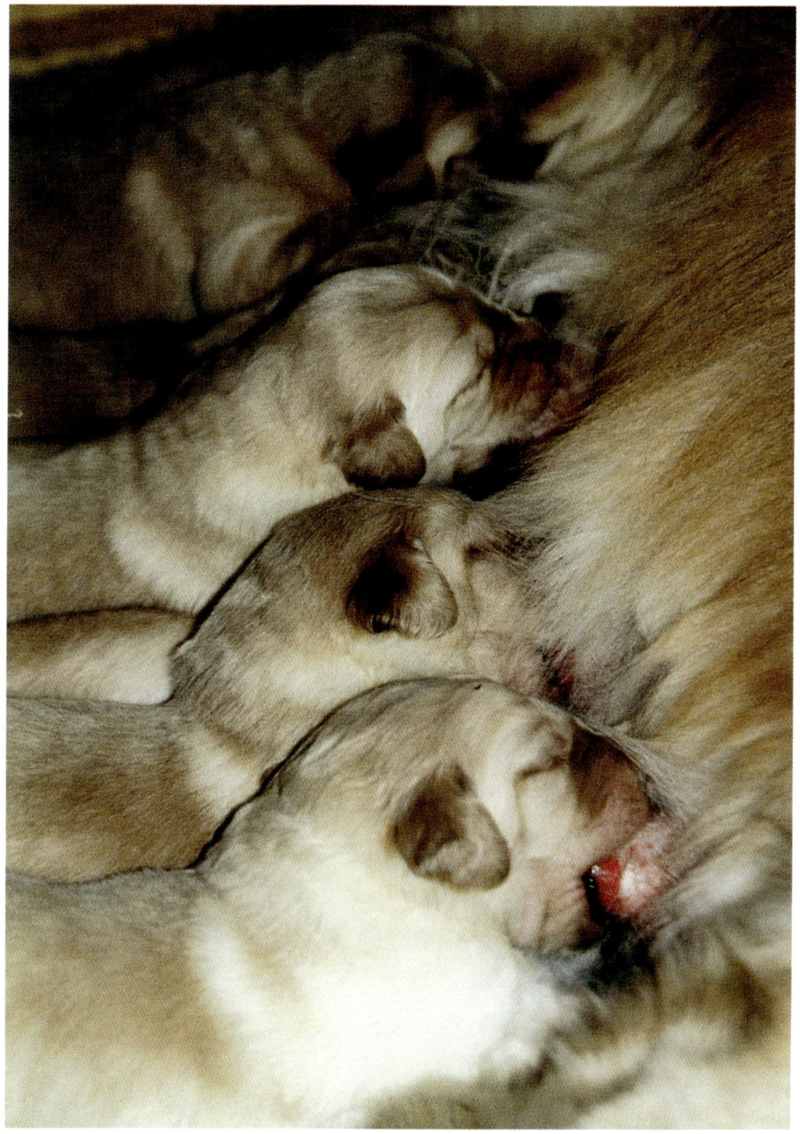

Noch besteht das Leben der jungen Saugwelpen fast nur aus Trinken, Ausscheiden und Schlafen. Diese Lebensphase verbringen die Kleinen als echte Gesäuge-Experten: Die Formen von Fang, Zunge und Gaumen sind optimal an das Zitzentrinken angepasst.

Die Phasen der Welpenentwicklung

Erste und zweite Lebenswoche

Ob Rüde oder Hündin: In dieser wichtigen ersten Lebensphase wird nun der Grundstein für vieles gelegt, was Sie später unter anderem wesensmäßig mit Ihrem Hovawart erleben werden. Egal, wie erfolgreich die Elterntiere auf Prüfungen oder Schauen waren, egal, wie bekannt der Zwingername ist – was in diesen ersten Lebenswochen an Frühförderung und Prägung versäumt wird, kann Ihr Hovawart nie wieder ausgleichen.

Die Hovawart-Welpen sind in den Tagen nach der Geburt bis zum 14. Lebenstag in der so genannten neonatalen Phase. Um den zweiten, dritten Tag herum fällt der eingetrocknete Nabel-

rest ab. Das Verhalten der Saugwelpen besteht vor allem im Schlafen, Ausscheiden, Saugen, kreisförmigem Robben auf dem Bauch und dem Suchen nach der Zitze, wobei besonders die pendelnden Kopfbewegungen auffallen.
Die Verdauung wird durch das kräftige Lecken der Hovawartmutter angeregt. Sofort frisst die Hündin bei dieser wichtigen Pflegearbeit den erscheinenden Welpenkot. Fällt sie aus, muss der Züchter die Massageaufgabe übernehmen. Die Formen von Fang, Zunge und Gaumen jedes Welpen sind optimal an das Zitzentrinken angepasst. Mit den Vorderpfoten führen die kleinen Hovawarte an der Zitze den Milchtritt aus, stemmen sich mit den kleinen Hinterläufen ab und stimulieren kräftig pumpend den Milchfluss. In den noch sehr langen Schlafphasen (90 % Schlaf- zu 10 % Saugphasen!) zucken die Kleinen oft ruckartig, als würden sie von schweren Träumen geplagt. Wichtig für unsere neugeborenen Hovawartwelpen ist vor allem das warme, kuschelige Kontaktliegen mit Mutter und Geschwistern – es dient nicht nur der Gemütlichkeit, sondern ist lebenswichtig, um den Wärmehaushalt zu regulieren, denn die jungen Hovawarte sind von der Umgebungstemperatur relativ abhängig.
Der Züchter erkennt an weit auseinander liegenden Welpen in der Wurfkiste, dass die Raumtemperatur etwas abgesenkt werden könnte. Liegen die Welpen ganz eng auf einem Haufen, machen sie dabei auch noch einen unzufriedenen Eindruck und jammern sie, ist es zu kühl im Wurfzimmer. Mindestens 25°C sollte es dort anfangs warm sein.
Selbst gerade aus der Eihaut der Fruchtblase befreite Hovawartbabys verfügen bereits über eine gewaltige Stimme. Je mehr Welpen zur Welt kamen, desto lauter und vielstimmiger wurde der Chor. Diese ganz speziellen SOS-Töne sind ebenso genetisch fixiert, wie alle anderen angesprochenen Verhaltensweisen während und nach der Geburt auch. Die schreienden Welpen bewegen die Mutterhündin dazu, sich um ihre Neugeborenen zu kümmern und sie zum Beispiel ins Nest zurückzutragen, wenn sie sich zu weit entfernt haben sollten. Etwa zwölf Tage lang hält diese Reaktion auf die speziellen Welpenrufe an. Mit zunehmender Reife und Selbstständigkeit der Welpen verliert sich auch der Neugeborenenruf nach mütterlicher Hilfe. Die in den ersten Tagen extrem starke Lagerbindung der Mutterhündin lässt deutlich nach.

Frühe Wahrnehmung der Umwelt

Obwohl die Welpen noch nicht sehen und hören können (Augenlider und Ohröffnungen sind fest verschlossen), nehmen sie dennoch durch Geruchs-, Bewegungs- und Temperaturreize schon ihre Umwelt wahr. Das noch unausgereifte Nervensystem ist ununterbrochen mit neuen Verschaltungen beschäftigt: Die kleinen Hovawarte wachsen nicht nur körperlich in Windeseile, sondern sie lernen jetzt schon auch anhand von Umwelterfahrungen. Gute Züchter nehmen die Welpen immer wieder in die Hand (nicht nur während des täglichen

Noch können die Welpen nicht sehen und hören, dennoch schreitet ihre Entwicklung rasant voran. Milder Stress hilft ihnen, am Erfolg zu lernen, etwa bei der Suche nach der Milchquelle. Dieser acht Tage alte Welpe hat sich wohl in der Richtung geirrt!

In den ersten Lebenstagen sind die Nase, die Lider und Pfotenballen von Hovawartbabys noch nicht voll durchpigmentiert. Bei den Blonden erinnert die Farbe an gekochten Hummer.

Wiegens!), bewegen wie beim Menschenbabyturnen vorsichtig deren Gliedmaßen, um die motorischen Fähigkeiten und die damit einhergehende Nervenzellenreifung zu unterstützen, und sprechen liebevoll mit ihnen, wobei sich den Welpen auch jetzt schon der Menschengeruch einprägt. Der Züchter darf allerdings nicht aus Mitleid die Welpen ständig an die Zitzen anlegen, weil er das pendelnde Suchen nach dem Gesäuge nicht mehr mit ansehen kann. Alle Welpen, auch kleine Hovawarte, brauchen milden Stress, damit sich ihr Organismus optimal entwickeln kann. Doch nicht nur das – die leicht frustrierten Welpen lernen am eigenen Erfolg, den sie sich quasi selbst erarbeitet haben, eines fürs ganze Leben: Die Welt geht nicht unter, nur, weil etwa ihr Bedürfnis nach Wärme oder Milch nicht sofort befriedigt wird. Denn durch eigene Aktivität können Mangelzustände ausgeglichen werden – aushaltbare Belastungen verlieren somit ihren Schrecken und stürzen sie nicht in tiefe Konflikte.
Sie lernen immer besser, Strategien für Lösungsmöglichkeiten zu entwickeln und somit intelligent auf Herausforderungen zu reagieren. Erweisen sich Welpen als wirklich benachteiligt, wird der Züchter natürlich eingreifen.

Meerschweinchen oder junger Hovawart?

Neugeborene Hovawartwelpen sehen relativ unscheinbar und noch gar nicht richtig niedlich aus: Sie erinnern eher an Meerschweinchen (mit geschlossenen Augen!) als an Hunde, die einmal groß und stattlich werden. Das Fell kann im Nacken schon leicht gewellt sein, ebenso an den fast dreieckigen, Daumennagel kleinen Behängen, die jetzt oft nach oben zeigen wie die Ohrschützer lederner Fliegerkappen. Am Körper liegt das Fell an und erinnert gerade bei den dunklen Welpen an das dichte, schwarze Haar von Maulwürfen. Direkt nach der Geburt sehen die Blonden noch recht dunkel aus, weil sie nach dem Auspacken aus der Fruchthülle und dem heftigen Gelecktwerden noch sehr feucht sind. Das sind ihre dunklen Geschwister natürlich ebenso, doch bei ihnen wird der Farbeindruck dadurch weniger verfälscht. Die Lider und die Lefzen, aber vor allem die Nasen und Pfotenballen sind bei den blonden Welpen in den ersten Lebenstagen oft noch schweinchenrosa bis hummerrot, was schon manchen Erstzüchter entsetzte, meinte er doch, quasi pigmentfreie Welpen in der Wurfkiste zu haben. Doch auch die schwarzen oder schwarzmarkenen Welpen sind anfangs noch nicht voll durchpigmentiert. Wie bei den blonden Geschwistern vollzieht sich die Durchfärbung erst schrittweise nach der Geburt. Kleine nebelartig weiße Abzeichen, die sich bei allen Welpen an Rutenspitze, Brust oder Pfoten zeigen können, verschwinden mit der Zeit, während größere, weiß durchgefärbte Areale oft auch beim erwachsenen Hovawart noch erhalten bleiben.
Haben die Welpen in einem einheitlichen Wurf keine eindeutigen Unterscheidungsmerkmale, werden sie entweder durch kleine Fellschnitte oder durch Nagellackpunkte markiert, damit

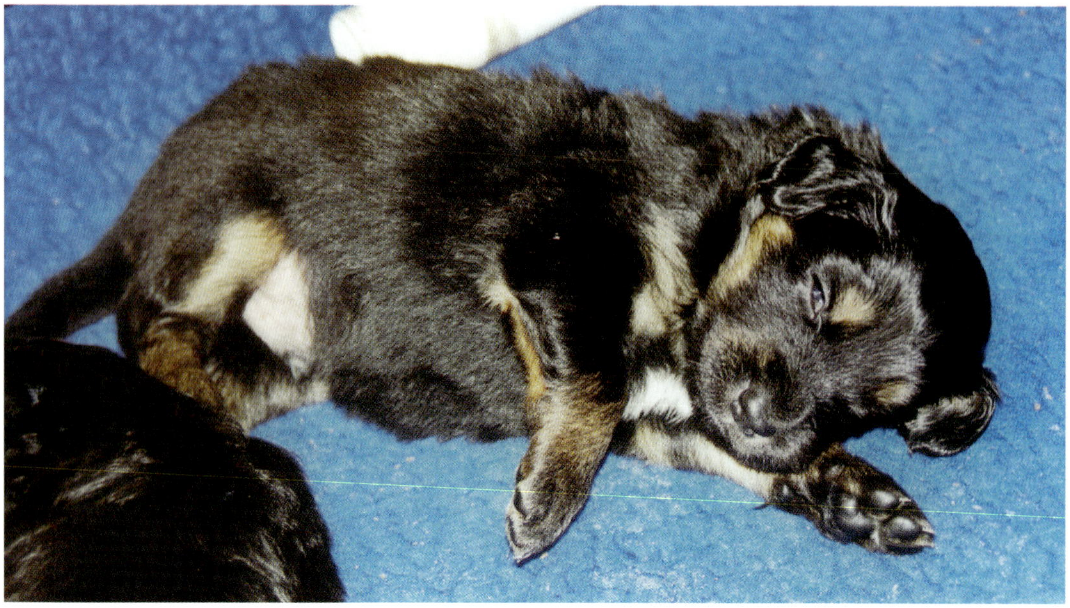

Dieser schwarzmarkene Welpe hat zwar seine Augen bereits geöffnet. Viel erkennen kann er allerdings noch nicht: Bis er ein halbwegs scharfes Bild seiner Umgebung sieht, dauert es noch fast eine Woche.

ihr Züchter sie auseinander halten kann. Vor allem beim täglichen Wiegeritual muss er seine kleinen »Pappenheimer« zweifelsfrei erkennen können.

Ruhige Zeit für den Züchter

In der ersten Lebenswoche kommt der Zuchtwart (in Deutschland) zum ersten Mal zur Wurfbegutachtung. Jetzt muss bereits an die Erstentwurmung der Welpen gedacht werden. Der zehnte Lebenstag ist in der Regel dafür der Stichtag. Danach wird alle zehn bis zwölf Tage entwurmt. Problematisch sind vor allem Haken- und Spulwürmer, mit deren Larven sich die Welpen über die Muttermilch infizieren.

Das Wiegen ist täglich angesagt, um eventuelle Entwicklungsprobleme festzustellen. Und natürlich will Ihr Züchter auch einfach wissen, ob sich seine kleinen Hovawarte optimal entwickeln und wann zugefüttert werden muss. Das Geburtsgewicht neugeborener Hovawarte liegt etwa zwischen 350 und 650 Gramm. Je größer der Wurf ist, desto geringer sind normalerweise die durchschnittlichen Geburtsgewichte. Als Daumenregel gilt, dass jeder Welpe sein Geburtsgewicht nach etwa zehn Tagen verdoppelt haben sollte. Anfängliche Gewichtsverluste werden normalerweise durch gesunde Welpen schnell wieder aufgeholt.

Ist der Wurf groß, kann es nötig werden, die schwächeren Welpen bewusst an die besseren Zitzen im hinteren Bereich des Gesäuges anzulegen, denn im Kampf um die besten Plätze an der Milchbar sind sie den stärkeren Geschwistern sonst immer unterlegen. Die gute Versorgung und Betreuung der Mutterhündin steht jetzt im Vordergrund. Sehr wichtig ist die akribische Kontrolle und Pflege des Gesäuges, damit keine Mastitis (bakterielle Infektion der Milchdrüsen) entsteht. Der Ausfluss der Hündin hält noch zwei bis drei Wochen an. Sie liegt in Ruhepausen gerne erhöht dort, wo sie ein Auge auf die Wurfkiste hat.

Neben dem regelmäßigen Wechseln der Wurfkisteneinrichtung und dem Telefonieren mit wissbegierigen Welpenkäufern hat die Züchterfamilie in diesen ersten zwei Lebenswochen ihres Wurfes viel Zeit zum Staunen über das Wunder neuen Welpenzaubers.

Dritte und vierte Lebenswoche

Nun beginnt eine wichtige Stufe der Verhaltensentwicklung: die transitionale oder Übergangsphase zwischen dem 15. und 21. Lebenstag. Vollzog sich die Reifung der kleinen Hovawart-Sprösslinge in den ersten 14 Lebenstagen noch relativ unspektakulär für das Auge des Betrachters, wird es mit dem Ende der zweiten Lebenswoche von Tag zu Tag spannender: Jetzt beginnen sich nämlich die Augenlider von der Nasenseite her langsam zu öffnen! Wann dieser Vorgang genau einsetzt und wie lange er dauert, ist allerdings sehr individuell: Bei manchen Welpen ist das erste Blinzeln schon am neunten Tag der Fall, bei manchen am zwölften, bei anderen am 14. Lebenstag. In der dritten Lebenswoche ist es aber dann wirklich bei allen Geschwistern so weit. Anfangs ist nur ein kleiner Spalt zu sehen, in dem sich plötzlich das durchs Wurfzimmerfenster einfallende Licht spiegelt. Innerhalb von ein bis zwei Tagen wird diese schmale Öffnung nun größer. Noch erscheinen die Augen fast gräulich-bläulich und wie mit einem leichten Schleier versehen zu sein. Richtig fokussieren können die Welpen tatsächlich erst frühestens ab dem 21. Lebenstag, sie unterscheiden anfangs schemenhaft nur hell und dunkel.

Doch auch an anderer Stelle tut sich jetzt etwas in Sachen zunehmende Sinneswahrnehmung: An den kleinen Ohrdreiecken lösen sich langsam schmale Hautfetzen ab. Die äußeren Gehörgänge öffnen sich etwa ab dem 13. Tag. Im Kiefer der Welpen sind ab jetzt die Zahnanlagen als kleine Beißleisten immer deutlicher spürbar. Um den 18. Lebenstag herum lassen sich dann schon die durchbrechenden Fangzähne ertasten. Bald müssen die scharfen Krallen der Welpen vorsichtig geschnitten werden, damit sie Mutters Gesäuge beim Trinken nicht verletzen.

Zunehmende Selbstständigkeit

In dieser buchstäblich für das ganze Leben prägenden Entwicklungsphase können die Welpen mit ihren neuen Sinneserrungenschaften noch nicht viel anfangen. Bis sie wahrgenommene sicht- und hörbare Informationen aus ihrer Umwelt wirklich verarbeiten werden, dauert es noch bis zum Ende der dritten Lebenswoche. Doch so (scheinbar) hilflos wie in den ersten Lebenstagen sind Ihr kleiner Hovawart und seine Geschwister nun dennoch nicht mehr: Vor allem die Vorderläufe tun jetzt schon recht gut ihren Dienst. Alles sieht zwar noch etwas wackelig aus, aber die Koordination der Bewegungen, die erst einem unsicheren Schreiten wie an unsichtbaren Marionettenfäden gleichen, klappt zunehmend besser. Wie Astronauten nach der Mondlandung wanken die kleinen Hovis durch die Wurfkiste. Erst ab dem 28. Lebenstag machen die Lauf- bzw. Gehbewegungen einen wirklich koordinierten Eindruck. Erste Spielobjekte (etwa eine Möhre, eine Papprolle, ein Katzenbällchen mit kleiner Glocke) werden bald wie in Trance untersucht. Die Hündin säugt immer öfter im Stehen und Sitzen.

Die Verdauung klappt alleine

Etwa ab dem 16. Tag ist die mütterliche Hilfe nicht mehr nötig, wenn sich die jungen Hovawarte lösen und Kot und Urin absetzen wollen. Ihr Züchter wird jetzt idealerweise die Stubenreinheit seines Wurfes anbahnen, indem er eine Ecke der Wurfkiste mit einer dicken Lage Zeitungspapier auslegt, welche ein Stück von der gemütlichen Schlafecke aus kochfesten Laken und Hundedecken entfernt liegt. Die Welpen werden langsam immer mehr bemüht sein, ihre Ruhezone nicht voll zu koten und einen anderen Untergrund zum Ablegen ihrer Würstchen aufzusuchen. Doch noch sorgt ja neben dem Züchter auch Mutter Hovawart für Sauberkeit in der Wurfkiste, indem sie feste Hinterlassenschaften ihres Nachwuchses einfach auffrisst. Ab dem 21. Lebenstag kann der Harnabsatz von den Welpen willentlich gesteuert werden. Ein weiterer Meilenstein ihrer Entwicklung!

Soziales Interesse erwacht

Die Welpen schlafen nun deutlich weniger und zeigen jetzt wie in Zeitlupe erstes zielgerichtetes Interesse an ihren Geschwistern, an ihrer Mutter, an Menschen und an Gegenständen. Ihre Interaktionen werden von Tag zu Tag selbstverständlicher. Bei jedem morgendlichen Blick in die Wurfkiste kann ihr Züchter wieder einen enormen Entwicklungsschub feststellen. Etwa mit der vierten Lebenswoche beginnt die Sozialisierungsphase, die erst frühestens mit der 12./14. Woche enden wird. Die nun erst wirklich »welpig« aussehenden kleinen Hovawarte werden immer neugieriger, aktiver und kontaktfreudiger.

Die Entdeckungslust wächst

Die Welpen müssen sich jetzt immer mehr Geruchseindrücke von möglichst vielen verschiedenen Menschen verschaffen können, um dieses komische Säugetier als grundsätzlich vertrauenswürdig kennen zu lernen. Auf diese prägenden Erfahrungen werden sie ihr Leben lang zurückgreifen. Die enge Wurfkiste reicht als Lebensumfeld nun nicht mehr aus und begrenzt buchstäblich den Horizont der Hovawartzwerge. Wird sie nicht erweitert bzw. den jungen Hunden neues Terrain angeboten, hangelt sich der neugierige Hovawart-Nachwuchs nun wie eine Riege kleiner Reckturner an der Wurfkistenwand über den niedrigeren Einstiegsrand für die Mutter, purzelt auf den Boden und erkundet auch ohne Züchterhilfe den spannenden Raum! Besonders begabte kleine Ausbrecherkönige finden sich morgens nicht selten selig im langen Rutenhaar der Mutter eingekuschelt auf deren Schlaflager wieder. Es ist erstaunlich, was so ein kleines, pelziges Etwas bereits für eine enorme Willens- und Körperkraft entwickeln kann.

Abenteuer Zufüttern

Je nach Größe des Wurfes und der Entwicklung der Gewichte folgt jetzt spätestens das Zufüttern, denn den wachsenden Hunger ihrer Hovawartkinder kann die Mutterhündin nun meistens nicht mehr alleine durch die Milchleistung stillen. Das zusätzliche Trinken bzw. Fressen aus einer Schale müssen die kleinen Hovawarte erst lernen und werden dafür einzeln auf den Schoß genommen und mit einem in Welpenmilch oder -brei getauchten Züchterfinger bekannt gemacht. Der Geschmack muss einfach wundervoll sein, denn sofort fängt jeder Welpe an, begeistert schnüffelnd nach der neuen Nahrungsquelle zu suchen. Das Schlabbern der ersten Mahlzeit jenseits der mütterlichen Zitze klappt in der Regel sofort – aber die Welpen sehen hinterher aus, als hätten sie wie einst Cleopatra (nur kopfüber) in Eselsmilch gebadet! Eine Wonne für jede Hovawartmutter, ihren Welpen diese köstliche Bescherung wieder abzulecken – und nun kann der kleine Hovawart zielgerichtet seine ebenfalls lecker milchverklebten Geschwister abschlecken! Die folgenden Mahlzeiten gibt es aber nun schon zu mehreren, denn auch das Erlebnis des selbstständigen Fressens gehört zum milden Stress: Jeder Welpe muss sich gegen die Geschwister dabei durchsetzen und lernen, dass sich Anstrengung lohnt im Leben. Deshalb ist auch nichts davon zu halten, aus Komfortgründen jedem Welpen eine einzelne Schale vorzusetzen. Für seine Wesensentwicklung wesentlich günstiger sind entweder große, flache, innen glasierte Keramiknäpfe oder so genannte Edelstahlwelpenringe aus dem Fachhandel, in denen das Futter im Kreis um einen Haltegriff herum angeboten wird. Frisches Wasser muss nun für die Welpen immer bereit stehen.

Das Welpenspiel wird rauer

Ihr Züchter (oder auch Sie als Besucher) kann bereits jetzt viel für das Erlernen der Beißhemmung tun, indem er die Hand jedes Mal wegzieht, sobald ihn einer der kleinen Hovawarte kräftig in den Finger beißt. »Beiße ich zu, endet sofort der ersehnte Sozialkontakt«, lautet die Botschaft, die erstaunlich schnell von den Welpen verinnerlicht wird. In der vierten, fünften Lebenswoche lässt sich zum ersten Mal so etwas wie aggressiv getöntes Verhalten gegenüber Geschwistern feststellen. Noch wird dies nicht im sozialen Zusammenhang gezeigt, aber hier fällt der Startschuss für eine ganz wichtige Lektion der nächsten Wochen: dem Erlernen eines angemessenen Einsatzes von ritualisierten Dominanz- und Unterwerfungsgesten zur Vermeidung von Eskalationen im Sinne wirklich ernsthafter Auseinandersetzungen.

Fünfte und sechste Lebenswoche

Je nach Jahreszeit und Wetter wird nun immer öfter der mit Spielgelegenheiten versehene Garten inspiziert. Er sollte den Welpen bis zur Abgabe immer neue Gelegenheiten bieten, um ihre motorischen Fähigkeiten zu entwickeln, den Erkundungsdrang zu befriedigen und dabei die Angst vor Neuem zu überwinden: Gartenschuppen, Gebüsche, Bäume, Bodensenken, Gras, gepflasterte Bereiche, Holzterrassen, flache Wippen, Kinderkriechtunnel, Pappkartons, gehobelte Holzpaletten, große Kunststoffblumenkübel, auf den Boden gelegte Holzleitern, Autoreifen, niedrige Wasserbecken, flexible Zaunlabyrinthe, Ballkisten oder komplette Spielausstattungen aus buntem Kunststoff – es gibt viele Möglichkeiten, den Welpenauslauf spannend zu gestalten. Jetzt kommt auf den Züchter wirklich Arbeit zu! (Zudem hat er ständig Kothäufchen aufzusammeln.) Für optische Reize sorgen aufgehängte Betttücher, Baustellenflatterbänder, Windräder oder Vogelscheuchen. Im Haus des Züchters warten Toilettenspülung, Radio, Fernseher, Geschirrspüler, Mixer, Staubsauger, Haarföhn, Computerdrucker, Waschmaschine, mechanischer Wecker usw. Draußen runden Rasenmäher, Autohupen, Fahrradklingeln, Holzratschen, mit Kieselsteinen gefüllte Blechdosen, Kuhglocken, vorbeikommende lachende Schulkinder, Traktoren, Mähdrescher, Lastwagen, Kirchengeläut oder Düsenjäger die Lernsinfonie im Welpenauslauf ab.

Vom Umgang mit der Angst

Interessanterweise entwickelt sich die Angstempfindung erst in dieser Lebensphase und steht nun mit der Neugier im Widerstreit, die aber bis zur achten Lebenswoche normalerweise über die Unsicherheit siegt. Die Welpen sind buchstäblich hin- und hergerissen, wenn sie etwas Unbekanntes entdecken. Wichtig ist bei den absolut normalen Angstreaktionen, die sich erst mit dem Erreichen der fünften Lebenswoche einstellen, stets das richtige Reagieren der anwesenden Zweibeiner: Kennt sich der Züchter gut aus, wird er den Welpen bewusst entspannte Gelassenheit vorleben, um ihre Unsicherheit nicht auf dem Weg der Stimmungsübertragung zu verstärken. Er ignoriert ängstigende Geräusche und Anblicke ganz konsequent und übersieht oder überhört den Schrecken der kleinen Hovawarte völlig. Jedes gut gemeinte Zureden würde die Unsicherheit der Geschwisterschar ungewollt belohnen. Letztlich ist außer der Besonnenheit der Züchterfamilie nichts der sich entwickelnden Nervenstärke ihrer Welpen so zuträglich, wie eine umweltsichere Hovawartmutter!

Wichtige Kontakte zu Mensch und Tier

Ganz wichtig für optimale Lernerfahrungen der kleinen Hovawarte ist vom Geburtsmoment an, aber allerspätestens ab jetzt der häufige, intensive und innige Kontakt zum Sozialpartner Mensch. Hat der Züchter selbst keine Kinder, muss er spätestens jetzt dafür sorgen, dass die Welpen regelmäßig Besuch von netten jungen Menschen unterschiedlichen Alters bekommen. Aber möglichst viele andere Personen unterschiedlichen Lebensalters und Geschlechtes (idealerweise auch unterschiedlicher Hautfarbe und körperlicher Verfassung) sollten sie ebenso dringend kennen lernen: Je größer das Spektrum ihrer Erfahrungen, desto besser für ihre Entwicklung und umso geringer die Wahrscheinlichkeit einer späteren Unsicherheit angesichts eines bestimmten Menschentyps. Kein Besucherschnürsenkel ist vor ihrem Erkundungsansturm sicher!

Jetzt steht auch dringend das Vertrautmachen mit anderen Haustieren auf dem Programm, wenn es noch nicht früher geschehen ist: Hundegewohnte Katzen und freundliche, gelassene, gesunde und geimpfte andere Hunde sind eine besondere Attraktion für die Welpenschar.

Wertvolle Erfahrung des Abstillens

Die Mutterhündin säugt jetzt oft nur noch im Stehen und entzieht sich häufiger ihren immer noch Milch fordernden Kindern. Nun schmerzen die kräftigen Milchtritte am Gesäuge schon ziemlich heftig, mit denen die Welpen den Milchfluss stimulieren, obwohl die kleinen Krallen regelmäßig vom Züchter geschnitten werden. Auch dies ist wieder eine der ganz wichtigen Erfahrungen, die die kleinen Hovawarte machen müssen und gehört in die Lernkategorie: »Es ist nicht alles, was man sich wünscht, ständig verfügbar.« Dies gilt eben auch für die leckere Muttermilch. Aber die Enttäuschung lässt sich ertragen, denn schon bald rückt ja wieder der nette Mensch mit der nächsten Mahlzeit aus der Schale an. Darauf etwas warten zu müssen, ist aber auch gar nicht schlimm – lautes Protestgeschrei beschleunigt die Prozedur (bei erfahrenen Züchtern) jedoch keineswegs, im Gegenteil! Das Futter gibt es erst, nachdem sich die kleinen Schreihälse von selbst beruhigten. Und wieder haben die jungen Hovawarte etwas ganz Wesentliches fürs ganze Leben verinnerlicht: Ruhiges Warten wird belohnt. Den Aufstand zu proben, führt dagegen zu nichts. Das Lernen am Misserfolg klappt ebenso vorzüglich, wie das Lernen am Erfolg!

Zweiter Zuchtwartbesuch und Erstimpfung

In der fünften Lebenswoche kommt der Zuchtwart nach dem Erstbesuch innerhalb der ersten Lebenstage nun ein zweites Mal und schaut, wie sich die nun schon recht agilen Hovawarte seit seinem letzten Besuch entwickelt haben. Jeder einzelne Welpe wird genau begutachtet und seine Verfassung und sein Aussehen in einem Protokoll festgehalten. Auch das Verhalten und der Zustand der Mutterhündin entgehen dem Zuchtwart

Ein fünf Wochen alter schwarzer Rüde aus deutsch/niederländischer Verpaarung. Jetzt kommt in kontrollierten Zuchten erneut der Zuchtwart, um nach den Entwicklungsstand der Welpen und die Verfassung der Mutterhündin festzustellen.

wiederum nicht. Sollte etwas auffallend sein, wird der Züchter darauf angesprochen und entsprechend beraten. Eine Erstimpfung gegen die gefährlichen Infektionskrankheiten Parvovirose und Staupe bekommen viele Würfe vorsichtshalber schon in der sechsten Lebenswoche, denn der natürliche Impfschutz, den sie durch das Trinken der Kolostralmilch nach der Geburt erfuhren, geht den Welpen nun langsam verloren.

Siebte und achte Lebenswoche

Das Spielen, Verfolgen und Kämpfen mit den Wurfgeschwistern, das Zusammensein mit der Mutterhündin, der intensive Kontakt mit der Züchterfamilie und vielen verschiedenen Besuchern nimmt im Leben der kleinen Hovawarte jetzt einen enormen Stellenwert ein. Zwar sind ihnen die sozialen Gesten angeboren, aber anhand vieler Situationen müssen sie deren Anwendung und Interpretation im Miteinander erst einüben. So wird einem dreisten Welpen sehr schnell klar werden, was die hochgezogenen Lefzen und das dumpfe Grollen der Mutterhündin bedeuten, wenn er sich z. B. unerlaubterweise ihrem vollen Napf nähert! Viele instinktsichere Hundemütter provozieren solche Situationen auch absichtlich und legen sich z. B. mit ihrem Kaukochen extra mitten in ihre Welpenschar. Starre, bedrohliche Blicke und eine Versteifung der Körperhaltung reichen meistens schon aus, um aus der fordernden, frechen Hovawartbande artige Sängerknaben zu machen.

So gemaßregelt sitzen die Welpen nun etwas verlegen, aber zur Raison gebracht, im Halbkreis um ihre energische Mama herum, die nun in aller Seelenruhe unbehelligt an ihrer Beute knabbert. Auf diese Weise lernen die Welpen sehr eindrücklich, vor Ranghöheren Respekt zu haben – und diesen Respekt auch eindeutig zu zeigen.

Die Hovawarthündin, welche sich in den letzten Wochen öfter zurückgezogen hat, übernimmt nun wieder verstärkt den Part der Erzieherin: Welpen, die es in ihren Augen nötig haben, werden verfolgt, auf den Boden gedrückt und durchgeknabbert, als säßen sie voller Flöhe. Erst, wenn der aufmüpfige Nachwuchs, der anfangs laut protestiert, ganz ruhig auf dem Rücken liegt und die Prozedur über sich ergehen lässt, wendet sich die Hundemutter wieder von ihm ab: Seine Lektion hat er begriffen!

Erste Ausflüge

Auch Ausflüge mit der Welpenschar in die nähere Umgebung, in die Garage, in andere Hausetagen oder sogar in den Keller stehen nun auf dem Stundenplan des Übungsprogramms. Erste kurze Autofahrten in Begleitung von Geschwistern, die Gewöhnung an das Welpenhalsband, ein lockeres Führen an leichter Leine, Pflegeverrichtungen wie sanftes Bürsten, ein kurzes Begutachten der Zähne und der Behänge mit viel Lob für braves Stillhalten, das Kommen auf Zuruf, das »Nein!« beim heftigen Zwicken, das Üben des Hör- und Sichtzeichens »Sitz!« mit positiver Verstärkung durch lobende Worte,

In der siebten Lebenswoche ihrer Kinderschar greift die Hovawartmutter verstärkt in die Erziehung ein. Das energische Zwangsflohen dient weniger der Körperpflege als viel mehr der Unterstreichung ihres Führungsanspruchs.

Leckerchen und Streicheleinheiten – alles das gehört zum aufregenden Tagesablauf eines Hovawartwelpen gegen Ende seiner Aufzucht beim verantwortungsvollen Züchter.

Impfen und Kennzeichnen

Nach der wiederholten Entwurmung kommt der Tierarzt zum Impfen gegen Parvovirose, Hepatitis, Staupe und Leptospirose, was den jungen Organismus allerdings etwas belasten kann. Der kleine Hovawart, der deshalb zwei bis drei Tage Zeit zum Ausruhen haben sollte, erhält einen Impfpass, der ihn zukünftig als wichtiges Gesundheitsdokument begleiten wird. Erst wenn diese wichtige Maßnahme nach einer Grunduntersuchung jedes Welpen vollzogen ist, erscheint der Zuchtwart zur endgültigen Wurfabnahme, bei der wieder alles Wesentliche festgehalten und später dem Welpenkäufer in Kopie ausgehändigt wird. Im RZV und in der HZD gehört auch ein Verhaltenstest mit jedem Welpen zur Wurfabnahme. Entweder hat der Tierarzt die jungen Hovawarte bereits mit einem Mikrochip versehen, der mit einer Injektionsnadel unter die Haut implantiert wird und die elektronisch gespeicherten Registrierungsdaten des Hundekindes enthält. Oder aber der Zuchtwart nimmt (im Moment noch alternativ erlaubt) das Ohrtätowieren vor, das die meisten Welpen erstaunlich unaufgeregt über sich ergehen lassen. Täto- oder Transpondernummer werden später in die Ahnentafel eingetragen, die wie ein Personalausweis die Identität jedes kontrolliert gezüchteten Hovawarts bescheinigt.

Die Abgabe naht

Ab der achten Woche (am besten erst einige Tage nach der Impfung und dem Tätowieren) dürfen die geimpften, gechipten oder tätowierten Welpen in Deutschland nun abgegeben werden. In der Schweiz werden sie erst ab der zehnten Lebenswoche ihre Züchterfamilie verlassen. Wo Vor- und Nachteile liegen, lässt sich nicht pauschal beantworten. Die jungen Hovawarte sind am Ende der achten Lebenswoche derartig hungrig nach Erlebnissen, dass ihr Züchter kaum nachkommt, für immer neue Abenteuer zu sorgen. Sozialer Stress macht sich breit: Die Raufereien zwischen den Geschwistern nehmen merklich zu, die allgemeine Unzufriedenheit wächst – vor allem, was kraftstrotzende Rüden betrifft. Bewährt hat sich auch in Deutschland eine gestaffelte Abgabe: Als Erstes verlassen die sozial reiferen, selbstständigeren Welpen ihre Zuchtstätte und treffen auf ausgeruhte Familien, die ihre nächsten Schritte ins Leben

Die intensive Aufzuchtzeit beim Züchter geht für diesen Welpen ihrem Ende entgegen. Bald heißt es, Abschied von Mutter, Geschwistern und vertrauten Menschen zu nehmen und sich neuen Abenteuern jenseits des Welpenauslaufes zu stellen.

»draußen« schon vorbereitet haben. Die weniger durchsetzungsstarken Welpen (oftmals Hündinnen) dürfen ruhig etwas länger in der Obhut der Züchterfamilie und der Mutterhündin verbleiben. Natürlich spielen auch Terminwünsche der Welpenkäufer eine Rolle und werden nach Möglichkeit berücksichtigt.

Der Wert züchterischer Sorgfalt
Erbanlagen und Umweltreize gehen bei der körperlichen und seelischen Entwicklung des kleinen Hovawarts Hand in Hand. Nur, wenn für beide Bedingungen optimal gesorgt ist, bekommen Sie einen jungen Hund, über dessen Wurfkistenwiege einst ein Glücksstern hing. Mit der kritischen Züchterwahl und der Vermeidung von Mitleidskäufen aus dubiosen Quellen halten Sie eine große Zacke dieses Glücksterns selbst in der Hand. Doch die Weichen für die weitere optimale Entwicklung Ihres Hovawarts müssen Sie nun selbst stellen und das begonnene Werk des Züchters und der Mutterhündin verantwortungsvoll fortsetzen.

Der Welpe zieht um

Den Abschied schonend gestalten

Der Kaufpreis (derzeit etwa zwischen 800,– und 1000,– EUR in Deutschland und Österreich) ist beglichen, Kaufvertrag, Welpenprotokoll und Impfpass, Futterempfehlung und vielleicht das vom Züchter besorgte Welpenhalsband sind übergeben. Verabredungen bezüglich der Nachfragen und Berichte über die Heimfahrt und die erste Nacht werden getroffen. Vielleicht ist dieser Welpe der Erste, der seine Ursprungsfamilie verlässt. Möglicherweise sind aber bereits andere Geschwister vor ihm abgeholt worden und die Reihen der kleinen Hovawarte lichteten sich vorher schon. Das kleine Wollknäuel bekommt das Halsband um, wird auf den Arm genommen und von seiner Züchterfamilie ein letztes Mal mit einer Träne im Knopfloch geknuddelt. Wenn die Haustür hinter ihm ins Schloss fällt, ist die Zeit der Aufzucht für diesen Welpen Geschichte.

Die Fahrt gut überstehen

Wie wird der Kleine, der jetzt zwischen acht und elf Kilogramm auf die Waage bringt, wohl die Fahrt überstehen? Die Reaktionen junger Hovawarte auf der ersten Autofahrt können leider nicht wirklich vorhergesagt werden. Je nachdem, ob es mit dem plüschigen Abholungskandidaten durch den Züchter geübt wurde (aber selbst das ist keine Garantie!), in welcher Grundstimmung er gerade ist – müde, ausgetobt, hungrig – und ob er seine neuen Menschen schon gut kennt, kann die Fahrt ganz unterschiedlich ablaufen. Ein mitgegebenes Tuch, das nach seinen Geschwistern und nach seiner Mutter riecht, wird ihm eventuell ein heimeliges Gefühl vermitteln. Vielleicht nützt das aber auch gar nichts und er weint ganz herzerweichend, sobald sich das Gefährt Richtung »neues Leben« in Bewegung setzt.
Mein Mann und ich haben es schon erlebt, dass ein von uns abgeholter Hovawartwelpe auf einer Fahrt von 700 Kilometern Länge »kein Wort« sagte, sich hinlegte und den größten Teil der Strecke verschlief, während ein anderer auf einem Weg von nur 20 Kilometern zu uns nach Hause regelrecht in Panik verfiel!
Ganz wichtig für die Früherziehung ist jetzt die besonnene Reaktion aller Zweibeiner. Keineswegs darf der traurige, ja, vielleicht auf den ersten Kilometern direkt verzweifelt wirkende Welpe nämlich getröstet werden. Können Sie sich erinnern, dass er schon kurz nach seiner Geburt mit mildem Stress umgehen lernen musste, um an Frustrationserlebnissen zu wachsen und nicht zu zerbrechen? Liebe Worte würde er in dieser für ihn sehr heiklen Situation, bei der er aus dem sicheren Meuteverband gerissen wird, als Bestärkung und Lob erleben. Am besten überhören Sie das eventuell laute Wehgeschrei, so schwer es auch fällt, mit zusammengebissenen Zähnen. Hilfreich ist es, den traurigen Welpen in einer stilleren Minute abzulenken und auf andere Gedanken zu bringen. Sehr bewährt haben sich auch Pausen in ruhigen Gegenden schon nach wenigen Kilometern, sobald der Welpe sich etwas beruhigt hat. Denn nicht selten verstärken eine gefüllte Blase und ein voller Darm das unheimliche Gefühl, hier in dieser komisch ruckelnden, stinkenden Blechkiste namens Auto sicher geradewegs in die Hölle kutschiert zu werden! Die Rast, die unbedingt angeleint erfolgen muss, gibt dem Welpen die Gelegenheit, sich körperlich und damit auch gefühlsmäßig zu lösen (unter begeistertem Lob der Zweibeiner, versteht sich), Stress durch die Bewegung abzubauen, etwas zu trinken und sich durch spannende Gerüche auf einer Wiese oder auf einem Feldweg auf andere Gedanken bringen zu lassen. Und dann sind da ja

noch diese Menschen, die ähnlich nette, quietschende, flötende Worte wie die geliebte Züchterfamilie sprechen, auch prima streicheln können, einen Welpenkeks spendieren und eigentlich gar nicht so übel als Ersatz erscheinen. Die nächste Wegstrecke vollzieht sich schon geruhsamer. Das Fundament für den Aufbau neuer Bindungen ist gelegt!

Das neue Heim erstmals betreten

Und endlich ist es geschafft: Sie kommen zu Hause an und der kleine Hovawart betritt zum ersten Mal sein neues Heim, oder besser gesagt: erst einmal das Grün rings ums künftige Zuhause. Denn bevor er seine neuen vier Wände begutachten darf, sollte er sich erst wieder lösen dürfen. Auch dieser Moment ist wieder sehr wichtig für seine Entwicklung, denn er muss unbedingt dort hingelassen werden, wo er sich auch im Verlaufe seiner Erziehung zur Stubenreinheit immer wieder versäubern darf. Kennt er vom Welpenauslauf Rasen als erlaubten Toiletten-Untergrund, hat er auch hier gleich das Gefühl, am richtigen Platz sein Geschäft verrichten zu können. Vielleicht löst sich hier, falls vorhanden, auch der Ersthund des Hauses? Solche Gerüche sind für den Welpen so eindeutig, als würde er die Buchstaben WC an einer Tür lesen! Und schon vernimmt Klein-Hovawart Lobeshymnen für diesen ersten Schritt zur Sauberkeit in seiner neuen Welt.
Doch jetzt geht es endlich hinein. Sind Treppen ins Haus oder in die Wohnung zu überwinden, wird der Welpe getragen. Treppenauf- und Abgänge mit mehr als zwei Stufen wurden vorher mit Kindergittern welpensicher gemacht, damit er nirgendwo hinunterstürzen kann. Beim Hochheben greift ein Unterarm unter seinen Po, der andere unter seinen Brustkorb knapp hinter seinen Vorderläufen. Der vom Zweibeiner abgewandte Vorderlauf wird dabei sanft festgehalten. So ist der Welpe gut gestützt und lässt sich sicher transportieren – ein bewährter Tragegriff, den Ihr gerade umziehendes Hovawartkind ganz bestimmt von seiner Züchterfamilie schon kennt. Auch beim feierlichen Heben über die Schwelle wird der weiche Neuling im gemischten Rudel ordentlich gelobt. Schließlich muss er von nun an recht häufig zum Trainieren der Stubenreinheit getragen werden, falls es Ihre baulichen Gegebenheiten nötig machen.

Das ist also die große, grüne Welpentoilette! Das Lösen auf Gras im Welpenauslauf beim Züchter trägt dazu bei, dass die Welpen auch im neuen Zuhause schnell begreifen, wo Pfützen und Häufchen zu Belohnungen führen.

Die Kinder um Rücksicht bitten

Gehören Kinder zur neuen Familie, sollten diese Bescheid wissen darüber, dass der Kleine nun weder bedrängt noch ständig zum Spielen genötigt werden darf. Er hat auch das Recht, sich ganz in Ruhe umzusehen, um sich ein (Geruchs-)Bild von seinem neuen Heim zu machen. Später darf er schlafen und sich ausruhen, ohne dabei gestört zu werden. Jetzt kann der neue Gefährte auch endlich fressen, denn vielleicht liegt die letzte Mahlzeit schon Stunden zurück. Das Zubereiten und Reichen des Futters ist nicht nur eine körperliche Versorgung des frisch

So ein süßer Bär, und dennoch muss der kleine Rüde Zeit haben, sich ohne Bedrängnis in Ruhe sein neues Umfeld anzusehen. Der Abbruch seiner ersten Bindungen ist eine Belastung für ihn. Liebevolle, neue Menschen werden ihm die Umgewöhnung leicht machen.

gebackenen Familienmitgliedes, sondern auch ein Meilenstein für die neue Bindung: Der kleine Hovawart erfährt ganz sinnlich über das Geschmackserlebnis und den sich endlich wohlig füllenden Bauch, dass er hier gut aufgehoben ist. Sein lebenswichtiges Bedürfnis nach Nahrung wird gestillt, alles hat seine Ordnung. Wie seine Züchter, so sorgen auch diese schon gar nicht mehr so unvertrauten neuen Menschen für ihn. Denen wird er sich eng anschließen: Ihren Geruch hat er sich vorsorglich schon fest eingeprägt!

Toilettengänge verstehen lernen

Doch was ist das? Schon wird er nach dem Fressen wieder hochgehoben, die Stufen hinunter getragen und nach draußen auf den Rasen transportiert. Auffordernde Worte erklingen. Irgendetwas soll er tun. Da die kleine Blase nach dem Fressen schon wieder voll ist, wird er nun erst mal im Gras eine Pfütze pinkeln – sofort prasselt wieder süßes Lob auf ihn nieder und er bekommt sogar ein Leckerchen! Schon geht es wieder hinein. Nach dem Essen der Familie (leider bekommt er davon nichts ab) und lustigem Toben mit den Kindern wird der junge Neuling erneut in den Garten gebracht und mit den gleichen Worten wie zuvor bedacht. So langsam ahnt der Mini-Hovawart, was dieses Ritual zu bedeuten hat.

Die erste Nacht bei Ihnen

Pfütze, Häufchen, Lob, Leckerchen, Streicheln – und bald wieder hinein, wo es nach diesem anstrengenden Tag gegen Mitternacht endlich ins Schlafzimmer geht. Dort hat einer der Zweibeiner einen Hundekorb mit weicher Decke für den jungen Abenteurer deponiert. (Liebhaber anderer Rassen nehmen zum Teil in der ersten Zeit auch eine Gitterbox zur Hilfe.) Und da liegt auch sein nach der Hundefamilie duftendes Tuch und ein Welpenkauschuh aus Büffelhaut. Nach einem kurzen Aufenthalt im Badezimmer, ein nach vielerlei Dingen intensiv riechender Raum, den er in ähnlicher Art schon vom Züchter kennt (deshalb beunruhigt ihn das laute Geräusch der Toilettenspülung auch nicht), beziehen die neuen Menschen ihre Bettlagerstätte und verstecken sich unter Daunendecken, zeigen und klopfen aber vorher mit netten Worten auf die Decke im Korb am Boden davor. Der kleine Hovawart wird nun wahrscheinlich mit den Pfoten auf dem Bettrand stehen, um anzufragen, ob er nicht lieber mit auf dieser kuscheligen, nestartigen Liegefläche campieren soll. Ganz quirlige Welpenzeitgenossen nehmen auch Anlauf und sitzen dann schon mitten in diesen herrlichen Deckenbergen, in denen es sich sicher wie verrückt toben und graben lässt. Doch die Bettbesitzer sind anderer Ansicht und sofort wird der wilde Welpe mit dem unangenehm scharf im Ohr klingenden Wort »Nein!« wieder auf den Boden gesetzt. Aber für das Zusammenrollen auf der Decke wird er im selben Moment wahnsinnig gelobt. Wieder etwas gelernt!

Irgendwie fehlen die Geschwister aber doch und es war alles so aufregend heute: Ein bisschen vor sich hin zu schluchzen muss deshalb schon erlaubt sein. Das Hovawartkind wurde schließlich aus seiner vertrauten Geschwistergemeinschaft, von seiner Mutter und den vertrauten Züchtern weggerissen und fühlt sich noch etwas heimatlos. Die Menschen sagen zu seinem mehr oder weniger ausgeprägten Wehklagen am besten gar nichts, aber wenn der Welpe still ist, krault ihn eine aus dem Bett hängende Hand ganz ruhig und freundlich. Es ist auch nichts dagegen einzuwenden, wenn einer der Zweibeiner in den ersten Nächten beim Neuankömmling auf dem Boden neben dem Bett schläft und ihm seine körperliche Nähe anbietet. Der Schock und die Trennungsschmerzen vergehen so im Nu. Allerdings darf das Dazulegen nicht als Reaktion auf das Jammern erfolgen, sondern muss schon vorher passieren. Denn sonst macht Ihr Welpe diese unerwünschte Lernerfahrung: »Ich muss nur ein bisschen jaulen – und schon legt sich einer meiner neuen Menschen ganz dicht zu mir. Das versuche ich jetzt auch in anderen Situationen. Ich erzeuge das Mitleid der Zweibeiner und setze so meinen Willen durch!« Und so fällt unser kleiner tapferer Neuzugang ganz beruhigt in einen tiefen, erholsamen Schlaf …

Im neuen Zuhause aufwachen

Gegen 5.00 Uhr kräht irgendwo im Morgengrauen ein Hahn. Zeit zum Aufwachen für den nun putzmunteren Hovawartwelpen, der erst ein wenig am Kauobjekt und dann am Filzpantoffel seiner neuen Menschenfreunde nagt. Aber da hört er auch schon ein eklig scharf gesprochenes »Pfui ist das!«, und der Schuh wird ihm im nächsten Moment weggenommen. Gut, dann dreht er sich eben mit tiefer Nase auf dem Teppichboden im Kreis, denn gerade fühlt er ein gewisses Bedürfnis. Oh, schon springt der Hausschuhbesitzer aus dem Bett. Einen kurzen Moment später findet der Kleine sich im Garten wieder und die schon bekannte Toilettenprozedur wiederholt sich mit viel Lob aufs Neue. Nach jedem Schlafen, nach jedem Fressen, nach jedem Spielen wird dem jungen Hund ab sofort die Gelegenheit geboten, sich an einem erlaubten Platz zu lösen.

Die Unterbringung überdenken

So etwa könnte die erste Nacht mit Ihrem jungen Hovawart aussehen. Den Welpen in einen abgelegenen Raum wie Flur, Küche, Badezimmer oder gar in den Zwinger zu sperren und vom gerade erst neu gewonnenen Rudel zu isolieren, wäre ein schwerer Vertrauensbruch und muss unbedingt unterbleiben. Die Zwingerhaltung, auch des erwachsenen Hundes, ist für mich nur mit einem Wort beschreibbar: Tierquälerei. Der Hund ist ein hoch soziales Lebewesen und gehört dorthin, wo er sich sicher und geborgen fühlt, also zu seinen Rudelmitgliedern und in deren Umfeld! Aber wie ihn dort unterbringen? Die meisten Hovawartfreunde werden am ehesten zu einem Hundekorb

In sein gemütliches Lager wird dieser junge Rüde schnell hineinwachsen. Hauptsache, seine Leute sind in der Nähe. Im Moment ist er jedenfalls schon ganz groß im Flokati-Zerlegen!

aus geflochtenem Weidenmaterial oder stabilem Kunststoff mit niedrigem Einstieg und einer kochfesten, warmen und Feuchtigkeit ableitenden Decke aus Plüschmaterial (einem so genannten Vet- oder Drybed) greifen, den sie zumindest in den ersten Wochen ins Schlafzimmer stellen. Es gibt im Fachhandel auch Liegekissen mit abnehm- und waschbarem Bezug, die gerne angenommen werden und für die nötige Gemütlichkeit und Wärme sorgen. Da der Hovawart schon von Welpenbeinen an im Haus seinen Menschen folgt, hat es sich bewährt, für ihn verschiedene Liegeplätze (bei Häusern zumindest in jeder Etage) einzurichten. Wo er am liebsten liegen möchte, zeigt er meistens selbst an.

Den Welpen in die Familie integrieren

Die Zeit der Eingewöhnung

In den ersten Tagen nach dem Einzug des jungen Hovawarts sollte unbedingt ganz eisern (!) für Ruhe gesorgt werden. Neugierige Besucher bekommen einen späteren Termin zum Anschauen genannt. Zwar müssen junge Hunde gerade in der Prägungs- und Sozialisierungsphase viel erleben, aber das Erkunden des neuen Reiches samt seiner Bewohner reicht anfangs völlig aus. Der Kleine muss ja erst alle neuen Tagesabläufe nachvollziehen und sich in seinem künftigen Zuhause auch räumlich orientieren. Die Person mit der meisten Zeit für den Welpen sollte seine Erziehung übernehmen. An ihr kann sich der pelzige Hovawartschüler in seiner neuen Umgebung orientieren. Für den jungen Hund wird das Einleben dadurch erleichtert, denn beim Lernen erster Verhaltensregeln kann er sich voll auf diesen Menschen und seine spezielle Art der (Körper-)Sprache konzentrieren.

Hovawart- und Menschenkinder bekannt machen

Jetzt will der Welpe alle kennen lernen, die zum neuen Rudel gehören und ab jetzt wichtige Sozialpartner für ihn darstellen werden. Dazu zählen nicht nur die erwachsenen Menschen, vielleicht deren Eltern oder Schwiegereltern, die mit im Haus leben, sondern vor allem auch die Kinder. Wie wird diese erste Begegnung von Hunde- und Menschenkindern wohl ausfallen? Da gibt es nichts zu beschönigen: Ein junger Hovawart sprüht

Wetten, dass die Blondine gleich losspringt? Junghovawarte gehen mit Kindern ganz schön ruppig um, schließlich fehlen ihnen die eigenen Geschwister zum wüsten Toben.

Hovawartwelpen lieben das Zusammensein und Toben mit den jungen Mitgliedern des neuen Familienrudels. Gewisse Spielregeln müssen aber möglichst von Anfang an vom Hundekind eingehalten werden.

nach einem eventuell kurzen Innehalten geradezu vor Temperament, will alles mit den Zähnen untersuchen, ist buchstäblich springlebendig und oftmals *sehr* wild im Spiel. Seine Energie macht auch nicht Halt vor dem Haarschopf eines gerade krabbelnden Kleinkindes, den Strumpfhosen einer Dreijährigen oder den zarten Füßen eines Babys, die aus dem Hochstuhl schauen. Wenn Sie sich mit Kleinkindern und dem Hovawartwelpen überfordert fühlen, können vielleicht in den nun folgenden Wochen Verwandte oder Freunde zeitweise für Entlastung sorgen und die Kinder- und/oder Welpenbetreuung hin und wieder übernehmen. Sind Ihre Kinder bereits selbstständiger und aufnahmefähiger für Ihre Erklärungen und mindestens im Einschulungsalter, fällt die gemeinsame Betreuung Ihres familiären Hund-Kind-Teams schon wesentlich leichter. Haben Sie Ihren Hovawart idealerweise von einem Züchter mit Kindern im Alter der Ihren oder sorgte er dafür, dass hundefreundliche andere Kinder in der Prägungsphase Kontakt zu seinen Welpen hatten, dürfte es kaum Probleme im Miteinander geben.

Selbstverständlich hat der Zweibeiner in allen Fragen, die Kind und Hovawart betreffen, immer das letzte Wort und sollte bei drohenden Missverständnissen sofort eingreifen. Da Hovawarte Kontakt, Kommunikation, Spaß, Spiel und ausgelassenes Toben ebenso lieben wie die meisten Kinder, werden Sie bald ein ganz starkes Kind-Hund-Team in Ihren Reihen haben, das eine Bereicherung des ganzen Familienlebens darstellt – selbst wenn das Toben zuweilen über Tisch und Bänke gehen kann!

Spielregeln mit den Kindern absprechen

Mit älteren Kindern müssen unbedingt vor der Ankunft des Welpen alle wesentlichen Dinge durchgesprochen worden sein: Was darf der Hund, was darf er nicht? Was darf das Kind, was darf es nicht? Wo sind die absoluten Ruhezonen des Hundes im Haus? Warum darf das neue Haustier nicht geweckt werden, wenn es schläft? Wieso sollte der Welpe niemals an den Behängen, also an den Klappohren, und an der Rute gezogen werden? Was bedeutet es, wenn der Welpe »beißt«? Wie sollte das Kind am besten reagieren, wenn der junge Hund zu wild spielt? Wie hebt man ihn richtig hoch (falls die Kinder schon Jugendliche sind und körperlich stabil genug, um ihn

Ein erwachsener Rüde und sein fünf Monate alter Partner gleichen Geschlechts. Hovawarte sind gute Lehrmeister, geizen aber dabei nicht mit klaren Reaktionen auf Respektlosigkeiten. Jetzt würde auch der Hovawartvater für Disziplin sorgen.

sicher zu halten und zu tragen) usw. Kinder unter zehn Jahren haben für Ihren Hund einen Sonderstatus als »Jungtiere« des Rudels.

Sie sollten besser keine wilden Zerrspiele mit dem Welpen und Junghund veranstalten, weil es dabei auch unterschwellig immer um die Machtfrage geht. Auch wäre es wünschenswert, wenn Ihre Kinder niemals im Spiel (oder aus momentaner Angst heraus!) laut kreischend vor dem Welpen weglaufen und seinen Beutetrieb ansprechen würden, damit er nicht lernt, dass das wilde Verfolgen kleiner Menschen riesigen Spaß macht und sehr lustig ist. Während Ihre Kinder seine Einschätzung durchaus teilen können, findet vielleicht der nächste Schulkamerad einen schnell imposant wirkenden jungen Hovawart, der ihn verfolgt und vielleicht sogar seine Jackenzipfel schüttelt, gar nicht mehr witzig! Gerade in Zeiten gewachsener Besorgnis von haustierlosen Eltern in Bezug auf Hunde könnten solche ruppigen Spiele mit unerfahrenen Kindern zu schwer auszuräumenden Missverständnissen führen.

Einen Welpen als Zweithund

Viele Hundefreunde sind der Ansicht, dass es nur einen Zustand gibt, der besser ist, als einen Hovawart zu besitzen: *zwei* Hovawarte sein Eigen zu nennen! Zwei Hunde im Allgemeinen und zwei Hovawarte im Besonderen stellen allerdings sehr hohe Anforderungen an die Rudelführerqualitäten, denn sie bilden bereits eine Mini-Meute. Eine Entscheidung, die wirklich gut überlegt sein sollte!

Falls die Voraussetzungen wie viel Zeit, praktische Hundeerfahrung, kynologisches Wissen, genügend Platz, Geld und echter Enthusiasmus aller Familienmitglieder stimmen, sind Kleinrudel von zwei oder gar drei Hovawarten eine wundervolle, aber manchmal anstrengende Kombination. Doch ich kenne auch einige Lebensgemeinschaften von Kleinhunden und Hovawart, die sehr gut funktionieren, denn der junge »Hovi« stellt sich erstaunlich schnell auf die körperliche Unterlegenheit des kleineren Partners ein: Er stimmt sein Spielverhalten auf dessen Möglichkeiten ab. Bei Hundepartnerschaften in Ihrem Hausstand sollte als Faustregel unbedingt ein Altersabstand von mindestens drei Jahren eingehalten werden, wenn Sie gleichgeschlechtliche Paare, also Hündin/Hündin und Rüde/Rüde, unter einem Dach zusammenbringen wollen. So gehen Sie heftigen Rangstreitereien mit großer Wahrscheinlichkeit aus dem

Weg, wenn Ihr jetzt noch kleines Fellbündel eines Tages Ansprüche auf den Thron in Ihrem Hundekleinrudel erheben sollte. Denn der deutliche Altersvorsprung und die größere Lebenserfahrung des Älteren sorgen für ein natürliches Hierarchiegefälle, das nicht so schnell und vielleicht sogar nie von Ihrem Emporkömmling infrage gestellt werden wird.

Reaktion des Älteren tolerieren

Viele Hundehalter glauben, dass ihr bereits vorhandener Vierbeiner den »Neuen« sozusagen mit offenen Armen empfangen wird, weil er auf Spaziergängen Welpen stets freundlich begegnete. Nun ist es für einen erwachsenen Hund etwas ganz anderes, ob er ein Hundekind irgendwo im Revier trifft oder ob dieser Zwerg mit ihm zusammenleben soll und schrecklicherweise nicht wieder abgeholt wird! Leider gibt es keinen grundsätzlichen Welpenschutz, den ältere Hunde instinktiv akzeptieren müssten (abgesehen von den Welpen des eigenen Wurfes). Doch die Beißhemmung bei gezeigter Unterwürfigkeit funktioniert bei gut sozialisierten Hunden dennoch hervorragend – und einem unverträglichen Vierbeiner sollte besser gar kein Welpe zur Seite gegeben werden.

Bitte wundern oder erschrecken Sie sich nicht, wenn Ihr neuer Welpe erst auf eine gewisse Skepsis beim Älteren trifft und von diesem sogar in seinem Erkundungsdrang eingeschränkt wird. Es kann sein, dass sich der Ersthund auf die Türschwelle zu für ihn besonders wichtigen Räumen legt, die seine Privilegien enthalten – etwa des Schlafzimmers mit seinem nächtlichen Ruheplatz oder der Speisekammer mit den Hundefuttervorräten. Vielleicht wird er dem Welpen auch das Anrühren von bestimmtem Spielzeug verbieten und es den ganzen Tag lang mit Argusaugen bewachen. Der erwachsene Vierbeiner hat viel damit zu tun, seine Führungsposition zu unterstreichen. Dies tut er, indem er seine Ansprüche auf wichtige Ressourcen und Privilegien wie Futter, Streicheleinheiten, Spielzeug und günstige Liegeplätze deutlich macht. Dreistigkeiten des Welpen können mit entblößten Zähnen, krauser Nase, Schnauzengriff und Knurren geahndet werden! Keine Sorge, das ist völlig im grünen Bereich des hundlichen Normalverhaltens. Ihr Welpe bringt ja angeborener- und auch erlerntermaßen alles mit, um diese Signale richtig zu deuten.

Ihr »erboster« Ersthund, der sich jetzt wie ein strenger vierbeiniger Oberlehrer benimmt und vom Welpen Disziplin einfor-

Ein wonniges Bild! Anfangs freundliche Beutespiele dienen aber auch oft zum Einüben des Hundeknigge. Der erwachsene Hovawart könnte anfangen, dumpf zu knurren, das Seil als sein Eigentum zu deklarieren und bei Nichtbeachtung …

… dem neuen Lebensgefährten, hier einem Rüden, ganz energisch klar zu machen, dass Tabus zu beachten sind. Keine Sorge, dennoch ist alles im grünen Bereich. Diese Lektionen kennt der Welpe schon von seiner Mutter!

dern will, darf nun nicht gestraft werden für seine deutlichen Standpauken, sondern im Gegenteil: Er wird grundsätzlich darin bestärkt, das Richtige zu tun, um aus dem wilden Irrwisch namens Hovawart ein vernünftig sozialisiertes Mitglied der Hundegesellschaft zu machen. Auch der angesichts von so viel Unverfrorenheit manchmal etwas ratlos oder sogar resigniert erscheinende Ersthund führt ja nur weiter aus, was Mutter (und vielleicht auch Vater) Hovawart einst begonnen hat! Natürlich sollten sich die Menschen das energische Eingreifen oder die bewusste Ablenkung vorbehalten, wenn der Ältere dabei übers Ziel hinausschießt und wirklich zu rabiat wird. Erziehung unter Artgenossen ist okay, aber schikanierendes Mobbing nicht!

Grenzen setzen nach Hundeart

Andererseits macht uns der Ersthund aber auch wie damals die Mutterhündin klar, wie mit einem solch springlebendigen Pelzbündel umzugehen ist: Wohlwollend, aber konsequent, liebevoll, doch mit sofortiger (!), gut dosierter Entschiedenheit, wenn er sich Dinge herausnimmt, die ihm nicht zustehen.
Wie nachhaltig so eine Disziplinierung wirken kann, erlebten mein Mann und ich, als wir die acht Wochen alte blonde Brenda zu unserem schwarzmarkenen Rüden Remus (damals sechs Jahre alt) hinzugesellten. Die Kleine war mutig und keck und der Altrüde versuchte nach allen Regeln der Kunst, seine uneingeschränkte Autorität zu beweisen, lange vergeblich: Wenn er fraß, packte sie seine Rute und schüttelte diese tot (was er mit erstaunlicher Gelassenheit geschehen ließ, während uns die Kinnlade herunterfiel). Ein Spielzeug, das er auf seinen Lieblingsteppich getragen hatte und bewachte, organisierte sich das kleine Schlitzohr, indem es einfach den Teppich, auf dem das Objekt der Begierde lag, packte und zu sich hinzog. Schon hatte sie es! In voller Länge legte sich der Rüde auf Schwellen zu Räumen, die er für die junge Hündin mit einem Tabu versehen wollte und knurrte bedrohlich, sobald sie an der niedrigsten Stelle, nämlich über seinen Fang, die Barriere überklettern wollte. Anstatt sich davon beeindruckt zu zeigen, nahm der Welpe Anlauf und sprang mit einem Satz über sein Hinterteil! Mein Mann und ich bemerkten verdutzt, dass dem Rüden so langsam die »Ideen« auszugehen schienen. Nun ging er dazu über, Kauknochen nicht mehr zu fressen, sondern den ganzen Tag zu bewachen, um diese Beutestücke vor der Hündin zu sichern und sie gezielt damit zu provozieren. Die Konzentrationsfähigkeit eines Hovawarts bei so einer Aufgabe ist enorm und so vergaß der Rüde stundenlang nicht, ein Auge auf den Knochen zu haben und mit sich herumzuschleppen. Bis er durch die Türklingel abgelenkt wurde und ihn auf seinem Lager liegen ließ ... Schon schlich sich die kleine Hündin heimlich auf seine Schlafdecke und wollte gerade den für heilig erklärten Büffelhautknochen verschleppen. Doch plötzlich kam der Rüde wie ein geölter Blitz ins Zimmer gerannt, packte den Welpen kurz, aber mit lautem Gebrüll am Ohr und brachte dann den vor Schreck von ihr fallen gelassenen Knabberknochen in Sicherheit! Der Behang blutete am Ansatz zwar etwas, doch es war nicht so tragisch. Aber der ertappte Welpe schrie wie am Spieß nach dem Motto: »Mit diesem Schurken will ich nie, nie, nie wieder etwas zu tun haben!« Die Hündin war zehn Minuten lang schwer beeindruckt, aber ich verkniff mir das Trösten. Dann gingen die beiden Hunde wieder entspannt und vertrauensvoll miteinander um.
Niemals versuchte Brenda erneut, Gegenstände zu ergattern, die ihr Gefährte für tabu erklärt hatte. Der Rüde hatte sich ein für alle Mal Respekt verschafft, aber es war ein hartes Stück Arbeit gewesen!

Unternehmungen flexibel gestalten

Die Dauer der Spaziergänge des Hovawartwelpen und des erwachsenen Hundes weichen anfangs noch sehr von einander ab. Günstig sind gemeinsame Ausflüge und solche, in denen das Hovawartkind ganz auf sich allein gestellt ist, im Wechsel. Die regelmäßigen Unternehmungen ohne Hundegesellschaft müssen im Grunde ein Hovawartleben lang in Mehrhundehaltungen beibehalten werden, um den jüngeren Hund zu einem selbstständigen, selbstsicheren Vierbeiner zu erziehen. Wird diese notwendige Trennung verpasst, führt man seinen Hovawart geradewegs in eine Abhängigkeit vom starken Ersthund hinein. Diese wird nicht erst offensichtlich, wenn jener altert und irgendwann stirbt, sondern schon auf Nachzuchtbegutachtungen und Jugendkörungen bzw. Zuchttauglichkeitsprüfungen. Viele Junghunde brechen ihren aufregenden Wesenstest mitten drin ab und laufen los (im HC werden solche Veranstaltungen mit abgeleinten Hunden durchgeführt, im RZV dagegen an langer Leine), um auf dem Parkplatz das Auto mit ihren sonst immer Sicherheit vermittelnden Hundebegleitern zu suchen! Unerfahrene Mehrhundbesitzer stehen dann meistens

Dem erwachsenen Rüden werden die Annäherungsversuche zuviel. Alles will er sich von der blonden Hündin, die noch nicht lange mit ihm zusammen lebt, nun doch nicht bieten lassen …

… woraufhin sie ihn durch das Lecken seiner Lefzen beschwichtigt. Der Rüde dreht hoheitsvoll den Kopf zur Seite und züngelt etwas, was den Welpen bewegt …

… noch etwas nachzulegen und weiter um gut Wetter zu bitten, anscheinend mit Erfolg, denn …

… gleich kann sich die kesse Blonde einen neuen Anlauf leisten und über den großen Gefährten hinwegsteigen. Der Rüde erträgt ihre Clownerei nun mit onkelhafter Gelassenheit.

ganz perplex mit der Leine in der Hand, aber ohne ihren Prüfling da und verstehen die Welt nicht mehr! Ganz im Gegensatz zum Körmeister, der sofort nachfragen wird, ob es sich hier eventuell um einen Zweithund handelt und sich dann über die bestätigende Antwort ganz und gar nicht wundert.

Wenn Welpen bei der Mutter bleiben

Selbstverständlich gilt alles zuvor Gesagte ebenso, wenn ein Welpe aus dem eigenen Hovawartwurf behalten wurde. Auch die Mutterhündin möchte sich nach dem Auszug (fast) aller Welpen eigentlich erholen, aber wenn einer der anstrengenden Bande dageblieben ist, muss sie manchmal sinnbildlich mit der Pfote auf den Tisch hauen und für Ordnung sorgen! Es gibt natürlich auch hier sehr große Charakterunterschiede und Hovawartmütter, die begeistert und über alle Maßen geduldig sind, wenn einer der Sprösslinge bei ihr bleibt.

Doch vermutlich wird auch ihr irgendwann die Hutschnur reißen. Da die Zuchthündin in den Augen ihres Welpen natürlich wie der Fels in der Brandung wirkt, ist es bei solchen Mutter-Kind-Konstellationen doppelt wichtig, die unsichtbare Nabelschnur behutsam zu durchtrennen und den Welpen auch ohne seine Mama Schritt für Schritt zu einem sicheren, belastbaren Wesen zu führen.

Mit Katzen vertraut machen

Genauso wichtig ist das Vertrautwerden mit anderen bereits vorhandenen Haustieren im Haushalt, allen voran mit Katzen als »fremdsprachige« Sozialpartner. Günstig ist es, wenn Sie als Katzenbesitzer mit Ihrem Hundezüchter vor der Übernahme schon Geruchsbotschaften für den Welpen und seine späteren Mitbewohner ausgetauscht und hin- und hergeschickt (oder -gereicht) haben. Wird der Welpe im neuen Heim auf eine oder mehrere Katzen treffen, sollten Sie zu Beginn seiner achten Lebenswoche ein Dufttuch, gut in Alufolie und einem zugebundenen Plastiktütchen verpackt, an den Züchter schicken, das auf dem Lieblingsliegeplatz der Samtpfote geruchsimprägniert wurde. Selbst wenn der Welpe in seiner Aufzuchtzeit schon Katzen im Züchterhaushalt traf, so ist doch jeder Körpergeruch etwas sehr Individuelles und für das Nasentier Hund unverwechselbar wie ein Fingerabdruck. Umgekehrt hilft ein ihr präsentiertes Welpentuch Ihrer Hauskatze, sich frühzeitig auf den bald ankommenden Hovawartnachwuchs im Rudel einzustellen.

Kennt sich der Welpe mit Katzen noch nicht aus, und ist auch die Katze junge Hunde nicht gewöhnt, kann es allerdings in der Anfangsphase zu Konflikten kommen. Dem Hovawartkind fehlen die Geschwister zum wilden Spielen schon sehr, und könnte er sich stattdessen nicht einfach die etwa gleich große Katze packen und spielerisch niederkämpfen? Manche Katzen suchen das Weite (was Sie Ihrem Stubentiger auf jeden Fall ermöglichen müssen), andere wehren sich und hauen mit ausgefahrenen Krallen zu: Das kann buchstäblich ins Auge gehen! Ich kenne eine blonde Hovawarthündin, die sich im Alter von knapp neun Wochen kurz nach ihrer Ankunft im neuen Zuhause (sie wohnt mit ihren Menschen in Luxemburg) eine Verletzung der Hornhaut zuzog und umgehend einem Tierarzt mit Spezialgebiet Augenheilkunde vorgestellt werden musste. Kortisonaugensalbe und Antibiotikum verhinderten zum Glück eine Infektion. Heute ist die einstmals sehr übermütige Hündin drei Jahre alt und nur noch eine kleine Narbe auf der Hornhaut erinnert an die damalige Attacke, die sie sich ja im Grunde selbst zuzuschreiben hatte. Zumindest versuchte sie nie wieder, die Katze wie einen Geschwisterwelpen derartig wild niederzuraufen und lebt heute in friedlichem Einvernehmen mit dem wehrhaften Hausgenossen.

Möglicherweise ist es sinnvoll, dem Welpen die Katze zuerst im geschlossenen Katzenkorb vorzustellen. Viele Katzen müssen den Schock über diesen wilden Eindringling erst einmal verdauen und verziehen sich für ein paar Tage, aber auch das wird sich einspielen.

Katzen und Hovawarte können wundervolle Freundschaften miteinander eingehen, denn wesensmäßig sind sie sich ähnlich: mit viel eigenem Willen ausgestattet und sehr darauf bedacht, die Vorzüge des Haustierlebens zu genießen. Ein Ehepaar aus Franken, das Norwegische Waldkatzen züchtet, meint sogar, diese urwüchsige Rassekatze und der instinktsichere Hovawart seien einander eine perfekte Ergänzung. Sie holten sich einen acht Wochen alten schwarzmarkenen Rüden ins Haus, der sich bei seinem Einzug ihren sieben ausgewachsenen Katzen gegenüber sah! Fast verlegen überstand er die Begutachtung durch das Katzentribunal. In kurzer Zeit wurden die Katzen zu seiner Meute, die er auf Reisen sehnlichst vermisst. Im großen Herzen eines Hovawarts können sich eben auch Stubentiger einen festen Platz erobern.

Da ist die Mieze! Katzen haben bei einem Hovawartwelpen keinen leichten Stand. Die Geschwister zum Packen und Niederraufen fehlen ihm sehr – könnte da nicht dieser Stubentiger ein prima Ersatz sein?

Weitere Haustiere kennen lernen

Die Gewöhnung an andere Tiere in Ihrem Umfeld sollte natürlich ebenso sorgfältig begleitet und vorbereitet werden wie die Hund-Hund- oder die Hund-Katze-Partnerschaft. Zeigen Sie Ihrem Hovawartwelpen die buchstäblich tierischen Mitbewohner wie Meerschweinchen, Zwergkaninchen, Wüstenspringmäuse, Schildkröten oder Stubenvögel mit ruhigen Worten und Gesten zuerst in deren Behausung. Unterbunden werden zu wilde Annäherungsversuche mit einem strengen »Nein!« und notfalls einem energischen, dominanten Griff über den Welpenfang. Freundliches Schnuppern und Wedeln wird dagegen konsequent gelobt. Auf diese Weise lernt der Welpe schnell die Spielregeln in seinen neuen vier Wänden. Das Gewöhnungsprogramm muss aber begleitet werden von großer Aufmerksamkeit der Menschen. Als unser schwarzmarkener Rüde etwa 16 Wochen alt war, hatten wir fahrlässig unseren uralten Kanarienvogel aus dem Bauer gelassen, dem unsere blonde Hündin nie etwas getan hatte. Plötzlich landete der gelb-braune Vogel

Dieselbe Hovawarthündin vier Jahre später. Mit der einst verfolgten Katze und deren Nachfolgerin schloss sie schnell Freundschaft. Bei aller Neugier und kindlichen Wildheit lieben Hovawarte Gesellschaft – bei guter Gewöhnung auch die von Katzen.

behäbig wie ein überladener Hubschrauber einen Meter vor dem Junghund auf dem Teppich! Ein Schrei von uns, ein Mäusesprung und der junge Hovawart hatte den armen Vogel im Fang. Er ließ ihn zwar sofort wieder los und eine Verletzung war nicht erkennbar, doch die Beute überlebte den Angriff leider dennoch nicht.

Gehören auch Groß- oder Nutztiere zur erweiterten Familie, geht die Gewöhnung weiter. Vorsicht bei Pferden auf der Weide oder in der Box! Ihnen darf sich der Welpe anfangs nicht ungestüm nähern. Erschreckte Pferde oder Ponys können mit einem einzigen Auskeilen böse Verletzungen bis hin zu komplizierten Knochenbrüchen, ja, sogar den Tod des neugierigen Welpen bewirken. Das erste Begutachten von Großtieren muss deshalb ganz entspannt mit dem Hovawartkind auf dem Arm stattfinden. Auch solche Tierfreundschaften lassen sich wieder geruchlich vorbereiten, indem dem Welpen etwa die warme, noch dampfende Satteldecke nach einem Ausritt in den Korb gelegt wird.

Für die verpasste Pferdegewöhnung unseres Welpen zahlten wir Lehrgeld, und das kam so: Der erste Spaziergang des Tages fand mit besagtem schwarzmarkenen Junghund schon im Morgengrauen statt, in dieser ländlichen Gegend ohne Leine. Plötzlich war Remus verschwunden, dafür hörte ich aus etwa 200 Metern Entfernung in der Nähe eines Reitstalls eine wütende Männerstimme und lautes Wiehern. So schnell ich konnte, rannte ich los. Was sich mir in der Dämmerung für ein Bild bot, ließ mir das Blut in den Adern gefrieren: Ein Pferdefreund hatte die kühlen Morgenstunden zur Longenarbeit auf einer nicht eingezäunten Wiese genutzt. So schnell war der braune Hannoveraner sicher noch nie im Kreis galoppiert, denn an seine Fersen hatte sich begeistert mein junger Rüde geheftet, der zum ersten Mal in seinem Leben ein solch aufregendes Tier sah! Der Pferdeausbilder muss sich gefühlt haben wie ein römischer Wagenlenker, denn die ausschlagende Stute an der Longe wollte natürlich nicht stehen bleiben. Ich weiß nicht mehr, wie ich meinen wilden Welpen schließlich einfing, der zum Glück von den Hufen nicht getroffen worden war, und was ich zur Entschuldigung vorbrachte. Frühes Pferdetraining steht seit diesem Erlebnis der dritten Art jedenfalls ganz oben auf unserem Welpenlehrplan.

Fütterung und Gesundheitsfürsorge im Welpenalter

Die Futtersorte aussuchen

Viele Hovawartbesitzer stellen sich die Frage nach dem besten Futter zum Aufziehen in der Junghundzeit. Selbstverständlich können Sie selbst kochen, doch dann müssen Sie sehr genau auf die Zusammenstellung der Inhaltsstoffe achten und zum »Ernährungsexperten« werden. Heute gibt es hervorragende Literatur, die Forschungsergebnisse in Sachen Hundeernährung für den Laien verständlich darbietet, allerdings auch vor der naiven Vorstellung warnt, alles Selbstgekochte sei auf jeden Fall für den Hund die bessere Nahrung. Heute gilt durch wissenschaftliche Untersuchungen z. B. als erwiesen, dass ein Zuviel an Calcium oder ein ungünstiges Calcium/Phosphor-Verhältnis im Futter zu Problemen des Skelettwachstums führen kann. Hunde im Wachstum lagern überschüssiges Calcium so stark in den Knochen an, dass deren Verknöcherung gestört verläuft. Ein Mangel an Calcium verhindert andererseits die optimale Mineralisierung des Skeletts. In beiden Fällen können Skelettschäden und Bewegungsstörungen die Folge sein, die sich später nicht mehr beheben lassen.

Abzuraten ist vom Reichen eines speziellen Trockenaufzuchtfutters für Welpen und der zusätzlichen Gabe von Calcium und Vitaminpräparaten! »Weniger ist mehr«, lautet die goldene Regel, wenn die Futtersorte bereits eine hochwertige Vollnahrung darstellt.

Die gefürchtete Hüftgelenksdysplasie (HD) gilt als multifaktorielle Erkrankung, deren Entwicklung bei erblicher Veranlagung ebenfalls durch Fütterungsfehler begünstigt werden kann. Vermutlich beschleunigen zu hohe Eiweiß-/Energiegaben in Verbindung mit energiereichem Futter das Wachstum so stark, dass es zu Gelenkentwicklungsstörungen kommt. Unbedingt sollte deshalb die Protein- und Kilojoulezufuhr maßvoll erfolgen, denn das Ziel ist es nicht, den Welpen möglichst schnell groß zu bekommen, sondern möglichst schonend. In den letzten Jahren haben fast alle Futterhersteller hervorragende Sorten auf den Markt gebracht, die genau den Bedürfnissen von Welpen und Junghunden großer Rassen entsprechen. Ein Spezialtrockenfutter dient als Basis, die etwa mit geriebenen Möhren, Äpfeln, Welpendosenfutter oder etwas Naturjogurt angereichert werden kann. Auch selbst zubereitete Mahlzeiten aus Pansen, Rindfleisch, Geflügel oder Fisch mit Welpenflocken, Reis, gekochten Kartoffeln oder Getreide sowie Gemüse oder Kräutern (wichtig aufgrund der enthaltenen sekundären Pflanzenstoffe) versorgen den Welpen mit Nährstoffen, Vitaminen und Spurenelementen. Futter aus der eigenen Küche muss in seinen Bestandteilen ausgewogen sein. Eventuell ist die Zugabe eines Vitamin-/Mineralstoffpräparates nötig.

Sicher kann Ihnen Ihr Züchter Empfehlungen geben, welche Fütterungsstrategien sich seiner Erfahrung nach bewährt haben. Was die beste Marke betrifft, so haben im Grunde alle Produkte begeisterte Anhänger und entschiedene Gegner. Wichtigste Kriterien sind neben der geschmacklichen Akzeptanz die gute Verdaulichkeit sowie die Konsistenz der Kothäufchen, die gut geformt und fest, aber nicht übermäßig voluminös oder hart sein sollten.

Viele Tierärzte raten zu einer Anreicherung der Futterrationen mit so genannten GAGs, die Abkürzung steht für Glykosaminoglykane. Dieses hochwertige, nicht gerade billige Nahrungsergänzungsmittel wird u. a. aus dem Fleisch der Grünlippenmuschel gewonnen. Die Substanz soll einen positiven Einfluss auf den Knochen- und Knorpelstoffwechsel haben.

Salzige, gewürzte, fettige oder gesüßte Speisen vom Teller des Besitzers haben nichts im Hundenapf zu suchen. Ebenso verboten ist die Fütterung zu vieler Knochen, die zu gefährlicher Verstopfung führen kann. Auf dem Index stehen auch Geflügelknochen, die beim Fressen splittern könnten. Abzuraten ist zudem von Eiklar, das Enzymhemmstoffe enthält sowie von ungekochtem Schweinefleisch und Innereien vom Schwein. Rohes Schweinefleisch kann mit den Erregern der Aujezkyschen Krankheit (eine Viruserkrankung) infiziert sein, die nach kurzer Inkubationszeit innerhalb von ein bis zwei Tagen tödlich endet. Eine Therapie oder eine vorsorgliche Immunisierung durch Impfstoffe ist nicht möglich. Gut durchgegartes Schweinefleisch ist allerdings ungefährlich, weil das Virus durch den Kochprozess abgetötet wird.

Wer überhaupt kein Risiko eingehen will, streicht Schweinefleisch aber ganz vom Speiseplan seines Hovawarts. Gleiches gilt übrigens für Wurst und Mett aus rohen Zutaten vom Schwein, denn man kann nie wissen – der Mensch ist für dieses Virus nicht empfänglich, sein Hund schon!

Egal, was im Napf des jungen Hovawarts landet: Das Überfüttern, vor allem ein Zuviel an Energie – sie steckt besonders in Fetten und Kohlenhydraten – in Verbindung mit hohen Eiweißgaben, kann sich als sehr schädlich erweisen: Das unangemessen hohe Körpergewicht strapaziert Gelenke, Knorpel, Sehnen, Bänder und die noch schwache Muskulatur. Stattlich wird der Hovawart früh genug – ein dicker Welpe ist dagegen nicht niedlich, sondern bedauernswert.

Fütterungshäufigkeit und -menge bestimmen

Noch hat der relativ kleine Hovawartmagen ein geringes Volumen und kann noch nicht viel Futter auf einmal aufnehmen. Vor der Übernahme vom Züchter hat Ihr Hundekind noch fünf- bis sechsmal täglich zu fressen bekommen und diesen Fressrhythmus sollten Sie nur ganz langsam verändern. In den ersten Wochen dürfen nicht weniger als vier Mahlzeiten täglich gereicht werden. Lässt der Welpe regelmäßig Futter im Napf, waren die Portionen anscheinend zu groß und/oder die Abstände zwischen den Mahlzeiten zu kurz. Macht er immer noch einen hungrigen Eindruck, nachdem der kleine Rabauke zum zehnten Mal den leeren Napf ausgeleckt hat, können Sie ihm beim nächsten Füttern schrittweise etwas mehr Futter gönnen. Empfehlungen auf den Fertigfutterpackungen bezüglich Fütterungshäufigkeit und -menge helfen kaum weiter und geben nur eine grobe Richtschnur vor. Da hilft nur das Herantasten an die ideale Fütterungsstrategie. In Sachen Fressen sind Hovawarte sehr unterschiedlich und Patentrezepte praxisfern. Die letzte Fütterung sollte aber grundsätzlich nicht nach 18 Uhr erfolgen, sonst könnte die Nachtruhe ernsthaft in Gefahr sein, die Sie ja durch das Training der Stubenreinheit gerade einüben und stabilisieren wollen.

Den idealen Fressplatz aussuchen

Suchen Sie schon vor der Ankunft des Welpen einen günstig gelegenen Futterplatz. Gut geeignet sind ruhige Ecken in der Küche, denn von der Zubereitung bis zum »Servieren« haben Sie es dann nicht weit und den Hund während des Fressens immer im Auge. Auch ist der Untergrund in Küchen aufwischbar. Zwar sind Hovawarte recht saubere Fresser, aber man kann nie wissen. Der Futterplatz sollte so gewählt werden, dass der Hund bei seiner Mahlzeit niemandem im Weg steht und seine Ruhe hat, andernfalls wird er zu einem hastigen Schlinger erzogen, der sich beeilt, an diesem hektischen Ort sein Futter

möglichst schnell in den Magen zu bekommen. Gieriges Schlingen vor allem von großen Futterbrocken und Stress sollen eine spätere Magendrehung begünstigen können, schon deshalb muss der Hund an seinem Napf grundsätzlich ungestört bleiben.
Bei dieser gefürchteten Erkrankung gast sich der gefüllte Magen des Hundes auf und dreht sich (manchmal mit der Milz) um die eigene Längsachse, wobei der Übergang zur Speiseröhre verschlossen wird. Der Hund kann den Mageninhalt dadurch nicht mehr erbrechen, um sich Linderung zu verschaffen. Auch Richtung Dünndarm wird die Weiterleitung des Mageninhalts unmöglich. Die Blutgefäße werden abgeschnürt, Blut staut sich im Bauchraum, starke Schmerzen und eine gefährliche Kreislaufschwäche setzen ein. Der Hund muss sofort operiert werden, viele überleben dennoch nicht.

Die passenden Näpfe wählen

Bewährt haben sich für Hovawarte Edelstahlnäpfe in einem verstellbaren Doppel-Futterständer. In den ersten Wochen sind selbst diese noch zu hoch. Welpennäpfe gibt es entweder in Metallhalterungen mit Gummifüßen, die nicht durch die Gegend geschoben werden können, oder Sie stellen anfangs einen kleinen Fress- und einen Wassernapf auf zwei Backsteine, damit der Welpe eine gute Körperhaltung beim Fressen einnehmen kann.
Jeder Napf sollte immer so hoch präsentiert werden, dass die Kopf-Hals-Rückenlinie des Hundes während seiner Mahlzeit gerade bleibt und die Vorderläufe beim Fressen nicht gespreizt werden müssen. Damit soll auch weniger Luft in den Magen gelangen, was zum Vorbeugungsprogramm von Magendrehungen zählt. Zwar fressen Wölfe auch nicht aus Näpfen in Metallständern, aber sie beweint in freier Wildbahn auch niemand, wenn sie an einer Magendrehung eingehen! Bei uns in der Küche herrscht eben nicht das Gesetz der Wildnis.
Frisches Wasser muss immer zur Verfügung stehen. Nicht nur, wenn der Hovawart Trockenfutter bekommt, sollte er seinen Durst nach Bedarf löschen können. Die Empfehlung, Welpen ab nachmittags kein Wasser mehr zur Verfügung zu stellen, damit sie schneller stubenrein werden, halte ich für bedenklich. Gerade Wasser ist für den Organismus derartig wichtig, dass es nicht aus erzieherischen Gründen künstlich rationiert werden darf. Angesichts der Gefahr einer Magendrehung sollte der Hunde etwa nach großen Anstrengungen allerdings auch keine unüblichen Mengen Wasser auf einmal zu sich nehmen dürfen.

Den Zahnwechsel beobachten

Kündigt sich der Zahnwechsel an, sind Zerrspiele verboten, denn sie könnten dem mit dem Zahnen beschäftigten Hovawartkind Schmerzen bereiten. Woran Sie merken, dass etwa ab der 15./16. Lebenswoche der Zahnwechsel vom Milch- hin zum Erwachsenengebiss beginnt? Ich könnte augenzwinkernd vermuten, dass die kleinen Wunden an Ihren Händen und Armen nun endlich Gelegenheit zum Abheilen bekommen, wenn Sie sich das Zwicken zu bereitwillig gefallen ließen. Doch es gibt natürlich noch andere Anzeichen. Möglicherweise ist Ihr Hund etwas unpässlich, was an das Zahnen von Menschenbabys erinnert. Sogar leichtes Fieber kann auftreten. Appetitlosigkeit bis zum völligen Verschmähen des üblichen Futters ist ebenfalls keine Seltenheit. Gehen Sie in diesem Fall dazu über, sonst stets eingeweichte Fertigfutterpellets nun trocken anzubieten und umgekehrt.
Viele junge Hovawarte ziehen jetzt auffällig ein oder beide Klappohren zurück, sodass ihre Besitzer schon meinen, es läge ein Behangfehler vor. Anderen tränen die Augen und/oder sie speicheln scheinbar grundlos. Manchmal ist auch zu sehen, dass junge Hovawarte im Zahnwechsel zu kauen scheinen, ohne etwas Fressbares bekommen zu haben. Ausgefallene Milchzähne werden dabei oftmals abgeschluckt und verschwinden auf Nimmerwiedersehen im Verdauungstrakt, was völlig unschädlich ist. Bis der Zahnwechsel abgeschlossen ist, kann es mehrere Wochen dauern, die Zahnung verläuft sehr individuell. Mit fünf bis sechs Monaten sollte der normal entwickelte junge Hovawart dann ein komplettes Scherengebiss mit 42 Zähnen aufweisen können.
Unsere Junghündin Asla nahm ich vor vielen Jahren zu Übungszwecken regelmäßig mit in die Gemeindebücherei. Ich suchte mir gerade Bücher aus, als sie mir plötzlich einen blutigen, gerade ausgefallenen, relativ großen Milchfangzahn (Caninus) direkt vor die Füße spuckte! Ich war so perplex, dass ich das spitze Etwas spontan mit dem Fuß unters Regal schob. Noch heute überlege ich, ob wohl eine Raumpflegerin den Zahn fand und ob ich damals gerade vor dem Regal mit den Vampirromanen gestanden haben könnte.

Körperpflege und -kontrolle einführen

Auch das Üben der Körperpflege und der Behandlung im Krankheitsfall gehört dringend auf den Lehrplan der ersten gemeinsamen Monate. Hovawarte sind selbstbewusst genug, um sich einfach zu entziehen, wenn sie merken, dass ihre Besitzer zögerlich, ja ängstlich vorgehen, sobald eine Zecke gezogen, die Behänge gereinigt, die Krallen geschnitten, Filz aus dem Haarkleid entfernt oder dem Hund aus irgendeinem Grund Fieber im After gemessen werden muss. Schon hier beweist sich, ob der Mensch als Rudelführer taugt, denn Unsicherheit wird sofort als Führungsschwäche im hübschen Hovawart-Hinterkopf abgespeichert. Trainiert werden deshalb immer wieder ganz ruhig und gelassen wie nebenbei die wichtigsten »Wartungsarbeiten« am Hund. Das Ertragen und das Wachsen am Überwinden milder Stressmomente war ja bereits von der ersten Geburtsminute an ein wichtiges Thema für den jungen Hovawart. Auch beim Körperpflegetraining macht den Erfolg nicht die Menge und Länge der Übungseinheiten aus, sondern das lockere, aber dennoch konsequente Heranführen an die zum Teil etwas unangenehme Kontrolle oder Behandlung. Ruhiges, geduldiges Gefallenlassen wird mit großem Lob und mit der freien Hand gereichten Leckerchen belohnt. Der Zweibeiner bestimmt allein Anfang und Ende der Prozedur, die anfangs nur Sekunden in Anspruch nehmen darf, um die Nerven des jungen Hovawarts nicht zu arg zu strapazieren. Besonders günstig ist es, das Untersuchungstraining zu starten, wenn der kleine Spielpatient so müde vom Toben ist, dass er jetzt eigentlich schlafen möchte. Wenn die meiste Energie gerade herausgespielt wurde, hat der Welpe weniger Hummeln im Po und das Üben geht viel leichter.

Die Tierarztpraxis erkunden lassen

Auch das Kennenlernen der Praxis, des Tierarztes sowie seines Personals gehört unbedingt zum Training einer gelassenen Einstellung Ihres neuen Hundes. Einige fortschrittliche Tierärzte bieten kostenlos sogar spezielle Welpenerkundungstermine in den Praxisräumen an, bei denen nichts weiter geschieht, als ein fröhliches Inspizieren der meist gekachelten Warte- und Behandlungsräume, das Schmusen mit den Sprechstundenhilfen und das Belohntwerden durch den Veterinär, mit dem der Welpe warm werden soll.

Auch das Fell blonder Hovawarte ist erstaunlich pflegeleicht. Obwohl an diesem dichten Plüschpelz noch wenig zu bürsten ist, gehört das Training der Körperpflege aber zu dem, was junge Hovawarte lernen müssen.

Auch der Tierarzt wird in den nächsten Jahren an einem heranwachsenden Hovawart seine Freude haben, der die eventuellen, manchmal sogar schmerzhaften Behandlungen souverän und gelassen über sich ergehen lässt – während ein sehr gestresster oder gar angst-aggressiver Patient sein Lebtag die Praxis voller Panik betreten wird oder sie sogar in ein Tollhaus verwandeln kann. So ein Fall war ein imposanter schwarzmarkener Hovawartrüde von 70 Zentimetern Schulterhöhe, der große Probleme mit seinem Tierarzt hatte und ihm tiefstes Misstrauen entgegenbrachte. Jede Impfung wurde zur Nervenzerreißprobe für alle Beteiligten: Gesichert mit drei Mann, zwei Halsbändern, einem Suchgeschirr und drei Leinen am Hund betraten seine Besitzer mit ihm die Tierarztpraxis, selbst wenn er nur geimpft werden musste. Dabei wollte der Rüde in seiner Not keineswegs

Ob hier ein Floh am Werk war? Falls ja, wären die Blutsauger keine Schande: Sie bleiben auf Dauer kaum aus, wenn dem Welpen wichtige Sozialkontakte gegönnt werden. Über Bekämpfungsstrategien weiß der Tierarzt Bescheid.

beißen, sondern bäumte sich auf, dass alle Beteiligten Angst um die gläsernen Schränke im engen Behandlungszimmer bekamen. Das machte auch den Tierarzt nicht eben entspannter, der den Impfterminen dieses vierbeinigen Patienten sicher schon mit Bauchkneifen entgegensah. Erst als die Hovawartbesitzer ihren Tierarzt in dessen Urlaub wechselten und an eine ganz fröhliche, souveräne Kollegin gerieten, die auch das örtliche Tierheim betreute, war das Problem schlagartig behoben. »Der Gute hat einfach Angst. Meine Sprechstundenhilfe und ich ziehen sofort die Kittel aus und behandeln den Armen auf dem Boden. Dann fällt auch die Unsicherheit auf dem hohen Tisch weg«, waren die ersten Worte der Tierärztin, als das zitternde Häufchen Hovawartunglück ihre Praxis betrat. Und siehe da: Der Rüde war wie verwandelt! Später hörten die Besitzer dann, dass ihr erster Tierarzt anscheinend gar kein Faible für Hunde besessen hatte. Er betrieb zwar abends eine Kleintierpraxis, war aber tagsüber an der örtlichen Uni-Tierklinik beschäftigt: als Wellensittich-Spezialist!

Für Impfung und Parasitenbekämpfung sorgen

Es gibt verschiedene Impfstrategien. Spätestens zum Nachimpfen in der zwölften Lebenswoche geht es in Deutschland auf jeden Fall in die Tierarztpraxis: Geimpft wird jetzt gegen Parvovirose, Leptospirose, Hepatitis, Staupe und Tollwut. Deutsche Experten empfehlen zur Absicherung eine weitere Nachimpfung in der 15. Lebenswoche. Wie sinnvoll zusätzliche Impfungen gegen Zwingerhusten und die durch Zecken übertragene Borreliose sind, sollten Sie mit Ihrem Tierarzt besprechen. In Kürze werden Empfehlungen aufgrund einer wissenschaftlichen Studie publiziert, die auf einer Antikörperbestimmung im Blut beruhen. Der Junghund muss zum Impfzeitpunkt gesund und entwurmt sein. Das Entwurmen sollte in den ersten Monaten und später zweimal pro Jahr (dann vor allem gegen Bandwürmer) unbedingt fortgeführt werden. Wurmbefall kann nicht nur die Entwicklung des jungen Hundes massiv beeinträchtigen und ihn gesundheitlich schädigen, sondern ist möglicherweise auch eine Gefahr für seine Menschenfamilie.

Kratzt sich der Welpe auffällig und sind dunkle Krümel im Fell zu finden, werden diese auf ein feuchtes Papiertuch aufgebracht. Wenn sie sich rötlich verfärben, ist die Sache klar: Kot von Flöhen! Sie können etwa in der Welpenspielstunde (entsprechend den Läusen im Menschenkindergarten) schnell die Runde machen und sind kein Grund zur Aufregung. Zu spaßen ist mit ihnen aber auch keineswegs, können sie doch Bandwürmer übertragen und heftige Flohstichallergien auslösen. Je nach Befallstärke gibt es verschiedene Möglichkeiten der Bekämpfung – vom Aufbringen eines flüssigen Wirkstoffes, der sich im Fell verteilt und als Ampulle im Nacken des Welpen aufgetragen wird bis hin zu Tabletten, die eine Unterbrechung des Floh-Entwicklungszyklus bewirken. Auf jeden Fall ist parallel dazu eine regelmäßige gründliche Reinigung aller Liegestätten besonders wichtig, denn 95 Prozent aller Flöhe sitzen nicht auf dem Hund, sondern als Flohbrut in Fußbodenritzen, Matratzen, Liegedecken oder im Korbgeflecht. Kochfeste Unterlagen sind deshalb sehr zu empfehlen, weil die robusten Floheier niedrige Waschtemperatur unbeschadet überstehen. Ihr Tierarzt wird Ihnen die beste Anti-Floh-Strategie für Ihren Welpen empfehlen.

Als wir mit unserer blonden Asla im Alter von zwölf Wochen zum Nachimpfen gingen, zeigten auch wir dem Tierarzt besorgt merkwürdige Stellen auf dem nackten, rosafarbenen

Welpenbauch. Sicher Flohstiche! Die augenzwinkernde Auskunft lautete: »Nein – Zitzen!« Jeder fängt ja mal klein an …

Verkühlungen vorbeugen

Neben den Routinebesuchen zum Impfen können natürlich wirklich berechtigte Gänge zum Tierarzt erforderlich werden, gibt es doch gesundheitlicher Störungen, die in diesen ersten Wochen des Welpen im neuen Zuhause eintreten können. Hündinnen handeln sich eher Blasenentzündungen ein, vor allem, wenn sie zu lange auf kaltem Boden liegen. Jammern und Unbehagen beim Urinieren sowie eine allgemeine Mattigkeit sind Anzeichen, die sofort zum Tierarzt führen sollten. Antibiotikagaben werden unvermeidbar sein, nur sie können die Infektion sicher bekämpfen.

Hovawartwelpen haben noch einen nackten Bauch, was vor allem junge Hündinnen anfällig für Blasenentzündungen macht. Erkundungsgänge sind okay, aber längere Zeit im Schnee liegen, sollte diese Hündin nicht!

Nass gewordene Welpen dürfen niemals im Durchzug liegen: Verkühlungen führen zu Mandelentzündung und Bronchitis bis hin zur gefährlichen Lungenentzündung. Ich gewöhne den Junghund deshalb an ein gründliches Abtrocknen mit alten Frottee- oder speziellen Hundetüchern nach jedem Spaziergang. Auch die Pfoten und das noch unbehaarte Bäuchlein gehören dazu. Gelobt wird artiges Abwarten, bis ich ringsum fertig bin mit der Prozedur. Damit der Welpe sich gut an das Abputzritual gewöhnt, trockne ich ihm im Anschluss an Spaziergänge nach dem Hereingehen auch dann Bauch und Pfoten ab, wenn er gar nicht nass geworden ist. Der Vorgang soll ihm in Fleisch und Blut übergehen. Ein Hovawartkind hat noch nicht das stabile Immunsystem eines erwachsenen Hundes, und nicht jeder bekommt seinen jungen Hund im Hochsommer. Bitte merken: Kälte, Nässe und Zugluft sind ein ganz garstiges Trio!

Empfindlichkeit des Magen-/Darmtrakts beachten

Besonders häufig ist bei Welpen Durchfall zu beobachten, der verschiedene Ursachen haben kann: Möglicherweise deutet er auf Wurmbefall hin, tritt als Stresssymptom nach der aufregenden Abholungsfahrt auf, ist die Folge eines Schlabberns unbekömmlichen Pfützenwassers oder liegt im zu schnellen Futterwechsel begründet. Der ganze Verdauungstrakt des Welpen ist noch sehr empfindlich. Wenn Sie eine andere Futtersorte einführen wollen, werden ganz langsam immer etwas größere Mengen der neuen Variante unter das gut verträgliche, bereits bekannte Futter gemischt.

Die anfangs noch vier bis fünf Mahlzeiten pro Tag dürfen weder zu kalt noch zu heiß serviert werden. Was der Welpe mit einem Mal nicht auffrisst, sollte weggeräumt und (falls es hygienisch nicht mehr einwandfrei ist) weggeschüttet werden. Auch gärendes Futter kann nämlich heftige Bauchschmerzen verursachen! Frische Kalbsknochen, getrocknete Schweineohren oder Ochsenziemer (Salzgehalt beachten!) gibt es anfangs nur in kleinen Mengen, um keine Beschwerden hervorzurufen. Und falls es doch zu Unwohlsein gekommen ist: Neben den Medikamenten des Tierarztes werden Sie vermutlich noch eine Diätempfehlung von ihm bekommen, damit sich die irritierte Darmflora des Welpen wieder beruhigen kann. Auch anfängliches Fasten kann ratsam sein.

Am gefährlichsten bei Durchfall ist die drohende Austrocknung des Organismus, deshalb gilt die ausreichende Versorgung mit

Flüssigkeit als das Gebot der Stunde. Gerade Welpen haben Durchfällen kaum körperliche Substanz entgegenzusetzen und sollten schon bald wieder munter durch die Gegend toben. Bei vielen gesundheitlichen Störungen des Hovawarts können außerdem homöopathische und naturheilkundliche Maßnahmen die schulmedizinische Behandlung hervorragend ergänzen – das ganze Hundeleben lang.

Das Sammeln von Alltagserfahrungen

Ihre Hausordnung klar machen

Stellen Sie sich vor, Ihre Wohnung oder Ihr Haus würden Sie extra für Ihren neu bei Ihnen einziehenden Hovawart zur besseren Orientierung mit lauter Schildern versehen. Versinnbildlichte Anordnungen sollen von ihm auf diese Weise mit bestimmten Plätzen verknüpft oder mit besonderen Situationen in Verbindung gebracht werden. »Mundraub verboten«, hängt etwa als gedachtes Schild am Obstkorb. »Sich lösen unerwünscht!«, steckt unsichtbar im Rosenbeet. »Du musst leider draußen bleiben!«, klebt an der Tür zur Speisekammer, und »Bitte bedien' dich!«, lehnt am Wassernapf. Überall weisen ihn imaginäre Ver- und Gebote auf die Hausordnung hin, nur: Ihr junger Hovawart weiß bei seiner Ankunft leider weder, dass sich diese unsichtbaren »Schilder« überhaupt dort befinden, noch kann er sie lesen. Sie müssen sich also in den ersten Wochen des Zusammenlebens wie ein Reiseführer in Ihrer eigenen Umgebung betätigen und den jungen Hund wie ein Lotse auf Verbotenes und Erlaubtes hinweisen. Die Hinweise müssen für ihn verständlich übersetzt und geduldig immer wiederholt werden: Ob »Nein!«, »Pfui!«, »Fein!«, »Brav!«, »Aus!«, »Schau!«, »Geh!«, »Steh!«, »Halt«, »Warte«, »Bleib!«, »Runter!«, »Rauf!«, »Rechts!«, »Links«, »Langsam!«, »Schnell!«, »Friss!«, »Nimm's!«, »Auto fahren!«, »Leine« oder »Leckerchen« – der Wortschatz, den sich Ihr Welpe für den täglichen Umgang mit seiner neuen Familie erst aneignen muss, ist gewaltig. Die Menge der zu lernenden Wörter übersteigt die klassischen Ausbildungshörzeichen bei weitem.

Für einen neugierigen, unternehmungslustigen Hovawartwelpen scheint die Welt voller Verbote zu sein. Diesem acht Wochen alten schwarzmarkenen Rüden werden sicher gleich die Stoppschilder gezeigt! Zwischen Erlaubtem und Unerlaubtem zu unterscheiden, ist für Welpen gar nicht so einfach.

Wie wenig Ihr gemeinsamer Grundwortschatz anfangs umfasst, merken Sie besonders deutlich, wenn noch ein älterer Hund in Ihrem Familienrudel lebt, mit dem Sie längst ein eingespieltes Team bilden. Dieser scheint kaum glauben zu können, wie begriffsstutzig sich der Jüngling angesichts der leichtesten Anweisungen anstellt. Aber schließlich muss das neue Familienmitglied Ihr spezielles Ausdrucksverhalten wie eine neue Fremdsprache lernen! Und nicht nur das: Jeder einzelne Mensch, mit dem er mehr oder weniger zu tun hat, spricht für ihn einen anderen Dialekt. Was wird nun auf der »Hausordnung« stehen, an die sich das Hovawartkind halten soll?

Ersehnter Liegekomfort

Darf er nun etwa auf Sofa, Sesseln oder gar im Bett schlafen oder nicht? Lernen muss der junge Hovawart auf jeden Fall schon jetzt ganz dringend, dass er sich so manchen Komfort gar nicht oder nicht ohne Ihr Einverständnis genehmigen darf. Das Ruhen, Dösen und Schlafen auf den besten, erhöhten Plätzen ist im Wolfsrudel Chefsache – aber nur, solange dieser anwesend ist! Einem sehr leichtführigen Hovawart, der keinerlei Dominanzbestrebungen zeigt, können Liegeprivilegien von Zweibeinern mit Führungsstärke durchaus zugebilligt werden. Eine solche Geste stärkt allerdings sein Selbstbewusstsein ungemein, denn mit diesem wichtigen Privileg wird dem Welpen ein goldener Orden direkt an die plüschige Brust geheftet.

Dominanzprobleme haben *immer* eine Vorgeschichte, die oftmals im Zubilligen scheinbar bedeutungsloser Vorzüge des Hundelebens ihren Anfang nahmen. Wenn Sie die Vorzeichen unklarer Hierarchien ignorieren, falls sich der gemütlich ruhende Mini-Hovawart z. B. leise knurrend weigert, seinen Platz auf Zuruf zu räumen, kann es sein, dass er ihn in ein paar Wochen als Jugendlicher mit krauser Nase gegen Sie verteidigt. Gibt es nur den *leisesten* Zweifel an Ihrer Rudelführerschaft, sind für den kleinen Hovawart bequeme Plätze in der oberen (Führungs-)Etage strikt verboten! Lassen Sie sich nicht erweichen, das Verbot zu lockern, denn dann hätte Ihr kluger Hund schnell begriffen, wie wahnsinnig leicht Sie sich von ihm manipulieren lassen, und Sie sinken in seinem Ansehen.

Der Anführer zu sein, ist anstrengend: Sprechen Sie ein Tabu für das Liegen auf dem Sofa oder auf dem Sessel aus, haben Sie also auch für die Einhaltung Ihrer Anweisung zu sorgen, ansonsten ist es sinnlos und Sie machen sich in den Augen Ihres Hovawarts völlig unglaubwürdig. Er wird schlicht nicht einsehen, dass Sie etwa Ihr »Nein!« bei seinem Erklettern der Couch wirklich ernst meinen und es einfach immer wieder tun, wenn Sie einen unentschlossenen Eindruck machen. Hovawarte sind Meister im charmanten Durchsetzen ihrer Interessen und kalkulieren durchaus dafür Ärger ein. Wenn der Junghund zum dritten Mal die Pfote auf das Polster stellt und schließlich »Na gut. Aber nur, weil heute Sonntag ist!«, hört, gehen allerdings schon Punkte auf der Skala Ihrer Durchsetzungsstärke verloren. Deshalb ist vorher gut zu überlegen, ob ein eisernes »Nein!« auch wirklich gilt. Dann muss entweder die Tür zum Zimmer mit dem ersehnten Diwan jedes Mal beim Verlassen geschlossen, mit einem Kindergitter abgesperrt werden oder die Liegefläche wird etwa durch aufgespannte Regenschirme darauf unattraktiv gemacht.

Das Erlassen von Regeln ist in dieser intensiven Lernphase wichtig, um dem Hund einen roten Faden vorzugeben, an dem er sich orientieren kann. Wenn der erwachsene Hund seit langem mit Ihnen zusammenlebt, es gewohnt ist, sich das Okay für bestimmte Aktivitäten von Ihnen abzuholen und ein klares »Nein!« zu akzeptieren, sind später (wenn er die Prinzipien des Zusammenlebens verinnerlicht hat) auch souverän erteilte Ausnahmegenehmigungen möglich. Ihr Hovawart muss jedoch immer wissen, dass Sie auf Rücknahmen dieser geänderten Regeln jederzeit bestehen können und er sich kompromisslos danach zu richten hat.

Darf dieser junge Welpe an Schuhen knabbern, oder darf er es nicht? Einmal ausgesprochene Tabus müssen durchgesetzt werden, sonst nimmt das schlaue Hovawartkind seinen angeblichen Anführer bald nicht mehr ernst.

Die Sache mit dem Vorlaufen

Lange gingen Kynologen davon aus, dass das Vorlaufen draußen oder das schnelle Vorausgehen durch die Tür ebenfalls Dominanzzeichen seien, die schon dem jungen Hund grundsätzlich verweigert werden sollten. Der Wolfs- und Hundeexperte Günther Bloch beobachtete allerdings an frei lebenden Wolfsrudeln in Kanada, dass durchaus die Anführer zurückbleiben können, ohne in die Gefahr zu geraten, ihren Status zu verlieren. Im Gegenteil: Das Vorlaufen der Jungwölfe im Winter ist sogar sinnvoll, treten sie doch dabei für die Älteren Pfade in den tiefen Schnee.

Wer selbst mehrere Vierbeiner hält und das Verhalten des Alphahundes beobachtet, sieht diese Tatsache bestätigt. Wölfe und Hunde als ihre Nachfahren sind durchaus flexibel und die Alphatiere weitaus souveräner und in manchen Dingen viel »großzügiger«, als wir Menschen mit dem Bedürfnis nach einfachen Regeln uns oft klar machen.

Sie brauchen sich also keine Sorgen zu machen, wenn Ihr Welpe mal vor Ihnen aus der Terrassentür in den Garten flitzt oder einen Weg fünf Meter vor Ihnen entlangläuft. Aus Sicherheitsgründen sollte jedoch vor dem Gartentor oder der Haustür auf jeden Fall ein Sicherheitsstopp verlangt werden!

Da schon ein Junghund um ein Vielfaches schneller rennen kann als Sie – es sei denn, Sie sind Olympiasieger über die Einhundert-Meter-Distanz –, wäre es auch völlig praxisfern, ihn stets hinter sich halten zu wollen. Wichtig ist allerdings, aus erzieherischen Gründen bewusst die Laufreihenfolge anzuordnen und auch mal auf das eigene Vorauseilen zu bestehen! Da Sie allein der Boss sind, können Sie verlangen, dass der Junghund hin und wieder warten muss, bis Sie aus der Tür sind. Erst dann darf er Ihnen folgen. Beim nächsten Mal kann er dann auf Ihr Geheiß wieder vorlaufen, wird aber mit der Zeit erst durch einen fragenden Blick bei Ihnen nachforschen, welche Variante Sie sich diesmal wünschen.

Sehr wirkungsvoll ist es auch, sich auf dem Spaziergang einfach wortlos umzudrehen und zügig in die Gegenrichtung des ungestümen Vorrenners zu marschieren. So lernt Ihr »junger Wilder«, Sie ja im Auge zu behalten und nicht darauf zu vertrauen, dass Sie ihm schon automatisch brav folgen werden. Der junge Hovawart orientiert sich nach kurzer Zeit an Ihnen und konzentriert sich auf Sie – dieser Bindungsmeilenstein muss durch Lob und Leckerchen als absolut wünschenswertes Verhalten positiv verstärkt werden.

Benimmregeln für den Garten erlassen

Natürlich gilt auch auf dem Grundstück eine Gartenordnung für den kleinen Hovawart, die er erst kennen und verinnerlichen muss. Das Grundstück sollte mindestens 1,50 – 1,80 Meter hoch eingezäunt werden, denn niedrigere Einfassungen lassen sich auch schon von Junghunden überwinden. Ich kann mich gut daran erinnern, dass ich einmal unsere erste Hündin Asla, sie war etwa fünf Monate alt, bei meinem Mann im Garten lassen wollte, um mit dem Fahrrad in die Stadt zu fahren. Plötzlich hörte ich, gerade eingebogen auf die Hauptstraße, ein merkwürdiges Keuchen auf dem Fußweg rechts neben mir und traute meinen Augen nicht: Unsere kleine Blonde war über das nur

Der eingezäunte Garten ist für diese blonde Hündin ein Paradies. Zur Befriedigung ihrer Neugier findet sich hier so einiges. Ein junger Hovawart und ein penibel gepflegter Vorzeigegarten schließen sich im Grunde aus!

einen Meter hohe Gartentor entkommen und folgte mir in gestrecktem Galopp, wobei sie zum Glück den Gehsteig als Rennpiste benutzte – meinen rufenden Mann (ebenfalls in neuer 100-Meter-Bestzeit) mit einigem Abstand hinter sich!
Schwierig ist es, mit einem wahnsinnig neugierigen Hovawartwelpen etwas im Garten einpflanzen zu wollen. Er hat nämlich den Eindruck, die Blumenzwiebeln versteckten Sie nur für ihn und die neuen Stauden kämen nur deshalb in den Boden, damit er sie wieder ausbuddeln kann. Seine Flitzanfälle, bei denen er flach über den Boden sausend wilde Haken schlägt, sind wirklich lustig anzusehen, machen aber vor keinem ordentlich geharkten Beet Halt. Ich zeige dem neuen Welpen mit viel Lob und einem lang gezogenen »Neiiiin!« erst einmal an der Leine, was ein erlaubter Spielrasen, was ein gepflasterter Weg und was etwa ein verbotenes Rosenbeet ist. Er ist schließlich kein Gartenfachmann, woher sollte er die Unterschiede in meiner Bewertung also kennen? Einige Opfersalatsetzlinge oder überschüssige Staudenpflänzchen können mit der Spezialflüssigkeit Bitter Apple (erhältlich im Versandhandel für Hundezubehör) für Welpenzungen unangenehm imprägniert werden. Gräbt Ihr Hovawartsprössling wie verrückt in Maulwurfshügeln oder Mauselöchern, hat sich eine kräftige Ladung Pfefferminzöl aus der Apotheke bewährt, die vor seinem nächsten Buddelangriff auf die Erde geträufelt wird. Die stechend nach Lungensanatorium riechende Erde wird plötzlich ungerne durchgewühlt – die so genannte Objektverknüpfung funktioniert bestens!
Da der junge Hovawart mit den Zähnen alles mögliche (und unmögliche) einem Materialtest unterzieht, müssen Giftpflanzen umgepflanzt, an den Nachbarn verschenkt oder durch eine Umzäunung gesichert werden. Gefährlich ist ein offener Kompost, an dem sich Ihr Hund bedienen und sich durch Halbvergorenes eine schlimme Gastritis (Magen-Darm-Grippe) einhandeln könnte.

Behutsam an Wasser gewöhnen

Jeder Welpe sollte unbedingt früh mit Gewässern vertraut gemacht werden. Anfangs kann eine große Pfütze völlig ausreichen. Die Bekanntschaft mit dem kühlen Nass muss so angenehm wie möglich sein. Hohe Wellen, die dem Welpen über dem Kopf zusammenschlagen oder Bergbäche mit vielen Strudeln, die ihn einfach mitreißen, wie wir es mit glimpflichem Ausgang einmal im Tessin erlebten, sind zum Üben nicht geeignet. Unsere Hündin Brenda erkundete mit einem halben Jahr den Garten eines öffentlichen Gebäudes, in dem sich ein zugewachsener Feuerteich befand. Ein Plumps und sie war hineingefallen, versank vor den Augen meines Mannes in der trüben Brühe voller Entengrütze, tauchte aber prustend wieder auf und paddelte an den Rand, der allerdings aus einer senkrechten Betonwand bestand! Herrchen konnte sie am Welpenhalsband herausziehen, im nächsten Moment wäre er hinterher gesprungen. Erstaunlicherweise nahm ihr dieses Erlebnis keineswegs die Wasserfreude. Dass die Hündin bis heute Wellengang aber nichts abgewinnen kann, haben wir dummerweise selbst bewirkt. Mit ihr als Junghund waren wir an der Nordsee und zwar in der Nachsaison, sodass das Baden für uns nicht infrage kam. Am Wassersaum sprangen wir aus Spaß immer wild kreischend vor den ankommenden Wellen davon, weil wir kein Wasser in die Gummistiefel bekommen wollten. So vermittelten wir der jungen Hündin unbewusst, sich bewegendes Wasser sei eine höchst gefährliche Angelegenheit, vor der man stets flüchten sollte.
Idealerweise hat der Hund bereits beim Züchter Bekanntschaft mit Wasser schließen können, doch dies ist noch längst keine Garantie für einen auch später wasserliebenden Hovawart. Zwar lieben viele Hovawarte von Welpenbeinen an das wasserspritzende Toben, Baden und Schwimmen, aber ich kenne auch Hunde dieser Rasse, die Gewässer nur als riesigen Wassernapf betrachten und höchstens zum Trinken bei extremer Sommerhitze aufsuchen.
So ein Typ war z. B. Remus, ein schwarzmarkener Rüde unseres Familienrudels, der auch im Hochsommer nur die Pfoten ins Wasser stellte, wenn er trinken wollte oder wenn er sich im Bergurlaub an den klaren Bergbächen Sand aus den Lefzen spülte. Am Schwimmen hatte er sein Lebtag aber nie Freude, obwohl in seinem Welpenauslauf ein Wasserbecken gestanden hatte, das durchaus ins wilde Spiel unter Geschwistern einbezogen worden war. Doch wer weiß, ob nicht eine einzige negative Erfahrung (etwa ein gleichzeitiger herzhafter Biss durch einen anderen Welpen im Bassin) ausreichte, um ihm die Wasserfreude für immer zu verleiden? Von wasserscheuen Hovawarten war Kurt F. König nicht angetan, denn er vermutete dahinter eine Überempfindlichkeit gegen den Temperaturunterschied und eine allgemeine körperliche Empfindlichkeit, die auf unseren Rüden übrigens durchaus zutraf.

Die Wasserfreude ist beim Hovawart sehr unterschiedlich ausgeprägt. Frühe negative Erfahrungen können den sensibleren Naturen das kühle Nass für immer und ewig verleiden, …

… während sich andere ihr Leben lang durch nichts abschrecken lassen und mit Begeisterung in die Fluten stürzen. Wasserfreude hielt Kurt F. König für eine wünschenswerte Hovawarteigenschaft.

Vielleicht braucht der Welpe auch nur etwas Mut und Motivation, um etwa einen flachen See zu erkunden. Wasserbegeisterte erwachsene Hunde an seiner Seite können manchmal als Vorbild dienen und dem skeptischen Welpen die Scheu vorm Wasser nehmen. Eventuell können Sie ihn auch ermuntern, indem Sie einen schwimmenden Spielgegenstand oder ein so genanntes Dummy in die seichte Uferregion werfen und ihn – begleitet von begeisterten Lobpreisungen – herausholen lassen. Übrigens interessierte auch das unseren Rüden nicht, obwohl er auf dem Trockenen gerne und gut apportierte. Gingen seine Menschen selbst ins Wasser (was viele Hunde zum aufgeregten Hinterherspringen bewegt), blieb er seelenruhig am Ufer sitzen und wartete geduldig, bis sie wieder an Land waren. Doch ich will Sie mit diesem Beispiel nicht entmutigen, sondern nur darauf hinweisen, dass es zwar eine *wahrscheinliche*, aber keine *garantierte* vorhandene Wasserfreude gibt, weder beim Hovawart, noch bei anderen Rassen. In anderen Bereichen war unser Rüde übrigens ein wahrer Überflieger und verdutzte uns schon als Welpe mit Beweisen hundlicher Intelligenz, was ihm den Spitznamen »der Gymnasiast« einbrachte. Aber es soll ja auch junge Menschen mit allgemeiner Hochschulreife geben, die nicht gerne schwimmen gehen.

Kurzes Wartenlassen früh beginnen

Ihr Junghund ist bereit, mit Ihnen einen intensiven Pakt des Zusammenlebens einzugehen und schließt sich Ihnen eng an. Im Laufe der Zeit kann aus der starken Bindung eine regelrechte Symbiose werden. Damit daraus keine gefühlsmäßige Abhängigkeit entsteht (wobei einige Zweibeiner von ihren Hovawarten abhängiger sind als umgekehrt), muss der neue Vierbeiner nach einigen Eingewöhnungstagen mit ständiger Betreuung Schritt für Schritt an das eigentlich artfremde Alleinbleiben herangeführt werden.

Ich gehe zu Beginn dieses Trainings für wenige Sekunden, später für Minuten aus dem Zimmer in ein anderes und hindere den Welpen mit einem kurzen, emotionslosen Hörzeichen (»Warte!«) und ein Kindergitter in der Tür, mir zu folgen. Ich schließe hin und wieder die WC-Tür vor der Welpennase, hantiere laut im Nebenraum mit etwas und pfeife fröhlich dabei ein Lied, gehe dann sofort zum Welpen zurück und zwar genau in jenem Moment, in dem er sich absolut ruhig verhält. Gefährdete Gegenstände wie Mülleimer, Stofftiere, Lebensmittel usw. werden vor dem Üben außer Welpenreichweite geräumt. Protestgeschrei überhöre ich kommentarlos. Ich bringe mich nicht um vor Freude, Mitleid oder schlechtem Gewissen, wenn ich das Hovawartkind fünf Minuten alleine ließ und mit dem leeren Mülleimer in der Hand wieder hineinkomme, sondern *ich* lasse mich bei meiner Rückkehr kurz von *ihm* feiern. Andernfalls benehme ich mich in den Augen meines Welpen nicht wie ein starker, würdevoller Rudelführer, sondern wie ein unterwürfiger, demütiger Waschlappen.

Wir hatten in einem Wurf einmal eine blonde Hündin, die so willensstark war, dass sie mich bereits im Alter von sieben Wochen daran hindern wollte, den Raum zu verlassen. In unserem Wohnzimmer stand die erweiterte Wurfkiste mit Auslaufmöglichkeit nach draußen. Immer, wenn ich mich etwa in Richtung Küche außer Sichtweite entfernte, heulte und zeterte das dickköpfige Hovawartmädchen nach allen Regeln der Kunst und wollte mich wieder heranzitieren. Ich passte wortlos immer den Moment ab, in dem sie still war, bis ich plötzlich wieder in der Wurfkiste stand, um mit den Welpen zu spielen, die Futterschale brachte oder die Kistenauslage wechselte. Nach drei Tagen dieser Machtkämpfe hatte sie es endlich begriffen! Aus ihr wurde übrigens ein sehr nervenstarker erwachsener Hovawart, dessen Tendenzen, den eigenen Kopf durchzusetzen, von seinen neuen

Nur einen kurzen Moment! Das erste Alleinlassen dauert nur Sekunden und wird ganz vorsichtig ausgebaut. Die Geduld des Welpen darf nicht überstrapaziert werden, denn ...

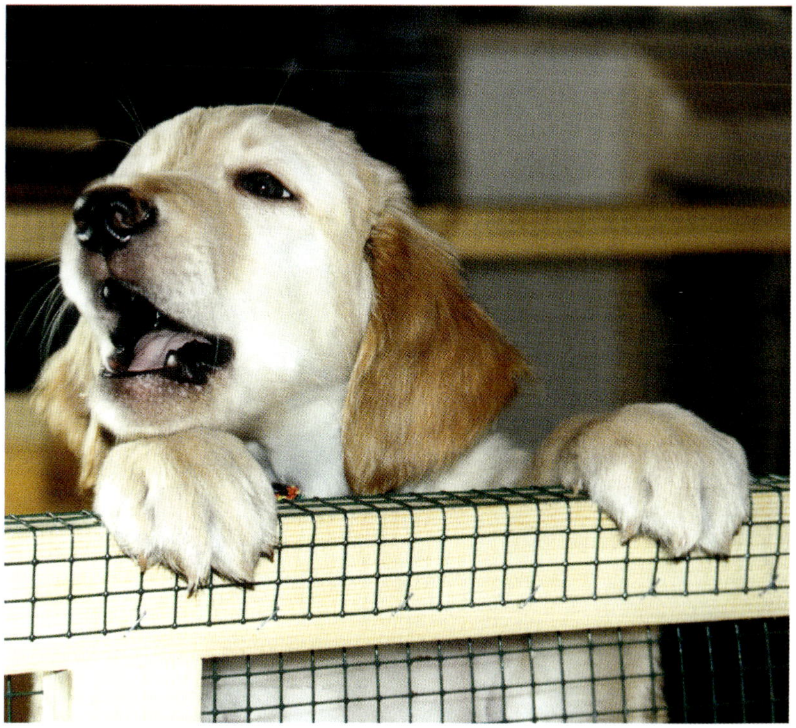

... die Isolation vom Rudel ist ein bedrohlicher Zustand, der leicht Panik auslöst. Beginnt der Welpe zu jammern, muss ein ruhiger Moment abgepasst werden, um wieder zu ihm zu gehen.

Besitzern hervorragend gekontert wurden. Meine Warnungen, auf ihre Inszenierung nicht einzugehen, wurden zum Glück erhört. Die aufgeweckte Hündin wird nicht zuletzt wegen ihres noch immer starken Charakters über alles geliebt. So können Züchter bei der Früherziehung schon erheblich dazu beitragen, dass die Welpen das anfangs kurzzeitige, schrittweise Alleinsein ertragen. Auch hier trägt das Überwinden von mildem Stress wieder Früchte.

Übrigens sprinten erfahrene Mutterhündinnen auch keineswegs wie die Irren in die Wurfkiste, wenn sie von ihrer bereits älteren Kinderschar gerufen werden. Sie können sehr genau am Verhalten der Welpen und an der Art des Gejammers unterscheiden, ob die Fürsorge wirklich gerade notwendig ist oder nicht. Auch dadurch wird für eine gewisse Abhärtung der Welpen in Sachen Bedürfnisbefriedigung gesorgt. Wenn Sie jemals wie ich eine Wohnung gesehen haben, die ein erwachsener Hovawartrüde demolierte, dem als Welpe das Warten nicht systematisch beigebracht worden war, werden Sie diese Übung für alle Zeiten sehr, sehr ernst nehmen! Die Quittung für das Versäumnis: Mit Krallen und Zähnen herausgerissener Teppichboden auf zwei Metern Länge, ein völlig zerfressener Landhaustürrahmen aus Massivholz, ein samt Rahmen abmontiertes Fenster in der Flurtür und ein bis zur Hysterie gestresster Verursacher.

Treppensteigen – weniger ist mehr!

Zur Vorsorge gehört auch, den Welpen nicht allzu oft Treppen vor allem hinablaufen zu lassen, weil die Hinterhand dabei extrem belastet wird. Auch wird eine Verbindung mit der HD-Entstehung hergestellt, weshalb Sie Ihren Junghund besser tragen sollten, sofern es mehr als drei oder vier Stufen nach unten geht. Wie lange man diese Prozedur durchhalten sollte, ist nicht wirklich als allgemein gültiger Ratschlag zu vermitteln, weil es meines Wissens keine wissenschaftlichen Erkenntnisse dazu gibt. Ich bin immer dafür, den Welpen und dann den Junghund zu tragen, bis er etwa 20 Kilogramm auf die Waage bringt. Dieses Gewicht lässt sich auch von der Besitzerin noch einigermaßen schaffen, ohne zum Bodybuilding zu gehen, doch eine Warnung muss dazu ausgesprochen werden: Sie bekommen dabei mit der Zeit immer öfter die Ohren ausgeschlabbert oder eine feuchte Hovawartnase auf die eigene (oder aufs Auge!) gedrückt. Und das Hauptproblem ist irgendwann gar nicht mehr so sehr das aus den Knien zu stemmende Gewicht, sondern die Körperlänge des jungen Hovawarts, die irgendwie nicht mehr gut auf den Armen unterzubringen ist. Dann ist es Zeit, langsam das selbstständige Treppensteigen zu üben. Üben? Ist dazu ein schlauer Hovawart nicht von selbst in der Lage? Nun, er kann anfangs schon ordentlich Respekt haben vor der schwindelnden Höhe beim Hinunterschauen oder vor Stufen, die glatt oder nicht ganz geschlossen sind, zumal ihm das Treppensteigen bis dahin ja auch immer verboten wurde. Ich beginne bei wenigen Stufen und locke den Junghund mit Leckerchen, die ich wortlos auslege, hoch oder hinunter. Traut er sich vorwärts, setzt die Bestärkung per Stimme ein. Bewährt hat es sich auch, den jungen Hovawart einfach mitten auf die Treppe zu stellen und mit den Armen abzusichern. Das Hinauflaufen ist in der Regel anfangs leichter für ihn zu bewältigen als das Hinablaufen.

Die Förderung der Wesensentwicklung

Abenteuerprogramme bieten

Während jetzt einerseits das Alleinbleiben dringend geübt werden muss, ist andererseits das häufige Mitnehmen des Welpen bzw. Junghundes zu Unternehmungen aller Art nun ganz, ganz wichtig. Die umweltsichersten und nervenstärksten Hovawarte sind in der Regel nicht etwa jene, die so schön abgeschieden leben, wie ihre Vorfahren auf den Gehöften der Mittelgebirge, sondern solche, die von Welpenbeinen an viele Umweltreize um die Ohren hatten und haben. Für ganz viel wichtigen Lerntrubel müssen Hovawartbesitzer in ruhigen Wohnlagen vor allem in dieser wichtigen Phase bewusst sorgen. Jede Gelegenheit, die sich für gemeinsame Erkundungen bietet, sollte wahrgenommen werden, um den jungen Hovawart mit der Welt vertraut zu machen.

Der Alltag vor Ihrer Tür ist in diesem Alter Ihres Hundes praktisch der riesig erweiterte Welpenauslauf, in dem es viele spannende Eindrücke, das Überwinden von Ängsten und die Anregung der Neugier gibt. Boote, Busse, Bahnen, (gläserne) Fahrstühle, Autowaschstraßen, Kaufhäuser, Restaurants, Zoofachgeschäfte, Cafés, Tiefgaragen und Bibliotheken – überall gibt es für den jungen Hovawart viel zu erleben und zu lernen. Außerdem warten auf ihn (an der Leine mit gut sitzendem Welpenhalsband und Kottüten in der Tasche) Radfahrer, Inlineskater, Eltern mit Kinderkarren, Menschen mit Einkaufswagen, Parkplätze mit scheppernden Einkaufswagen, Autos, Lastwagen und Motorräder. Eine belebte, aber nicht überfüllte Fußgängerzone wird zum Welpenerlebnispfad mit verschiedenen Untergründen: Kanaldeckel, Lüftungsgitter, Plastikplanen, Pflastersteine, glatte, unebene und raue Oberflächen aus Beton, Kies oder Stein, Brücken, Fußgängertunnel – scheinbar Banales bietet willkommene Übungsgelegenheiten. Gelobt wird der junge Hovawart überschwänglich für alles, an dem er von selbst Interesse zeigt, sich neugierig nähern oder etwas untersuchen und kontrollieren möchte (falls es für ihn nicht wirklich gefährlich ist, versteht sich).

Nach Hause eingeladen werden hundefreundliche Gäste, auch Kleinkinder und Senioren, gerne inklusive ihrer netten, sozialverträglichen Vierbeiner. Als grobe Leitlinie für das Welpentraining draußen dient die Faustregel »Stadt, Land, Fluss«, und zwar bei jedem Wetter und zu jeder Tageszeit: Auch die Provinz wird mit ihren Wäldern, Wiesen, Gewässern, dem Vieh und dem Geflügel zum gigantischen Junghund-Erlebnispark. Allerdings darf die Dauer solcher Ausflüge nicht übertrieben werden, da der noch völlig unausgereifte Bewegungsapparat sonst Schaden nimmt. Leider zeigt Ihr Welpe nicht von selbst an, wenn er nicht mehr kann. Das Zurückbleiben aus Schwäche ist im Wolfsrudel (vor allem im Winter, wenn für Notzeiten keine Beeren und Früchte zur Verfügung stehen) schlimmstenfalls tödlich! Deshalb wird sich Ihr Welpe Ermüdungserscheinungen so lange wie möglich verkneifen. Als grobe Faustregel gilt daher: *Mit einem ein Vierteljahr alten Welpen nicht länger als eine Viertelstunde, mit einem halbjährigen Hovawart nicht länger als eine halbe Stunde, mit einem einjährigen nicht länger als eine Stunde, mit einem zweijährigen nicht länger als zwei Stunden kontinuierlich am Stück unterwegs sein! Ab dem dritten Lebensjahr können mit dem erwachsenen Hovawart, sofern er gut trainiert ist (Muskelaufbau!), dann drei Stunden lange (und längere) Trekkingtouren unternommen werden.*

Schöne neue Welt: Ihre ganze Umgebung wird für diese Hündin zum Abenteuerspielplatz. Was uns Menschen völlig belanglos vorkommt, kann in diesen wichtigen Wochen wertvolle Erfahrungen für den jungen Hovawart bereit halten.

Angstreaktionen richtig verstehen

Der junge Hovawart sollte nicht auf Händen durchs Leben getragen werden und das erwartet er auch gar nicht von seinen Zweibeinern. Was er braucht, sind in diesen ersten Wochen in seinem neuen Umfeld möglichst viele verschiedene anregende Situationen, um seinen Erfahrungsschatz vervollständigen, Erlebtes verarbeiten und den inneren Schweinehund überwinden zu können. Denn ohne Angst ist der kleine Draufgänger, der er einst (anscheinend) im Welpenrudel war, auch bei bester Aufzucht keineswegs! Angst ist als Grundstimmung lebenswichtig für die wölfischen Ahnen Ihres Hundes, um in freier Wildbahn überleben zu können. Angstgefühle mahnen

Dieser jungen Hovawarthündin ist angesichts der alten English Setter-Dame gar nicht wohl in ihrer Haut. Eine völlig normale Reaktion, denn Heldentum in diesem Alter könnte gefährlich sein. In der nächsten Situation ...

... ist dann schon wieder mehr Mut vorhanden. Der Welpe lernt anhand immer neuer Herausforderungen, seinen Erfahrungsschatz zu erweitern und angemessen auf Neues zu reagieren.

zur Vorsicht und zum genauen Abschätzen von unbekannten Personen, Artgenossen, Gegenständen und Umweltreizen im Allgemeinen.

Würde sich ein junger Wolf mutig auf alles Neue in seiner belebten und unbelebten Umwelt stürzen, ohne zu zögern, wäre sein Leben schon bald ausgehaucht, weil er anderen Beutegreifern geradewegs ins offene Maul liefe, über Klippen stürzen, in Flüssen ertrinken oder ohne Angst vorm Menschen in manchen Gegenden dieser Welt sofort erschossen werden könnte. Nein, um mit heiler Haut durchs Leben zu kommen, brauchen junge Wölfe (und somit auch junge Hunde als ihre engen Verwandten) die Fähigkeit, Angst- und Neugiergefühle auszupendeln und anhand ihrer ständig wachsenden Erfahrungen zu lernen, was nun eigentlich wirklich lebensbedrohlich gefährlich ist und was nicht. Ein normales Verhalten ist anfangs etwa die Weigerung des Welpen, das Haus zum Spazieren gehen zu verlassen. Jungwölfe würden sich in einem Alter von acht oder zehn Wochen niemals so weit von ihrer Höhle entfernen, wie es Hundewelpen von Beginn an im neuen Zuhause abverlangt wird.

Den kleinen Hovawart einige Meter auf den Arm zu nehmen oder erst ein Stück mit ihm Auto zu fahren, wirkt seiner Unsicherheit entgegen. Ist die Bindung zu einer Bezugsperson noch zu schwach, kann es passieren, dass der Welpe sich unterwegs einfach umdreht und mit fliegenden Behängen nach Hause (oder zum PKW) läuft – so geschehen mit unserem schwarzmarkenen Rüden, der meinem Mann auf dem ersten Welpenspaziergang entwischte und plötzlich fiepend vor unserer Haustür saß.

Selbstständige Überwindung ermöglichen

Bei eventuellen Angstreaktionen vor bestimmten Dingen sollte der Zweibeiner keinen Schrecken bekommen, sondern sich überlegen, wie der junge Hovawart pädagogisch klug mit der Angstquelle vertraut gemacht werden könnte. Ganz falsch wäre das Trösten mit süßlicher Stimme – erinnert sei an die unbekannte Situation im Auto bei seiner Abholung! Egal, ob er sich ängstlich duckt wegen eines lauten Überschallknalls am Himmel, ob ihn der Staubsauger beeindruckt, eine Mülltonne oder ein monströser Schneemann: Die Schreckreaktion wird von mir ignoriert, ich gehe ruhig und gelassen weiter oder (wenn möglich) alleine auf das Schreckgespenst zu, aber ich zwinge meinen Welpen nicht, sich das harmlose Ding aus der Nähe anzusehen. Statt dessen werden der beängstigende Schneemann oder der mysteriöse, anfangs abgeschaltete Staubsauger mit Fünf-Sterne-Leckerchen (etwa frischen Pansenstückchen) belegt. Nun hantiere ich in der Hocke, vom Hund abgewandt, neugierig und konzentriert an diesem ganz harmlosen Etwas herum. Mit den freundlich, aber keineswegs streng gesprochenen Worten »Schau mal!« mache ich nun wie nebenbei den Welpen auf die Häppchen aufmerksam. Seiner Hin- und Hergerissenheit darf keine Beachtung geschenkt werden, denn sonst würde er unbewusst in seiner Unsicherheit bestärkt. Auch gut gemeinter Zwang ist absolut schädlich, um einen gerade verschüchtert reagierenden Hovawartwelpen eines Besseren belehren zu wollen. Und wieder geht der Blick zurück in den Welpenauslauf mit all den neuen, anfangs bedrohlich wirkenden Spielgegenständen: Nur, wenn der Hovawart lernt, seine Angst *selbstständig* zu überwinden, wächst er an diesem Erfolg und traut Ihrer Beurteilung: »Das Ding ist harmlos!« Beim nächsten Mal wird er seine Scheu wesentlich schneller ablegen und bereit sein, z. B. auch das grüne Ungeheuer aus der Familie der Restmülltonnen als ungefährlich zu entlarven.

Überbegeisterte Menschen bremsen

Als angsteinflößend werden unterwegs nicht nur merkwürdige Vogelscheuchen, Wegweiser, Jägerhochsitze, Kirchturmglocken, Baustellenlärm oder Kirmesumzüge mit ihren Pauken und Trompeten empfunden. Junge Hovawarte können trotz bester Aufzucht und optimaler Frühprägung anfangs eine ausgesprochene Scheu vor fremden, meistens hundeunerfahrenen Menschen entwickeln, die zu schnell oder fordernd auf sie zugehen und sie unbedingt (und sei es mit sanfter Gewalt) streicheln oder gar auf den Arm nehmen wollen. In dieser labilen Entwicklungsphase können sich solche Erlebnisse auf lange Zeit, wenn nicht auf Dauer, einprägen und noch Jahre später Probleme bereiten. Meistens heißt es dann, der Hund habe Angst vor Kindern mit Schulranzen, Männern mit Hut, Bartträgern, älteren Damen mit Einkaufswagen oder ähnlich scharf eingrenzbaren Personengruppen.

Wir Welpenbesitzer müssen also einerseits Konfrontationen zulassen und sogar für sie sorgen, was immer mit einem gewissen Risiko für den Hund behaftet ist. Anderseits sollte der junge, pelzige Rohdiamant aber auch vor überbegeisterten Zeitgenossen geschützt werden, die ihm einen nachhaltigen Schrecken einflößen könnten.

Ich wache aufmerksam über spontane Zugriffe fremder Personen (aber auch entzückter Verwandter!) in diesem zarten Alter des Welpen, verbitte mir notfalls zärtlich gemeintes, aber rabiat ausgeführtes Anfassen und erkläre die Situation aus der Sicht meines jungen Hundes. Als wir vor vielen Jahren mit unserer Hovawarthündin Asla im zarten Alter von 16 Wochen den ersten Erlebnisspaziergang durch die Fußgängerzone unserer Stadt machten, rannte plötzlich ein etwa vier Jahre alter Junge hin-

Der Mini-Hovawart muss wie im Welpenrudel erfahren, dass sich Unsicherheit überwinden lässt. Anfangs können vertraute Menschenfüße wie ein sicherer Hafen wirken. Gar kein Problem, er darf nur nicht gedrängt werden: Gleich aber siegt die Neugier!

Wer könnte da dem Trieb zum Knuddeln widerstehen? Trotzdem müssen über alle Maßen begeisterte Menschen gebremst werden, wenn sie zu impulsiv auf den Welpen zugehen wollen. Besser wäre es, der Plüschbär käme von alleine auf sie zu!

ter unserem angeleinten Welpen her und klatschte der in diesem Alter wie ein süßer Teddybär aussehenden Blondine laut kreischend vor Begeisterung die Hände auf den Rücken: Der Hund erschrak zutiefst und hatte jahrelang eine gewisse Scheu vor Kindern, obwohl unser junger Hovawart während seiner Aufzucht viel Kontakt mit den Enkeln der Züchter gehabt hatte. Ich legte in der Folgezeit meinen Weg so oft es ging an der örtlichen Grundschule vorbei und setzte mich mit der Hündin zu Füßen (ohne sie zu trösten oder beruhigende Worte zu verlieren) auf eine Bank vor dem Schulhof. In den großen Pausen wurde der Welpe in sicherer Entfernung an das schrille Kreischen und Lachen ausgelassen tobender Kinder gewöhnt. Außerdem organisierte ich viele Kontakte zu hundeverständigen Kindern, damit sich unser verunsicherter Hovawart von deren Ungefährlichkeit überzeugen konnte. Dennoch brauchte es seine Zeit, bis dieser tiefsitzende Schreck verdaut und überwunden war. Heute wüsste ich es besser und würde besonders in belebten Straßen wachsam schauen, ob sich jemand voller Begeisterung auf unseren Welpen stürzen will.

Eine Welpenbesitzerin berichtete mir vor kurzem von einem auffälligen Fremdeln ihrer ebenfalls blonden Hündin Menschen gegenüber. Die junge Frau hatte ihren jungen Hovawart kurz vor Weihnachten übernommen und die begeisterte Verwandtschaft ließ es sich nicht nehmen, beim Festbesuch das neue Familienmitglied mit großem Hallo Willkommen zu heißen. Anstatt munter auf die Fremden zuzugehen, fühlte sich die Kleine jedoch stark bedrängt und reagierte zum Leidwesen ihrer Halterin in den folgenden zwei Wochen auch auf andere Unbekannte mit scheuer Zurückhaltung. Zwar legte sie die Verunsicherung durch gezieltes Anti-Angst-Training mehr und mehr ab, aber ihre Besitzerin räumte unumwunden ein, ihrem jungen Hovawart den adventlichen Besucherstrom zugemutet zu haben, sei ein großer Fehler gewesen. Hat der junge Hovawart selbst Gelegenheit zur freiwilligen Kontaktaufnahme, ist alles klar, dann kann er auch etwas derber geherzt werden. Nicht aber, wenn er etwa an der Leine schon selbst drei Schritte rückwärts macht und zappelt wie ein Fisch an der Angel, weil sich ein (aus seiner Sicht) unbekannter Riese seinem Gesicht nähert.

Noch unangenehmer sind natürlich unfreundliche Fremde, vor denen die Angst des Welpen wirklich begründet ist. Doch diese trifft man zum Glück mit seinem plüschigen Hovawartteddybären so selten, dass dieser Fall hier nicht weiter behandelt zu werden braucht.

Fremdeln abbauen

Ist das Kind erst in den Brunnen gefallen, dürfen dem Hund keineswegs Fremdpersonen vorenthalten werden, um seine Nerven zu schonen, im Gegenteil: Jetzt ist für eine kurze Zeit täglich stundenlanger Besuch angesagt! Aber dieser muss wirklich handverlesen sein: Gäste werden extra für den Welpen eingeladen, die Zweibeiner dürfen nur aus verständnisvollen, hundefreundlichen und möglichst -erfahrenen Menschen bestehen – und beachten unseren Welpen überhaupt nicht! Nicht nur bei der Begrüßung ist der unsichere Hund Luft für den Gast, sondern auch während des ganzen Aufenthaltes. Niemals drehe sich der menschliche Konfliktherd direkt zum Welpen, denn dieser würde die nett gemeinte Zuwendung als Bedrohung empfinden. Dies ist angesichts eines niedlichen Hovawartkindes eine sehr, sehr schwierig einzuhaltende Forderung, ich weiß.

Besucher müssen wissen, dass hier die weitere Wesensentwicklung des Hundes auf dem Spiel steht, zu deren Gelingen sie beitragen sollen, und dass Sie auf deren eiserne Disziplin zählen! Der Gast wird mit rohen Pansenstückchen oder Käsewürfeln ausgestattet. Diese lässt er einzeln, während eines gemütlichen Plauschs über Gott und die Welt, scheinbar belanglos (vom Hund abgewandt) in seiner Hand nach unten sinken. Hier kommt beim Welpen wieder der natürliche Wettstreit von Angst und Neugier (diesmal motiviert durch die Fresslust) zum Tragen. Die Regel lautet abermals: *Der unsichere Hund erobert die Angstquelle, niemals umgekehrt.*

Bei anfangs zaghaften und später mutigeren Kontaktversuchen kann der junge Entdecker per ruhiger Stimme gelobt werden. Die ganze Situation soll eine selbstverständliche, aber keine künstlich inszenierte Stimmung vermitteln. Praktiziert habe ich diese Kaffeegast-Kur tagelang mit unserer schwarzmarkenen Hündin, damals zehn Wochen alt, die von ihren Züchtern übrigens liebevoll aufgezogen und bestens geprägt worden war. Dennoch verunsicherten sie die begeisterten, sie zu sehr bedrängenden Nachbarn zutiefst. Täglich gab es etwas größere Fortschritte in der freiwilligen Kontaktaufnahme zu Fremden. Am achten Tag rollte der erst so scheue Welpe mit seinem Pansenspezialgast ausgelassen spielend über den Boden und das Eis war endgültig gebrochen. Aus der anfangs zurückhaltenden Hündin wurde ein begeisterter Menschenfan und die Helfer von damals können das Resultat der Desensibilisierung kaum glauben. Liegt die Angst in bestimmten Accessoires begründet, können Menschen zu Übungszwecken (auch im Wohnzimmer!) je nachdem mit Mützen, Hüten, Wanderstöcken, Einkaufstrollis, Regencapes oder Ähnlichem ausgestattet werden, um den Welpen behutsam, aber immer passiv von deren Ungefährlichkeit zu überzeugen.

Zeigt der Welpe Angst vor fremden Menschen, sind disziplinierte Hundefans zum Angstabbau nötig. Der Welpe darf bei den Besuchen anfangs nicht von ihnen beachtet werden. Diese Geste wäre für einen unsicheren Welpen bereits bedrohlich.

Angst vor ungewohntem Untergrund

In ganz ähnlicher Weise können auch andere Angstreaktionen bearbeitet und abgebaut werden. Hat der junge Hund zum Beispiel Panik, eine glatte Marmorfläche im Flur zu überqueren (möglicherweise ist er dort schon einmal, von Ihnen unbemerkt, ausgerutscht und hat sich weh getan), kampieren Sie in der Diele und ernennen diese wenigen Quadratmeter Ihres Hauses zu Ihrem neuen Lieblingsplatz. Jede Form von Zwang wäre schädlich, denn Sie würden damit nur die Angst Ihres jungen Hovawarts verstärken und die erst zarten Vertrauensbande stark belasten. In den nächsten Tagen sollte die Familie bevorzugt dort Zeitung lesen, Radio hören, essen und telefonieren. Die Welpenmahlzeiten gibt es im Flur. Man zitiert den Welpe keineswegs auf die Fläche: Er muss von alleine kommen, seine anfängliche Scheu wird völlig ignoriert. Nur Geduld! Wortlos ausgelegte Fleischwurstwürfel auf der einst gefürchteten Marmorfläche machen die glänzende Fläche irgendwann unwiderstehlich. Es gibt im Moment für die Zweibeiner keinen schöneren Ort auf der Welt als diesen herrlichen Marmorflur! Auch in solchen Situationen treten Welpenbesitzer wieder in die Pfotenstapfen der Hovawartmutter, die ihren Welpen Ruhe und Gelassenheit vorlebte und zum guten Vorbild wurde. Stimmungsübertragungen wie diese sind ein in der Hundeerziehung noch viel zu wenig beachtetes Phänomen: Gefühlslagen, negative und positive, sind im Rudel nämlich hochgradig ansteckend und können beim Umgang mit dem feinfühligen Hovawart ganz gezielt herbeigeführt und geschickt genutzt werden.

Probleme beim Autofahren

Hat der junge Hovawart Angst vorm Autofahren (weil ihm z. B. während der Abholungsfahrt übel wurde), was er durch Winseln, Hecheln, Rute einklemmen und Speicheln kundtun kann, wird das Kombiheck zum Erlebnisfeld: Die spannendsten Spiele finden nun im PKW statt, es gibt Leckerchenfährten unter Bettlaken im Kombiheck und der nächste Mittagsschlaf wird eingekringelt im Schlafsack neben dem Welpen auf der Transportfläche gehalten. Die nächsten Mahlzeiten nimmt der Welpe im geparkten Auto ein. Es geht wie bei der Angst vor Fremden und glatten Flächen darum, eine erst als bedrohlich empfundene Situation gefühlsmäßig umzudrehen und die stark negativen Verknüpfungen durch noch stärkere angenehme zu überlagern. Solche auf den ersten Blick etwas verrückt erscheinenden Korrekturmaßnahmen räumen nicht nur das Verhaltensproblem in seinen Anfängen aus der Welt, sondern sie haben auch einen wertvollen Nebeneffekt: Sie steigen in den Augen Ihres erfolgreich umgestimmten Junghundes zum souveränen Rudelchef auf, der wirklich jeder Situation gewachsen ist und ihm Sicherheit und Geborgenheit (ob allein oder mit »Vorbildhund«) vermitteln kann. So einem fantastischen Anführer folgt er gerne! Auch die Mitnahme eines netten autosicheren Hundes kann den jungen Autoskeptiker möglicherweise entspannen. Gefahren werden nur kurze Strecken mit dem Welpen (der vorher nicht gefressen haben darf), an deren Ende immer eine Annehmlichkeit steht: Er trifft einen freundlichen Spielkameraden, eine geliebte Bezugsperson, darf sich auf besondere Aktivitäten freuen oder bekommt nach dem Aussteigen ein neues Spielzeug. Ganz besonders wichtig, ja manchmal auch lebensrettend, ist das Üben des Aussteigens erst auf Kommando. Egal, ob die Kombiheckklappe aufgeht oder die Seitentür: Der junge Hovawart darf das Auto niemals verlassen, ohne dafür das Okay bekommen zu haben. Anfangs muss er sogar so lange warten, bis er hinausgehoben wird. Ich öffne die Tür erst nur einen Spalt, lasse den Welpen sitzen und sage dabei mit langgezogener Stimme »Bleiiib!«, während ich ihn zur Sicherheit locker am Halsband festhalte und anleine. Dann nehme ich ihn auf den Arm und lobe ihn liebevoll, aber nicht zu begeistert, denn das könnte ihn zum wilden Zappeln verleiten. Motivierende Worte wecken die Vorfreude auf den Autoausflug. Bei unseren Hovawarten reicht schon das fragend gesprochene »Wollen …?« aus, um sie wedelnd in Richtung Tür laufen zu lassen. Das »… wir Auto fahren?« können wir uns längst sparen.

Welpenspielstunden besuchen

Der Rudelführer hat auch die wichtige Aufgabe, aus seinem neuen Hovawartwelpen ein gut sozialisiertes Mitglied der Hundegesellschaft zu machen. Der Grundstein wurde im Welpenrudel, von der Mutterhündin und eventuellen Besuchshunden beim Züchter und vielleicht zusätzlich mithilfe des Ersthundes gelegt, aber das reicht keineswegs aus. Dem Welpen fehlen die wilden Trainingseinheiten des angemessenen Hundebenehmens mit seinen Geschwistern, die kurz vor der Übergabe einen wesentlichen Teil seiner Tagesbeschäftigung ausgemacht haben. Er muss sich ganz dringend weiter mit anderen Artgenossen

Welpenspielstunden sind wichtige Gelegenheiten, um das Sozialverhalten der jungen Hovawarte nach dem Herausreißen aus dem Geschwisterverband mit etwa Gleichaltrigen weiter zu trainieren. Was die Welpen jetzt einüben, bildet die Verhaltensbasis für alle weiteren Hundebegegnungen: Die in der Prägungszeit gemachten Erfahrungen vergleichen sie ein Leben lang mit allem, was sie später erleben.

auseinander zu setzen lernen – und zwar jetzt auch mit Vertretern anderer Rassen und Mischlingshunden ähnlichen Alters, ähnlichen körperlichen Reifestadiums und ähnlichen Temperaments, um sein Wissen und seine Erfahrungen mit ganz unterschiedlichen Hunden immer mehr zu vervollständigen.

In nahezu jeder größeren Gemeinde oder Stadt gibt es mittlerweile so genannte Welpenprägungsspieltage oder Welpenspielstunden, die von Hundeschulen, Hundesportvereinen oder privaten Ausbildern durchgeführt werden. Auch die Hovawartvereine (etwa der RZV) veranstalten zum Teil Welpenspielstunden.

Hier treffen sich ein- bis zweimal pro Woche Hundebesitzer mit ihren etwa gleichaltrigen Welpen und Junghunden zum angeleiteten Spiel und ersten Erziehungsübungen. Für die weitere Wesensentwicklung eines jungen Hundes sind solche Einrichtungen ein Segen. Sie dienen dazu, einer lebenslänglichen Unsicherheit des Hovawarts bis hin zur Unverträglichkeit bei der Begegnung mit Artgenossen vorzubeugen.

Mal bekommt die Beute der eine, mal der andere. Das Auseinandersetzen mit dem Gegenüber muss auf jeden Fall auch nach der Übergabe weiter gehen, um eine gründliche Sozialisation auf Artgenossen zu garantieren.

Spielstundenteilnahme früh organisieren

Niemals mehr als in diesem frühen Lebensalter wird der kleine Hovawart besser und schneller lernen. Die so wichtige Sozialisierungsphase darf nicht ungenutzt verstreichen. Doch wann sollten Welpen zu einer solchen Spiel- oder Prägungsgruppe stoßen? Ein Aspekt ist der direkt nach der Übernahme vermutlich noch nicht aufgefrischte Impfschutz. Kam der Tierarzt in der 8. Lebenswoche der Welpen zum Züchter und impfte gegen die wichtigsten Infektionskrankheiten, lässt der Impfschutz nun wieder langsam nach: In der 12. und nach Expertenansicht idealerweise nochmals in der 15. Lebenswoche muss nachgeimpft und der Schutz aufgefrischt werden. Günstig ist es, zum ersten Termin einer Welpenspielgruppe zu gehen, wenn sich der Welpe vorher etwa eine Woche lang in seinem neuen Umfeld einleben konnte. Sprechen Sie diesen Punkt schon vor der Übernahme des Welpen mit dem Tierarzt ab, der Ihnen sagen kann, wie hoch das Infektionsrisiko etwa durch Parvovirose in Ihrer Gegend ist. Viele Verhaltensexperten meinen allerdings, es würden weit weniger Hunde durch Infektionskrankheiten umkommen als später durch die Einschläferungsspritze eines Tierarztes, weil sie infolge mangelnder Sozialisation massive Verhaltensstörungen entwickelten!

Anfängliche Vorsicht akzeptieren

Beim ersten Treffen mit der Welpengruppe gehören junge Hovawarte meistens nicht zu jenen, die sich sofort begeistert in die wuselnde Menge werfen. Selbst wenn er im Welpenrudel oder zu Hause mit dem Ersthund wie wild tobte: Ihr Welpe könnte durchaus die erste Stunde im »Kindergarten« unter Ihrer Bank sitzend verbringen. Möglicherweise traut er sich eher den Kontakt zu umstehenden Welpenbesitzern als zu deren vielleicht schon länger integrierten kleinen Haudegen zu. Wichtig ist die richtige Anleitung durch den Spielgruppenleiter, denn wieder darf auch diese natürliche Angst nicht durch Trost, Ungeduld oder gar Verärgerung über den scheinbaren kleinen Feigling verstärkt werden. Beim nächsten Mal traut sich auch das Hovawartkind schon viel mehr. Dann sitzen andere, die nun zum ersten Mal dort sind, ihren Begleitpersonen schüchtern auf den Füßen und schauen sich das wilde Treiben erst einmal aus der sicheren Entfernung an! Scheint sich die Zurückhaltung des Welpen nicht von alleine zu legen, sollten ihm anfangs separat besonders sanfte oder jüngere Welpen zum Spielen angeboten werden, um sein Selbstbewusstsein zu unterstützen und ihn zu entspannen. Nicht das schüchterne Verhalten des Welpen nervt in solchen Situationen, sondern die Kommentare und Lockversuche uneingeweihter Zweibeiner, die über den zurückhaltenden Hund den Kopf schütteln und am liebsten zu seinem Glück, nämlich dem ihrer Ansicht nach mutigen Mitmachen, nötigen wollen. Hovawartbesitzer sollten sich rechtzeitig ein ebenso dickes Fell zulegen, wie es der eigene Hund aufweisen kann, und sich nicht scheuen, die Hand schützend über ihn zu halten.

Auch bei der ersten Welpenspielstunde ist der junge Hovawart selten einer, der sich sofort mutig ins Getümmel werfen würde. Erst mal schauen und langsam mit der Situation vertraut werden, denn Vorsicht ist die Mutter der Porzellankiste!

Um ein intaktes Sozialverhalten zu entwickeln, muss der Welpe auch Bekanntschaft mit älteren Hunden schließen. Es dürfen aber nur sozial verträgliche Vierbeiner sein, denn negative Erfahrungen prägen sich jetzt genauso fest ein wie gute.

Zeitlich begrenzter Welpenkindergarten

Und wie lange sollte der junge Hovawart dort teilnehmen? Normalerweise sprechen wir nur bis zur 16. Lebenswoche von einem Welpen. Je nach Entwicklungsgeschwindigkeit haben Sie ab spätestens der 18. Woche einen Junghund, der nun in eine entsprechend reifere Gruppe überwechseln könnte. Hier werden die Erziehungsanforderungen altersgerecht schon etwas erhöht, aber dem Spiel und der Kommunikation mit anderen Hunden und Menschen kommt noch immer eine große Bedeutung zu. Gratulation, falls sich Ihnen die Gelegenheit zur Teilnahme bietet: Das intensive Üben unter Ablenkung tut Ihrem Hovawart nicht nur gut, sondern auch Ihrer Beziehung zu ihm. Außerdem werden Sie dadurch zu Hause als robuster Spielpartner entlastet: Der Kleine muss alle aufregenden Erlebnisse verarbeiten und ist zumindest am nächsten Morgen nach dem Treffen vorübergehend müder, ausgeglichener und weniger wild als ohne diese Möglichkeit, sich richtig auszutoben.

Älteren Hunden begegnen

Doch nicht nur die Auseinandersetzung mit Gleichaltrigen ist in diesem Lebensalter dringend geboten, sondern auch der Umgang mit gut sozialisierten (!) erwachsenen Hunden verschiedener Schulterhöhen, Felltypen, Farben und Rassen. In gute Welpengruppen werden solche gelassenen Gemütshunde integriert, um den Jungen zu wichtigen Erfahrungen zu verhelfen. Übergroße Ängstlichkeit ist nicht angebracht, was das Treffen von älteren Hunden auch außerhalb des Hundeplatzes angeht: Der Welpe ist ja auch diesbezüglich nicht ohne Kenntnisse, denn zumindest seine Mutter war ja immer um ihn herum in den ersten Lebenswochen. Wenn sich der pelzige kleine Held plötzlich in einen auf dem Rücken liegenden Schüchternen verwandelt, weil etwa ein selbstsicherer Altrüde auf ihn zukommt, ist das keineswegs peinlich: So besteht die Gewissheit, dass er gut gerüstet ist für das weitere Zusammentreffen mit Artgenossen. Er hat nämlich schon verstanden, dass der personifizierten Überlegenheit auf vier Pfoten Respekt zu zollen ist und weiß dies angemessen zu zeigen. Eindeutiges Ausdrucksverhalten lässt Missverständnisse zwischen Ranghöherem und Rangniederem erst gar nicht aufkommen. Vor dem Ableinen sollte allerdings nachgefragt werden, ob es sich beim Gegenüber wirklich um einen friedfertigen Artgenossen handelt, denn traumatische Prägungsdramen müssen unbedingt vermieden werden.

Überreizung vermeiden

Vielleicht waren Sie selten selbst so viel unterwegs wie in diesen ersten Welpenwochen und Junghundmonaten. Jetzt saugt Ihr pelziger Begleiter alle Eindrücke förmlich in sich auf und führt die Verschaltung von Neuronen (Hirnzellen) in seinem noch längst nicht fertig entwickelten Gehirn immer weiter. Sein Weltbild prägt sich ihm jetzt regelrecht ein: Mit den in diesen Wochen gemachten Erfahrungen wird er alles vergleichen, was ihm im Laufe seines Lebens noch passieren und begegnen wird! Obwohl er jetzt wirklich viel geboten bekommen sollte, darf das Pensum dennoch nicht überzogen werden. Der Welpe ist ja noch ein Hundekind, das auch genügend Zeit braucht, um sich zu erholen, zu schlafen und alles zu verarbeiten. Es wäre deshalb falsch, von einem Erlebnis zum nächsten zu hetzen, ohne ihm Zeit zum assoziativen Einordnen zu zugestehen.

Was diese junge Hündin wohl im Schlaf zu verarbeiten hat? So wichtig das Sammeln vielfältiger Erfahrungen in diesem Alter auch ist: Das zumutbare Pensum an buchstäblich reizvollen Erlebnissen darf nicht überschritten werden.

Manche Ausflüge werden vielleicht auch zusammen mit seiner Welpengruppe unternommen. Beliebt sind etwa gemeinsame Ausflüge zum Bahnhof oder in die Fußgängerzone. Die Spielgruppenleiter werden die Teilnehmer vorher instruieren und sie auf mögliche Konfliktreaktionen ihrer Welpen aufmerksam machen, auf die die Kynologen Heinz Weidt und Dina Berlowitz in ihren Veröffentlichungen immer wieder hinweisen. Sich über die Nase lecken (oft als Hunger missverstanden), Ausschachten des Penis bei den Rüden, plötzliche Kratzanfälle, abwesendes Wegschauen, Fell schütteln ohne erkennbaren Grund, auffälliges Ohrenspiel, sich strecken, häufiges Gähnen und viele weitere im Moment eigentlich unangemessene Verhaltensweisen können Hinweise darauf sein, dass der Hund gerade psychisch überfordert ist. Konfliktreaktionen können auch zur Beschwichtigung des Sozialpartners als so genannte Calming Signals eingesetzt werden und müssen immer im Zusammenhang mit der Gesamtsituation gesehen werden. Sie sind aber, wenn ein Vierbeiner sie häufig und intensiv zeigt, ein deutlicher Indikator für Stress und werden von Weidt und Berlowitz daher als Frühwarnsystem für die Entwicklung eventueller Verhaltensstörungen bezeichnet.

Beobachtete, anhaltende Konfliktreaktionen dienen auch im Alltag als Warnhinweise auf eine eventuell instabile Gemütslage des Hovawarts. Auf die richtige und schonende Dosierung von Erlebnissen kommt es an, um seine Wesensentwicklung wirklich zu fördern und nicht im Gegenteil späteres Problemverhalten zu bewirken. Milder Stress ist zwar zur Überwindung der Angst und zum Lernen am Erfolg nötig, Konflikte durch Überforderung jeglicher Art müssen Welpen aber erspart bleiben! Nach einem sehr turbulenten Erlebnistag sollte deshalb immer einer der relativen Ruhe folgen, damit sich die noch nicht sehr leistungsfähigen Batterien des jungen Hundes wieder aufladen können. So bekommt er Energie für die nächsten aufregenden Abenteuer, die schon bald wieder rufen. Und schließlich haben Sie vielleicht auch mal einen Ruhetag mit intensivem häuslichem Schmusen und Toben nötig, wenn Sie mit Ihrem Hund bisher schon viel auf Achse waren. Konfliktreaktionen gibt es nämlich nicht nur bei Vierbeinern.

Die Grunderziehung des Welpen

Den Hovawarteltern nacheifern

Die Wolfs- und Hundeexperten Karin und Günther Bloch fanden bei ihrer Beobachtung von kanadischen Wolfsrudeln heraus, dass es unter frei lebenden (!) Wölfen keineswegs eine strenge Hackordnung vom Alpha- über das Beta- bis zum Omegatier wie bei erwachsenen Gehegewölfen gibt, die sich auf engstem Raum arrangieren müssen. In freier Wildbahn haben oft zwei oder drei Weibchen Nachwuchs, keineswegs ausschließlich die Alphawölfin. Die Aufzucht erfolgt gemeinsam. Abwanderungen gibt es, wenn die heranwachsenden Niederrangigen etwa ein bis zwei Jahre alt sind, andernorts Paarungspartner finden und im neu entstehenden Rudel selbst zu Anführern werden. Freilandrudel bestehen vorwiegend aus Jungwölfen bis zu deren Selbstständigkeit, die von erfahrenen Elterntieren geführt werden. Wolfseltern sind über ihren Nachwuchs quasi automatisch dominant, ohne dass es zu Auseinandersetzungen käme. In der modernen Feldforschung wird deshalb nicht mehr vom Alphakonzept, sondern nur noch vom Eltern-Nachwuchs-Dominanz-System gesprochen.

Praktisch in der Elternrolle haben wir Zweibeiner in der Mensch-Hovawart-Gruppe ganz klare Vorrechte, auf denen wir stur beharren und sie durchsetzen sollten. Kurz gesagt: Wir agieren, der Hovawart reagiert. Wir hemmen und initiieren Aktivitäten und Sozialkontakte – jedenfalls in allen entscheidenden Momenten. Auch die Hundemutter gestand den Welpen mal Kompromisse zu und war großzügig, indem sie etwa die älteren Welpen wild auf ihrem Rücken spielen ließ. Wenn ihr nicht danach war, machte sie dies aber sofort unmissverständlich mit hochgezogenen Lefzen, dumpfem Knurren oder sogar einem verletzungsfreien Biss über den Fang deutlich.

Kommt ein neuer Welpe ins Haus, nehme ich bewusst begehrte Plätze ein, die Symbolcharakter haben, strategisch günstig liegen und damit »Elternsache« sind: Ich setze mich Zeitung lesend alle paar Tage fünf Minuten auf die Hundedecke und auf einen erhöhten Treppenabsatz vor der Eingangstür, »wache« einige Minuten an der Balkontür und schaue konzentriert hinaus. Ich mache mich manchmal richtig dick und breit, blockiere so für einen Moment absichtlich den Zugang zum Futterplatz und gehe dann wieder zur Tagesordnung über. Ich verlange, dass der Welpe hin und wieder aufsteht, wenn er irgendwo liegt, ansonsten steige ich dominant mitten über ihn hinweg. Ich räume meinerseits nicht den Platz, wenn er vorbei möchte. Beim Essen wird der wehmütig zuschauende Welpe völlig ignoriert. Einem sehr fordernden Hovawart bereite ich das Futter erst zu, wenn die Menschen satt sind und ihr Essen abgeräumt haben. Quengeln, springen, bellen, winseln oder gar mit der Pfote an meinem Bein kratzen, damit ich mich bei der Futterzubereitung beeile, wird von mir stur übersehen bzw. überhört und führt dazu, dass das Fertigwerden der Mahlzeit komischerweise noch länger dauert. So lernt der Welpe, dass nur geduldiges Warten zum baldigen Fressen führt. Bevor er das Futter bekommt, muss er eine kurze Übung machen, die etwa aus den Teilen »Sitz!«, »Brav!« und »Lauf« besteht. Ich setze mich mitten auf die Schwelle zur offenen Speisekammertür, in der das Hundefutter lagert, und verwehre dem neugierigen Welpen strikt (»Nein!«), aber ruhig und gelassen den Zugang. Besondere Köstlichkeiten wie einen Rinderknochen darf der Welpe nur beknabbern, während ich sie in der Hand halte. Wie Mutter Hovawart bringe ich die Beute wieder in Sicherheit, wenn mir danach ist. Natürlich geht es oft auch sehr ausgelassen, liebevoll und lustig zu, aber ich setze in entscheidenden Momenten mit Symbolcharakter wie ein leiblicher Elternteil durch, dass sich mein Welpe seinem Status entsprechend verhält und meinen hohen Rang respektiert.

Die hierarchische Rudelstruktur beachten

Trotz wertvoller Inhalte der modernen Hundeausbildung, die auf Motivation und positiver Verstärkung durch Leckerchen und Spiel beruhen, dürfen gewisse Grundsätze einer hierarchischen Rudelstruktur beim Umgang mit dem Hovawart also nicht außer Acht gelassen werden. Es geht dabei um Reaktionen bei problematischen Verhaltensstrategien im Frühstadium, etwa, wenn Ihr Junghund selbstbewusst knurrend sein Welpenfutter gegen Sie verteidigen sollte. Falls Sie davon ausgehen, dass Ihr Verhältnis zum Hund auch in solchen Konfliktsituation absolut gleichberechtigt, partnerschaftlich, demokratisch und antiautoritär sein sollte, sind Sie – Verzeihung! – ebenso auf dem Holzweg wie die altvorderen Hardliner. Ihr Scheitern wäre vorprogrammiert und würde, leider, irgendwann Ihrem Hovawart angekreidet werden. Doch der suchte einfach nur seit früher Kindheit nach einem Anführer, dem er sich vertrauens-

voll anschließen wollte und stellte Ihre Laisser-faire-Haltung in entscheidenden Momenten eines Tages offen infrage.
Nicht, dass hier ein falscher Eindruck entsteht: Einen Hovawart von Welpenbeinen an äußerst zwang*arm* und über sehr viel Bestätigung und zum richtigen Zeitpunkt verteiltes Lob zu erziehen, ist absolut richtig und wichtig. Die neuen, fortschrittlichen Erziehungsmethoden sollten unbedingt zum Allgemeingut von Hundehaltern in Erziehung und Ausbildung werden! Sie dürfen jedoch nicht als Freifahrtschein für alles, was sich der Hund auf der Suche nach Grenzen herausnimmt, missverstanden werden. Tabus sind *unabdingbar*! Sich in bestimmten Momenten gegenüber seinem heranwachsenden, selbstbewussten Hovawart durchzusetzen und ihn in seine Schranken zu weisen, kann durchaus auch wohl dosierten Zwang nötig machen. Die modern arbeitenden Hundeausbilder verhehlen keineswegs, dass körperliche Einwirkungen in einigen wenigen Situationen durchaus akut nötig werden *können* – richtiges Reagieren (etwa beim beherzten Griff über den Fang) verlangt allerdings Hundebesitzer mit Selbstvertrauen, gutem Timing und entsprechendem Geschick.

Mit Bedacht reagieren

Hovawarte sind nicht so leichtführig wie Golden Retriever, mit denen Blonde leider oft in einen Topf geworfen werden. Wenn Sie sich verdeutlichen, wie schnell Hunde am Erfolg einer Handlung lernen und wie fein differenziert sie miteinander umgehen, um Eskalationen zu vermeiden, ist stärkerer Druck bei ihrer Erziehung meistens trotzdem leicht vermeidbar. Bei vertrauensvoller Bindung reicht ein strenges, tief und leicht drohend gesprochenes »Nein!« und ein sofortiges Belohnen einer erwünschten Verhaltenssequenz in 95 Prozent aller Fälle völlig aus, um einem nach Orientierung suchenden Jung-Hovawart die gewünschte Richtung vorzugeben.
Was für milde Möglichkeiten gibt es, um seinem Hund vorsorglich die eigene Überlegenheit zu demonstrieren? Das Ignorieren von Ungehorsam mit zusammengebissenen Zähnen, wenn die Chancen zum Korrigieren gering sind, gehört ebenso dazu, wie das gezielte, für unbeteiligte Passanten über alle Maßen lustig wirkende Ablenken von verführerischen Gehorsamsfallen, wenn Sie wissen, dass Sie nicht erfolgreich einschreiten könnten. Wichtig ist, die genauen Abstufungen aller Reaktionsalternativen abzuwägen und niemals wie ein wütender Despot mit Strafmaßnahmen nur so um sich zu werfen. Zweibeinige Diktatoren werden von Hunden nicht als starke Leitfiguren anerkannt; sie verbreiten vielmehr Angst und Schrecken, und das ist eine sehr schlechte Basis für eine harmonische Beziehung, nicht nur zwischen Mensch und Hovawart!
Ein wahrer Rudelführer hat hartes Einschreiten nur äußerst selten nötig und verhält sich in der Rolle des elterlichen Alttieres meistens überlegen, souverän, ja, hoheitsvoll gelassen. Immer wieder würde bei aufmüpfigem Junghundeverhalten jetzt auch der Hovawartvater entsprechend einschreiten und für Disziplin sorgen. Wenn Sie sich jedoch Ihrem manchmal über die Stränge schlagenden Mini-Hovawart gegenüber in Schlüsselsituationen mit Symbolwert nicht durchsetzen und nicht für die Einhaltung einiger strenger Regeln sorgen, schmilzt der Respekt in Ihre fürsorgliche, aber willensstarke Führerschaft wie Butter in der Sonne.
Doch nicht nur das: Ein Hovawart, der alles darf, wird tief verunsichert und weiß nie, woran er ist bei dem, der angeblich seine Meute anführt. Aber wenn einmal »Machtworte« gesprochen werden müssen, dann setzt der Rudelchef sie allerdings genau auf den Punkt ein und zwar so beherzt, dass der Gemaßregelte sie sofort und nachhaltig versteht. Doch ein über den Dingen stehender Rudelführer würde niemals mit Kanonen auf Spatzen schießen. Ob beim strengen Ton der Stimme oder bei sonstigen Interventionen: Gewählt werden darf immer nur die niedrigste nötige Dosierung. So wird vom ersten Tag des Zusammenlebens an aus dem wilden Junghund ein begeisterter Partner, der sich gut lenken lässt, aber sich nie wie ein verängstigter Untertan verhält. Hovawarte, die aus nichtigen Gründen zusammengebrüllt oder gar geschlagen werden, stumpfen dagegen innerlich ab, verlieren das Vertrauen und unterscheiden feine Nuancen der Kommunikation nicht mehr. Starke Charaktere ziehen sich in ihre Innenwelt zurück und werden entweder passiv, gehen ihre eigenen Wege (streunen) oder können aggressiv reagieren.

Eine gute Bindung herstellen

Wichtigste Voraussetzung für ein entspanntes, freudiges Miteinander ist eine vertrauensvolle Beziehung zwischen dem Hovawart und seinen Menschen. Die Bindung hat sehr viel mit Empfindungen zu tun, in der Verhaltensforschung spricht man

So süß diese Hündin auch ist: Eine tabulose, antiautoritäre Erziehung würde ihr ebenso schaden wie übertriebene Strenge. Gelungene Hovawarterziehung beinhaltet viele Freiheiten und einige ganz konsequent gesetzte Grenzen.

auch vom warmen Wir-Gefühl. Wie lässt sich diese ideale Verbundenheit herstellen? Der Weg zu ihr führt über das gemeinsame Spiel. Junge Hovawarte sind begeisterte Spielkameraden und lieben Beutespiele, leichte Leckerchenfährten, Such- und Apportieraufgaben jeder Art. Wie schon in der Hundefamilie hat aber auch der Verlauf jedes Spiels immer eine soziale Botschaft: Gewinnt ein junger Hovawart etwa immer alle Zerrspiele, weil ihm die Beute bei jeder Gelegenheit überlassen wird, könnte ihm dieser abonnierte Erfolg eventuell irgendwann zu Kopfe steigen. Beute wird ein sehr selbstbewusster Charakter ab jetzt möglicherweise als sein Privileg ansehen und verteidigen wollen. Besser ist es, wie im Welpenrudel zu variieren: Mal gewinnt er, mal der Zweibeiner. Dass er niemals siegen darf, um ihn nicht in die dominante Gewinnerrolle zu befördern, ist Unsinn, denn ein ständig verlierender Welpe hat auf dieses frustrierende Spiel bald gar keine Lust mehr und lässt sich nicht mehr motivieren. Aber die Zweibeiner beginnen häufiger das Spiel als er, gehen nicht immer auf seine Spielaufforderung ein und brechen es auch wieder ab, um ihren hohen Rang unmissverständlich zu unterstreichen. Falls mein junger Mitspieler unkonzentriert wirkt und mitten im Spiel auf ein anderes umschwenkt, bestehe ich durch einen neuen Motivationsanreiz darauf, dass die angefangene Spielaktion noch einen Moment weiter geht, bis *ich* die Sache beende. So wird die Konzentrationsfähigkeit gefördert und ich bleibe auch im lustigen Toben die Spielführerin. Leider muss einem Welpen

Hovawartwelpen, hier ein Rüde, stecken voller Energie! Auch ausgelassenes Spiel nützt dem Bindungsaufbau, wichtig ist aber, es möglichst oft zu beginnen und vor allem zu beenden. Damit erweist sich der Mensch immer als Herr der Lage.

sehr viel verboten werden. Spiel und Spaß setzen trotz solcher Regeln Gegenakzente der Entspannung, die für den Vertrauensaufbau so wichtig sind.

Aufmerksamkeit trainieren

Ganz gezielt fördere ich die Aufmerksamkeit meines Welpen und den vertrauensvollen, direkten Augenkontakt. Dabei wird er auch gleich auf seinen Namen konditioniert. Gemeint ist kein bedrohliches Anstarren, sondern das wohlwollende, entspannte Ansehen mit einem (durchaus gegenseitigen!) Lächeln. Dazu führe ich einen bestimmten, betont fragend ausgesprochenen Begriff ein, etwa »Balou? Schau!?« oder »Cleo? Guck mal!« Sieht der kleine Hovawart mich unvermittelt an, lobe ich ihn überschwänglich und gebe ihn wieder frei.
Was soll eine Übung, die keinen konkreten Gehorsamsinhalt zu haben scheint? Bei allem, was wir von unserem Hovawart in seinem Leben verlangen werden, kommt es auf das Herstellen einer guten, schnellen und unmissverständlichen Kommunikation zwischen uns und dem Hund an. Hovawarte, die eine motivierende Ansprache von klein auf kennen lernen durften, lassen sich sehr viel leichter in eine positive Lernstimmung versetzen, aber eben auch schneller ablenken oder stoppen, wenn sie eine unerwünschte Handlung vorhaben. Seine Augen sind sozusagen das Tor zur Psyche Ihres Hovawarts, das Sie immer wieder freundlich öffnen sollten, wann immer Sie Zugang zu Ihrem Hund suchen.

Hör- und Sichtzeichen festlegen

Besprechen Sie mit Ihrer Familie frühzeitig, welche Hörzeichen (also gesprochene Anweisungen) Sie alle (!) einheitlich für bestimmte Verhaltensweisen benutzen wollen. Viele unerfahrene Neuhundebesitzer verwechseln zum Beispiel »Sitz« und »Platz« oder vermengen gar beides nach dem Zufallsprinzip, was einen lernenden Hund enorm verwirren kann.
Eine hohe, quietschende Stimmlage wirkt motivierend und steht für Spaß und gute Laune. Hovawart-Halter sollten stimmlich sofort von zuckersüß auf ganz tief grollend umschalten können: Dadurch weiß der Welpe, ob er sich erwünscht verhält oder nicht. Regelmäßiges Flüstern rundet den variablen Umgang mit dem Erziehungsinstrument Stimme ab.
Werden Sie sich mit Ihrer Familie auch darüber einig, welche körpersprachlichen Sichtzeichen Sie außerdem verwenden sol-

len. Je mehr Sinne beim Lernen angesprochen werden, desto leichter vollzieht sich die Verknüpfung. Schnell wird der junge Hovawart auch auf Handzeichen reagieren, wenn er sie verinnerlicht hat. Ein erhobener Zeigefinger kann für »Sitz« stehen, ein zu Boden zeigender für »Platz«. Ein Klopfen auf die Oberschenkel oder ein Winken nach Art eines Fluglotsen wird verbunden mit dem Hörzeichen »Hier«. Gesagt wird möglichst oft, wenn der Welpe von sich aus eine Handlung wie Hinsetzen oder Hinlegen, Apportieren, Auslassen oder Herankommen zeigt, der entsprechende Begriff in freundlich auffordernder Stimme dazu: Also »Sitz!«, wenn er sich gerade hinsetzt, »Platz!«, wenn er im Begriff ist, sich irgendwo niederzulassen. »Komm!« bzw. »Hier!« bekommt der junge Hovawart automatisch zu hören, wenn er auf Sie zuläuft und »Bring's!«, sobald er etwas zu Ihnen trägt. »Aus!« ertönt, wenn er ein Bringsel aus dem Fang gibt. Sofort wird er dafür gelobt, als habe er auf die Anweisung hin gehandelt.
Ausführungen, die noch nicht ganz korrekt sind, werden einfach übersehen, denn für die Anbahnung der Feinheiten bleibt ja noch genügend Zeit. Fehler werden keineswegs bestraft. Der vermeintliche Befehl wird kurz nach der Ausführung wieder aufgehoben. Der Welpe dürfte ganz verdutzt sein: So gut fühlt es sich also an, wenn er anscheinend Ihren Aufforderungen nachkommt? Das ist ja prima! Schon wurden viele Gelegenheiten geschaffen, um den Hund zu bestärken und stolz auf ihn zu sein. Er wird immer schneller und besser Zusammenhänge zwischen seinen Handlungen und Ihren Reaktionen darauf verstehen bzw. miteinander in Beziehung setzen.

Erste Lerninhalte üben

Das Beibringen der Grundlektionen ist so wahnsinnig einfach, dass viele lernhungrige Welpen bereits das kleine Einmaleins der Erziehung mitbringen, wenn sie vom Züchter übergeben werden. Dennoch darf vom Welpen nicht zu viel verlangt werden: Er braucht *viel* Zeit, das Gelernte zu verarbeiten! Seien Sie geduldig!
Wird dem Welpen ein Leckerchen direkt über den Kopf gehalten, formt die andere Hand den erhobenen Zeigefinger und Sie sagen auffordernd (aber keineswegs streng): »Siiitz!«. Ihr pelziger Schüler wird in Windeseile sitzen und mit Stimme, Streicheln und Futter für sein braves Verhalten belohnt. Das Hinlegen üben Sie ein, wenn der Hund gerade sitzt. Nehmen Sie ein Leckerchen, führen Sie es zwischen seinen Vorderpfoten zu Boden und sagen Sie fröhlich-auffordernd »Platz!«. Ziehen Sie dabei das Futter noch etwas vor ihm über den Boden: Schon liegt der Hund wie von Zauberhand, Sie geben die Belohnung frei und stimmen eine Lobeshymne erster Güte an.
Beim »Hier« wird das so genannte Vorsitzen abgefordert, das heißt, der Hund kommt und verbleibt nicht in irgendeiner beliebigen Körperhaltung bei Ihnen (dazu kann ein allgemein gemeintes »Komm!« eingeführt werden, bei dem keine Exaktheit verlangt wird), sondern sitzt aufmerksam ganz dicht vor Ihnen und schaut Sie an. Auch für diese Übung eignen sich kleine Leckerchen als Motivationsanreize zur Belohnung des Wunschverhaltens sehr gut, zudem lässt sich der vermutlich recht verfressene Junghund in die gewünschte Position dirigieren. Gehen Sie anfangs einige Schritte rückwärts vom Hund weg, und hocken Sie sich dann etwas abgewandt hin, um auf den pelzigen Schüler nicht bedrohlich zu wirken. Lob und Leckerchen versüßen sofort den Erfolg.
Soll Ihr Welpe mithilfe des Clickertrainings erzogen werden, wird jede einzelne Verhaltensnuance in Richtung erwünschten Verhaltens angeclickt und auf jeder Übungsstufe unmittelbar mit einem kleinen Leckerchen belohnt.

Die Leinenführigkeit trainieren

Das Anbahnen der guten Leinenführigkeit kann bald nach dem Einzug des Welpen im neuen Heim beginnen. Geeignet zum Üben ist eine leichte, dünne Leine aus Leder oder geflochtenem Synthetikmaterial, deren Gewicht dem des Welpen angemessen ist. Überlegen Sie sich, ob Sie Ihren Hovawart ab sofort und zukünftig immer an der linken oder an Ihrer rechten Körperseite führen wollen. Die Pflichtseite für alle Veranstaltungen im Hundesport und im Ausstellungswesen (bis auf die Ausdauerprüfung am Rad) ist stets Ihre Linke. Nehmen Sie nun Ihren angeleinten Hovawartschüler an Ihre linke Körperseite und gehen Sie mit ihm geradeaus. Sprechen Sie ihn mit seinem Namen an und loben Sie ihn, sobald er Sie aufmerksam ansieht. Sagen Sie »Fuß!« und achten Sie darauf, dass die Leine locker durchhängt. Fängt der Welpe an zu ziehen, bleiben Sie sofort stehen, damit er merkt: »Bei gespannter Leine kommen wir komischerweise keinen Schrift vorwärts.«
Locken Sie ihn mit einem Leckerchen auf die gewünschte Höhe neben Ihrem Knie und loben Sie ihn für aufmerksames Traben

Eben hat sie noch brav gesessen, jetzt darf die junge Hündin laufen und sich bewegen, wie sie möchte. Das Aufheben jedes Kommandos nach seiner Ausführung ist ganz wichtig, um Anordnungen keinen Beliebigkeitsstatus zu verleihen.

an lockerer Leine. Leinen Sie ihn in den ersten Trainingswochen nach einigen Metern dieser Übung ab mit den Worten »Fein gemacht, lauf!« Benutzen Sie vor allem die Leine nie als Bestrafungsmethode nach dem Motto: »Na warte, mein Freund – zur Strafe bleibst du jetzt bei mir!« Ihr Hund soll das Angeleintsein immer mit angenehmen Gefühlen verbinden. Selbst die Spazierwege durch Feld, Wald und Wiesen sind heutzutage nicht mehr nur für Hundespaziergänger da, sondern für alle, die die Natur genießen und dabei vielleicht sogar noch sportlich aktiv sein wollen. Flexibles An- und Abgeleintwerden muss deshalb der junge Hovawart schon so früh wie möglich als etwas völlig Normales erleben. Kommt ein Reiter, ein Radfahrer, ein Jogger oder eine ängstlich schauende Mutter mit Kinderwagen, wird der Welpe herangerufen, per Stimme und Leckerchen gelobt und angeleint. Sind die anderen Wegbenutzer vorbei, darf er wieder frei laufen – dort, wo es erlaubt ist oder zumindest geduldet wird.

Den zuverlässigen Appell anbahnen

Das schnelle Herankommen und das Abrufen von Dingen, die der Junghund im Moment sehr spannend findet, ist eine Übung, die nur dann eingebaut werden sollte, wenn die Erfolgsaussichten gut sind. Ist der Welpe gerade mitten ins Spiel mit anderen Hunden vertieft und hört er das Rufen im bellenden Getümmel kaum, wird es auch nichts nützen. Auf keinen Fall dürfen wilde Verfolgungsjagden gestartet werden! Schaut der junger Hovi aber hin und wieder sowieso zu Ihnen, lohnt sich das schnelle Weggehen in die entgegengesetzte Richtung mit

Ihrer Welpenfrüherziehung war die Souveränität zu verdanken, mit der die hier achtjährige Asla die Sitz-Bleib-Übung im Alltag zeigte – so lange, bis sie die Freigabe hörte. Die lebenslange Zuverlässigkeit des Hovawarts muss früh angebahnt werden.

gleichzeitigem freudig-animierendem Rufen und spannend wedelnden Armen, um ihn zum sofortigen Sprint zu Ihnen zu bewegen.
Geradezu magisch anziehend wirkt es auch, wenn sich der Besitzer während des Rufens einige Schritte rückwärts bewegt und sich dann hinhockt, während er sich etwas vom Hund abwendet, um nicht zu frontal und damit bedrohlich zu wirken. Besonders bei Junghunden, die erst noch Vertrauen aufbauen müssen, ist diese Methode viel schonender als das dominant wirkende, aufrechte Stehen, bei dem sich der Mensch vielleicht sogar noch über den herankommenden Hund beugt.

Kommandos wieder aufheben

Die spielerisch über reine Motivationsanreize aufgebauten Übungen werden schrittweise immer mehr zur Verpflichtung. Das heißt: Auf das Hörzeichen wird »Sitz« gemacht und weiter gar nichts! Einmal gesagt, sind Hundeerzieher in der Pflicht, dafür zu sorgen, dass das Verlangte auch wirklich so lange gezeigt wird, wie ihr Kommando besteht. Sonst verwässern alle Erziehungsbemühungen und der Hund macht letztlich doch, was er will und nicht, was diese wollen. Das setzt genaues Timing und bei Welpen ein nur Sekunden langes Einfordern akkurater Ausführungen voraus. Der junge Hovawart ist anfangs zu langer Körperbeherrschung noch gar nicht in der Lage. Er würde durch übertriebenen Ehrgeiz überfordert und geradewegs in den Misserfolg katapultiert. Ich führe deshalb vom ersten Tag an ein Wort ein, mit dem Hör- und Sichtzeichen wieder aufgehoben und der Hund aus seiner Anspannung frei gegeben wird. Ich sage z. B. nach einem kurzen Moment fröhlich »Brav! Lauf!«, wenn der Welpe schön gesessen hat. Lieber häufig und kurz als selten und (zu) lange üben! Hovawarte sind zwar für ihre rasche Auffassungsgabe bekannt, aber die Konzentrationsfähigkeit eines Welpen ist doch noch sehr begrenzt.
Viel wichtiger als die Exaktheit bestimmter Übungen ist es, ihm anfangs den Spaß am Lernen zu vermitteln. Die richtige Motivation und das Beenden aller Übungen mit einem Erfolgserlebnis sind für den Kleinen Schlüssel zum freudigen Arbeiten. Der Erziehungsexperte Thomas Baumann bringt die Bedeutung guter Erziehung so auf den Punkt: »Täglich zehn Minuten tatsächlich konsequenter und zuverlässiger Gehorsam bedeutet 23 Stunden und 50 Minuten Freiheit für den Hund.«

Der Umgang mit dem wilden Welpen

Die berühmten »fünf Minuten«

Das intelligente Hundekind wird sich bemühen, alles richtig zu machen, aber natürlich kollidiert unsere Vorstellung eines gut erzogenen Hovawarts noch recht häufig mit seinen eigenen Bedürfnissen.
Es ist keineswegs so, dass Ihnen Ihr kleines Wollknäuel nun stets sinnbildlich zu Füßen liegen wird, schon gar nicht, wenn es seine berühmten »fünf Minuten« hat und einfach wild und ausgelassen über eine Wiese flitzen will, ohne gerade auf Ihre Aufforderungen reagieren zu können. Das Geheimnis ist, in diesen Irrwischmomenten einfach keinen Gehorsam zu verlangen, denn der Misserfolg wäre sowieso vorprogrammiert. Wenn der plüschige Wirbelwind wilde Haken schlagen muss, kann er sich nicht auf Sie konzentrieren, es sei denn, Sie klinken sich in diesen Mackenanfall ein und werden Teil des rasanten Tobens.
Üben Schafsköttel eine magische Anziehungskraft auf den Welpen aus, weigert er sich, nach Pipigängen im Garten wieder mit hineinzugehen oder will er die Blumenbeete unbedingt nach Mäusen umgraben, helfen Ablenkungsmanöver am besten: Ich mache mich mit einer völlig anderen Tätigkeit derartig wichtig, dass ich die ganze Neugier meines Welpen auf mich ziehe. Um die Ecke denken ist manchmal nötig, soll ein blitzschnell schaltender Hovawartwelpe überlistet werden, aber eigentlich macht diese Herausforderung auch gerade Spaß! Wenn Sie immer eine Spur gewitzter sind als Ihr quicklebendiges Energiebündel, sehen Sie die Tobanfälle bald ganz gelassen.

Übersprudelnde Lebenslust

Auch Ihre Kinder werden geeignete Strategien zu schätzen wissen, denn unterforderte Hovawarte wissen in diesem Alter nicht wohin mit ihrer Kraft und werden ihrem Temperament entsprechend im Spiel ein Ventil suchen. Sie können nichts dafür: Sie platzen fast vor Energie und Lust, sich mit einem Gegenüber über den Boden zu kugeln und natürlich wie im Welpenrudel auszutesten, ob das nadelspitze Haifischgebiss eingesetzt werden kann.

Als wir unsere erste Hündin bekamen, waren gerade wallende indische Kleider in Mode. Täglich wurde mein Rocksaum mehrmals wie wild von der kleinen Bestie tot geschüttelt – nachts träumte ich, von Wölfen verfolgt und gepackt zu werden. Die wilde 10-Kilo-Blondine war mein erster Hund und so reagierte ich anfangs völlig falsch, nämlich gar nicht! In meinen Hundebüchern fand ich vieles, aber kein Wort über das Bändigen eines wild gewordenen Welpen! Während nebenan ein wahnsinnig lieber Langhaar-Collie lebte, um den sich keiner richtig kümmerte, erwies sich mein teurer Wunschtraum von Hovawartkind als ein schnappendes Ungeheuer. Welche Ironie des Schicksals! Unsere damals schicken Flokati-Teppiche wurden ebenfalls geschüttelt, als handele es sich um die Felle von erlegten Eisbären. In einem Buch las ich, die gefährdeten Teppichstellen sollten zur Abschreckung mit Cayennepfeffer und rotem Paprikapulver bestreut werden. Der Teppich bekam eine Kurpackung, ohne dass die Hündin es sah. Dann herrschte Stille im Wohnzimmer. Hatte die scharfe Ladung gewirkt? Ich schlich um die Ecke, um den Triumph auszukosten – da saß der Welpe mitten im Flokati-Chaos und leckte genussvoll wie von einem Riesenkartoffelchip meine Geheimtipp-Würzmischung ab. Der Hund hatte kein Problem, aber ich! Der Rettungsanker war ein Hundesportverein, in dem mir die Augen für die eigenen Führungsfehler geöffnet wurden.

»Wo ist bei diesem nimmermüden Hund nur der Aus-Knopf?«, fragen die erschöpft in den Seilen hängenden Besitzer bei ihrem Ersthovawart in dieser Lebensphase immer wieder. Einen Aus-Schalter hat ein junger Hovawart nicht, so scheint es. Seine Lebenslust und seine Neugier sprudeln oft regelrecht über. Es hat den Anschein, als kenne er in diesem Alter wirklich nur zwei Daseinszustände: entweder schlafen oder ungestüm sein. Sie als Besitzer sollten deshalb hin und wieder dem »jungen Wilden« das Stopp-Schild zeigen und Turbulenzen, bei denen es buchstäblich über Tisch und Bänke geht, konsequent unterbrechen. Erinnern Sie sich an Mutter Hovawart, die in der siebten und achten Lebenswoche immer wieder freche Welpen ins Visier nahm, deren momentane Aktion blockierte und ihnen deutliche Respektbekundungen abverlangte. Die Hündin fischte sie regelrecht aus wilden Attacken gegen andere Welpen heraus und kühlte sie durch ihr autoritätsbetontes Verhalten herunter. Wieder bewegen Sie sich als Nachfolger in den Pfotenstapfen dieser ersten wichtigen Lehrmeisterin des Hundekindes. Das Beginnen und das Beenden von Aktionen ist grundsätzlich Chefsache, womit Sie in den Augen Ihres jungen Hovawarts schon wieder einige Punkte auf Rangskala gut gemacht haben. Sie blasen sozusagen zu dieser wilden Jagd und Sie allein entscheiden, wann sie wieder zum Ende kommt.

Doch wie geht das mitten in der Situation? Ich halte den Welpen einen Moment mit dem energisch ausgesprochenen Wort »Schluss!« mit beiden Händen fest und lenke seine Aufmerksamkeit sofort auf eine erlaubte Verhaltensalternative (etwa ein altes Handtuch) um, für die er auf dem Fuß bzw. auf der Pfote gelobt wird. Ich könnte auch einfach aus der mir zu ungestüm gewordenen Situation herausgehen, meinen Wildfang ignorieren und somit die Interaktion abbrechen. Wird mir der Welpe zu wild, stehe ich wortlos (!) auf, gehe in die Küche, lese dort hoch konzentriert ein Kalenderblatt oder koche mir eine Kanne Tee – auch, wenn ich eben noch gar nicht wusste, überhaupt Durst zu haben. Den Welpen jetzt zu ignorieren, bedeutet wirklich, ihn eisern *nicht* anzusehen, ihn *nicht* anzusprechen und ihn *nicht* zu berühren.

Wildsein macht einem jungen Hovawart alleine selten Spaß: Das erhitzte Gemüt kühlt buchstäblich ab, weil ich nicht mehr mitmache und ganz entschieden zu scheinbar unglaublich wichtigeren Dingen nach *meinem* Plan übergehe. Damit ist aber nicht gemeint, dass jeder Anflug von Temperamentsausbrüchen beim jungen Hovawart unterbunden werden sollte! Seine Energie ist doch gerade (unter anderem) das Schöne an diesem Hund, die ruhig ausgelassen mit ihm ausgelebt werden sollte. Wenn Ihnen danach ist, darf auch ein raues gemeinsames (Kampf-)Spiel sein, bei dem Sie Ihren Hund herzhaft an verschiedenen Stellen ins Fell greifen und mit ihm am Boden liegen. Doch wie im geschwisterlichen Welpenspiel steckt immer eine Portion Ernst dahinter: Wer setzt sich letztlich gegen den anderen durch, wer gibt leichter nach, wer wird das Balgen beginnen und beenden?

Welpenzähne in Schach halten

Was also nicht geht im Hinblick auf die Rangordnung ist, sich das spielerisch-ruppige Beißen in die Oberarme, in die Kleidung oder draußen in die Leine (vielleicht sogar noch mit Knurren und Totschütteln verbunden) gefallen zu lassen. Ich bin immer Herr (bzw. Frau) der Lage und weise meinen zu derb vorgehenden Hovawart entschieden, ruhig und absolut souverän in die Schranken. Es gibt nur einen Gewinner, nämlich mich allein. So

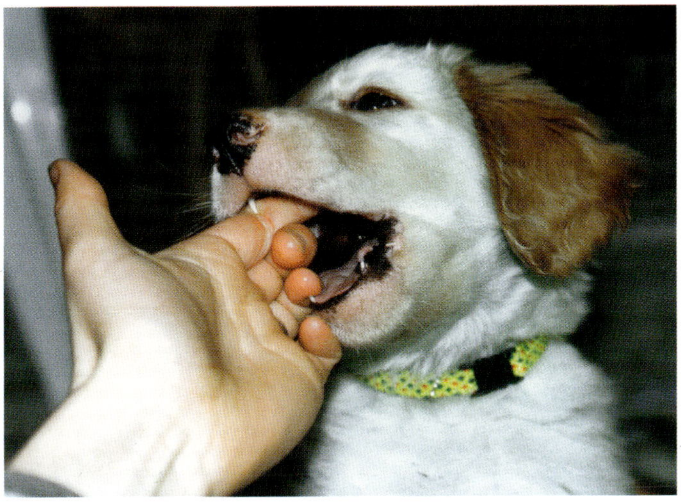

Ein derber Einsatz seiner nadelspitzen Zähne wird dem Welpen nicht gestattet, so wild das Spiel auch sein darf. Die Kontrolle über sein Gebiss muss der junge Hovawart ebenso lernen, wie die Stubenreinheit.

lernt der junge Hund, dass es völlig zwecklos ist, bei Frauchen oder Herrchen eine dicke Lippe zu riskieren, denn sie sind ihm in allen Lebenslagen souverän überlegen!

Das Benutzen seiner scharfen Milchzähne an menschlichen Unterarmen oder Fußknöcheln führt zum sofortigen Abbruch des Spiels. Gelobt wird andererseits jede sanfte Kommunikation mit dem Fang.

Lassen Sie uns wieder zurückschauen in den Welpenauslauf: Weder seine Hovawartmutter noch seine Geschwister ließen sich eine Perforierung ihrer Haut durch seine Milchzähne lange gefallen. Es wurde ordentlich zurückgedroht oder zur Verteidigung gezwickt. Es ist erstaunlich, wie viele Welpenbesitzer diese frühkindliche Grundlektion zunichte machen, indem sie ihre Arme (oder im Sommer auch Beine) durch spitze Milchzähne in rot zerbissene Flächen verwandeln lassen, die aussehen, als wären sie durch eine Autoscheibe geflogen! Will mein junger Hovawart sein Nadelgebiss einsetzen und/oder Kleidung tot schütteln, biete ich ihm sofort ein erlaubtes Tuch oder Dummy (einen Apportiergegenstand) als Beißalternative an. Im Moment seines Zahndruckes ertönt noch ein scharf gesprochenes »Nein« oder »Aua! Nein!«. Notfalls greife ich ihm kurz und fest über den Fang. Manche Welpenbesitzer beißen ihrem kleinen Haifisch herzhaft und schnell ins Ohr. Lässt der Welpe sich auf die Alternative ein, ist wieder ein sofortiges honigartiges Lob und ein Fortsetzen des wilden Spiels fällig.

Dies Umlenken der überschäumenden Welpenenergie setzt voraus, dass Sie solche erlaubten Gegenstände zum Abreagieren immer parat haben, wo Sie im Haus mit Ihrem Welpen oder Junghund gehen und stehen. Der Welpe meint das Testen seiner Zähne keineswegs böse: Im wilden Spiel fehlen ihm schlicht die Geschwister, welche ihm seine Grenzen aufzeigen würden. Das Training der Beißhemmung im Umgang mit Ihnen und anderen Familienmitgliedern ist mindestens so wichtig wie das Festigen der Stubenreinheit. Das sofortige, deutliche Loben darf natürlich nicht vergessen werden, wenn er auf Ihre Veranlassung hin wieder einen Gang heruntergeschaltet hat. Geben Sie sich keine Blöße, indem Sie sich von Ihrem jungen 12-Kilo-Irrwisch beeindrucken lassen. Er wird Ihre Standhaftigkeit mit vertrauensvoller Gefolgschaft danken.

Die Lust am Anspringen

Zum Thema Wildsein gehört auch das Anspringen, in dem junge Hovawarte leider ganz groß sind. Und das hängt vor allem mit ihrer intensiven Bindung an ihre geliebten Zweibeiner zusammen. Das Anspringen ist nämlich eigentlich eine kindliche Bettelgeste: Ihr junger Hovawart will an Ihren Mundwinkeln lecken und Sie so (wie damals die Mutterhündin) zum Hervorwürgen von vorverdauter Nahrung bewegen. Gleichzeitig demonstrieren junge Hunde dabei aber auch beschwichtigend ihre Unterlegenheit und Anerkennung des Stärkeren. Diesem sehr sozialen Verhalten wütend zu begegnen, dem freudestrahlenden Hovawartkind das Knie in den Bauch zu rammen oder auf die Hinterpfoten zu treten, ist mehr als herzlos. Sie weisen Ihren jungen Hund damit zurück und bewirken, dass er noch weiter aufdrehen wird, um Ihr Wohlwollen wieder zu erlangen. Viel besser ist es, sich hinzuhocken, den Kopf abzuwenden und sofort eine Alternativhandlung anzubieten. Vielleicht ist Ihr Hund schon ein begeisterter Apportierer? Lenken Sie ihn mit einem Ball ab, nachdem Sie ihm notfalls mit dem energisch gesprochenen »Nein!« die Vorderpfoten auf den Boden gestellt haben.

Loben Sie Ihren Hovawart für jede Begrüßung, die nicht mit Anspringen verknüpft ist. Üben Sie gezielt andere Rituale ein, wobei das Clickertraining (eine moderne Erziehungsmethode) sehr hilfreich sein kann.

Amüsant, wie sich die blonde Hündin auf ihren Menschenpartner stürzt. Spätestens aber wenn es sich um unbedarfte Passanten handelt, …

Bitten Sie Ihre Familienmitglieder, sich ebenfalls nicht anspringen zu lassen oder es gar durch das Klopfen an ihre Brust vom Hund zu fordern. Im Moment haben diese vielleicht hundetaugliche Kleidung an, beim nächsten Mal aber den feinen Zwirn, den der Hovawart noch nicht mit Anspringverboten verbinden kann. Wenn Besuch bekommt, der wenig hundeerfahren ist, kann das Anspringen eines erwachsenen Hovawarts (und dann vielleicht noch eines Rüden) später nicht nur bedrohlich wirken, sondern auch zu Missverständnissen hinsichtlich seiner Absichten führen. Dies gilt auch für die Begegnung

… hört der Spaß auf. Sich das Anspringen zu verkneifen, fordert vom jungen Hovawart eine Menge Disziplin.

mit Passanten unterwegs. Jetzt wirkt das Gummiball-artige Hochhopsen noch so niedlich, in wenigen Monaten, wenn der Hovawart mehr als 30 oder gar über 40 Kilogramm wiegt, nicht mehr! Ich kenne Besitzer einer blonden Junghündin in Thüringen, die nicht ohne Reinigungsgutscheine in der Tasche zum Spaziergang aufbrechen! Zum Glück »verwächst« sich das Anspringen in den nächsten Jahren (!), denn solange der Hovawart ein Hundekind und später ein Hundejugendlicher ist, kommt dieser unterwürfigen Geste eine besonders wichtige Bedeutung zu. Ist er erst in einem würdevolleren Alter, werden ihm selbst von jüngeren Hunden derartige Avancen ergebener Zuneigung gemacht, die er huldvoll über sich ergehen lässt – ebenso wie Sie es tun können, solange er noch Junghund ist und Ihnen seine treuherzigen Absichten entsprechend häufig bezeugen möchte.

Verteidigung von Futter

Zurück zur Verteidigung von Futterressourcen. Knurrt Sie Ihr pelziger Hovawartzwerg frech an, wenn Sie sich seinem Napf nähern, ist dies keineswegs als Bösartigkeit zu interpretieren. Auch beim Züchter am gemeinsamen Fressnapf mit den Geschwistern musste er sich ja durchsetzen, um seinen Anteil zu bekommen. Für einen Hund ist Futter nun einmal die wichtigste Grundlage zur Sicherung seiner Existenz. Auch im Wolfsrudel verteidigen schwächere ihre Nahrung durchaus gegen stärkere Wölfe, eine klare Futterrangfolge gibt es dort nicht. Trotzdem ist im gemischten Mensch-Hund-Rudel Futteraggression gegen Zweibeiner absolut tabu. Werde ich angeknurrt, erfolgt sofort ein energischer Schnauzengriff über den Welpenfang mit dem Hörzeichen »Nein!« im Schlepptau. Hört er auf zu knurren, darf er unter ruhigem Lob weiterfressen. Hört er nicht auf zu knurren, wird ihm der Napf *sofort* weggenommen! In den nächsten Tage gibt es alle Mahlzeiten nicht mehr direkt aus dem Napf, sondern aus meiner Hand, um dem Welpen die Abhängigkeit von mir als Futterspender deutlich zu machen. Unterstreichen können Sie Ihre Vorrangstellung in Sachen Fütterung bei aufmüpfigen Typen auch noch, indem Sie den Hund stets nur nach Ihnen seine Mahlzeit einnehmen lassen – und wenn der Speichel noch so aus dem kleinen Fang läuft und die braunen Augen noch so wehmütig auf Ihren Teller schauen! Ich ignoriere solche herzerweichenden Bettelblicke und erinnere mich an die Hovawartmutter, die ihre kleine Welpenmannschaft rings um sich versammelte, um vor ihr genüsslich etwas zu verspeisen. Nehmen Sie den Napf öfter hoch und unterbrechen Sie kurz das Fressen, indem Sie mit großer Geste und ganz bestimmten, erwartungsfördernden Worten (»Zeig mal eben! Mhh!«) noch ein Sonderschlückchen Olivenöl, süße Sahne, Käse oder Ähnliches hinzugeben. Der in Windeseile lernende Hovawarteleve verbindet in Zukunft das kurze Wegnehmen des Napfes mit dem Hinzufügen einer leckeren Bonusgabe und wird begeistert sein!

Ist der Grundgehorsam beim Junghund schon gut verankert, können Sie ihn auch neben dem Napf sitzen und einen Moment warten lassen, während Sie theatralisch den Futtersonderposten am Fressplatz einrühren. Ganz wilde Hummeln werden einen Moment mit dem Hörzeichen »Warte!« vorm Napf festgehalten und dürfen erst auf ein bestimmtes Signal wie »Friss schön!« zum Fressen herantreten, wenn sie sich nicht mehr wie ein Aal winden. Aus dem Umgang mit der »Napfbeute« sollte keine konfliktträchtige Veranstaltung werden, die sich immer mehr hochschaukelt und nun erst zum Problem wird. Es gibt aber Leute, die eine weiten Bogen um den vier Monate alten Hovawart beim Fressen machen, weil ihnen dieser dumpf knurrende Winzling bereits mächtig Respekt abnötigt! Angst vorm eigenen Hund ist eine denkbar schlechte Grundlage für eine harmonische Beziehung, deshalb müssen sich die Zweibeiner bei solchen aggressiven, aber angstfreien Konfliktlösungsstrategien ihres Welpen von Beginn an durchsetzen und als Rudelbosse mit Rückgrat erweisen.

Auslassen von Beutestücken

Zur Vorbeugung von Verhaltensproblemen gehört auch das Einfordern von Gegenständen und Beutestücken aller Art. Lässt das Hovawartkind einen Ball auf Verlangen (am besten in Kombination mit dem Hörzeichen »Aus!«) nicht los, wird das Spiel sofort von mir beendet und ich verlasse zügig den Spielort. Dem kleinen Sturkopf kann auch ein alternatives Spielzeug angeboten werden, das ich gegen das Wunschobjekt eintausche.

Belohnt wird bereitwilliges Auslassen durch ein sofortiges Leckerchen, verbunden mit deutlich hörbarer Begeisterung. Feiern Sie mit Ihrem vierbeinigen Schüler jede Form respektvollen Überlassens, denn das Abgeben eines begehrten Beutestückes weist darauf hin, dass Ihr überlegener Rangstatus vom Welpen anerkannt wird. Ignorieren, Abbruch der momentanen

Zuwendung und Tausch sind aber nur die milderen Mittel für Kooperationsbereite. In hartnäckigeren Fällen von kindlicher Sturheit scheue ich mich nicht, meinem Hovawart ruhig, aber entschlossen den Fang zu öffnen und mir die Beute einfach zu nehmen. Wenn Sie zusätzlich einen erwachsenen Hund besitzen, werden Sie diese Situation der ruhigen Enteignung vielleicht sogar schon beobachtet haben. Ich bestehe kompromisslos auf der Herausgabe, wenn ich diese angeordnet habe. Lässt der junge Vierbeiner verdutzt los, wird er sofort heftig gelobt, damit er den Unterschied zwischen erwünschtem und unerwünschten Verhalten verinnerlicht. Sofort wird weitergespielt!
Hin und wieder spaziere ich angeberisch mit einem vom Welpen als ungeheuer attraktiv empfundenen Gegenstand (Spielzeug oder Fressbares) herum und bestaune das Etwas, ohne den Junghund dabei zu beachten. Ein in der Verhaltensforschung so genanntes Monopolisierobjekt, das der Chef alleine für sich beansprucht, ist eine Insignie der Macht, die wie ein Königszepter wirkt. Völlig ohne Druck mache ich damit dem Welpen deutlich, dass das Überlassen eines so wertvollen Gegenstandes von meinem Wohlwollen abhängt. Wird mir die Beute offensichtlich langweilig, gebe ich sie gönnerhaft wie einst Mutter Hovawart zur Benutzung frei, kann sie aber jeder Zeit einfordern.

Ekelbeute eintauschen

Schwierig, aber nicht unmöglich, ist das »Aus« von Unrat, vor allem unterwegs. Wer ohne Hund durch die Landschaft geht, glaubt kaum, was an Abfällen in der Landschaft liegt, die auf einen jungen Hovawart einen fast magischen Reiz zu haben scheinen. Unsere erste Hovawarthündin kam im Alter von 16 Wochen auf Zuruf nur sehr zögerlich hinter einer Holzbank auf unserem Spazierweg hervor: Sie hatte eine rot-silberne, knisternde Kartoffelchipstüte über den ganzen Kopf gestülpt, in die sie gierig abgetaucht war, um die salzigen Reste darin aufzulecken! Unwiderstehlich schmecken muss auch Silage, also vergorene Heu- oder Maisfasern zur Rinderfütterung im Winter. Pferdeäpfel und Kuhfladen scheinen ebenfalls eine große Faszination (nicht nur) auf Hovawartwelpen auszuüben, ebenso Exkremente von Wildkaninchen, Feldhasen, Rehwild, Schafen und – Menschen. Ich muss Ihnen sicher nicht beschreiben, wie ekelhaft es ist, wenn ein völlig braun verschmierter, stinkender Hovawartfang auch noch ein (aus Sicht seines Trägers) verdientes Leckerchen für das – wenn auch späte – Kommen auf Zuruf haben will …
Das Kotfressen als solches ist keineswegs unnatürlich, wie manch empfindlicher Zeitgenosse vermuten könnte. Beutegreifer wie der Wolf fressen auch den Darminhalt des erlegten Wildes (wozu natürlich in der Regel nicht der Mensch gehört). Vielleicht erinnern Sie sich an dieser Stelle an die Hovawartmutter, die in der Zeit des Säugens und manchmal auch noch eine Zeit lang danach den Kot ihrer Welpen aus der Wurfkiste beseitigte, indem sie ihn kurzerhand auffraß. Gegen das Verschlingen von Darminhalten verschiedenster Art ist im Spazierrevier leider kaum ein Kraut gewachsen. An gefährdeten Stellen in der Landschaft hilft nur, den Junghund an die Leine zu nehmen, seine Mitspaziergänger in der Familie vor Fundplätzen zu warnen, den Grundgehorsam weiter zu schulen und den Welpen für jedes Ablassen von mysteriösen oder verbotenen Funden mit besten (!) Leckerchen zu belohnen. Führen Sie zu diesem Zweck Exquisites wie etwa Trockenfisch mit sich, welches es unterwegs nur für solche Höchstleistungen gibt! Das schnelle Weglaufen in die entgegengesetzte Richtung und gleichzeitiges Abrufen können Ihren Hovawartwelpen eventuell auch zum Nachkommen bewegen.
Manchmal hilft aber bei sehr dickfelligen Gemütern auch nur eine Verleidungsstrategie: Eine Wurfkette oder Klapperscheiben, die scheppernd von hinten auf seinen Po geworfen werden, wenn der hartnäckige Abenteurer auf Abwegen überhaupt nicht auf Ihr Eingreifen per Stimme reagiert.

Stehlen von Fressbarem

Hinsichtlich des Themas »Unerlaubtes« steht natürlich auch das Stehlen von Lebensmitteln in Haus oder Wohnung auf dem Verbotsprogramm. Räumen Sie vorbeugend alles Ess- und Fressbare weg, was sich in Reichweite des Welpenfanges befindet, um den jungen Entdecker nicht in Versuchung zu führen. Selbstverständlich sollten Sie Ihren (auch das Betteln sehr leicht lernenden!) Hovawart niemals vom Tisch füttern, um ihn gar nicht erst auf die Ideen zu bringen, Ihr Essen könnte auch seines sein. Haben Sie in der Küche etwas in der Hand, was er etwa haben und auslecken könnte (wie einen leeren Naturjogurtbecher), warten Sie so lange mit dem Aushändigen, bis er Sie nicht mehr erwartungsvoll ansieht. Wenn ich etwas Fressbares für meine Hovawarte habe, lasse ich sie dafür immer erst

Wo es Kühe gibt, sind auch Kuhfladen nicht weit. Einem Hovawart die Aufnahme von Kot abzugewöhnen, ist ein schweres Unterfangen. Trotz aller Verleidungs- und Umerziehungsversuche riecht mancher Mist unwiderstehlich.

eine kurze Übungsaufgabe absolvieren. Für eine geforderte Leistung gibt es etwas, sonst nicht. Futter zwischen den Mahlzeiten müssen sich meine Hunde grundsätzlich verdienen. Eventuelles Drängeln beim Essen wird strikt ignoriert. Wenden Sie sich einfach vom Welpen ab und zeigen Sie ihm buchstäblich die kalte Schulter. Auch die strenge Hovawartmutter würde es nicht zulassen, dass sich ältere Welpen frech ihrem Napf nähern, während sie frisst. Ziehen auch Sie sinnbildlich die Lefzen hoch, und knurren Sie ruhig dumpf, wenn Ihr kleiner »Hovi« sich weiter Distanzlosigkeit während Ihrer Mahlzeit herausnimmt. Andernfalls entwickelt der gewiefte Hovawartschüler schnell Strategien, um zu testen, wodurch Sie am besten weich werden. Hilft ein niedliches Schieflegen des Kopfes? Oder wäre es sinnvoller, Ihnen den Fang bleischwer mit einem Bette-Davis-Augenaufschlag aufs Knie zu legen? Würde ein kurzes Aufforderungsbellen Aussicht auf Erfolg haben? Oder sollte Ihr junger Hovawart aus seiner Sicht besser gleich direkt die Pfoten auf die Anrichte mit dem leckeren Aufschnitt stellen und sich selbst bedienen? Sie meinen, so dreist wird er nicht sein? Oh, doch, ein stabiles Nervenkostüm zeigt sich nämlich auch in solchen Momenten. Ein junger Hovawart ist bei so einer Schandtat keineswegs durch das vorwurfsvolle Hochziehen einer Augenbraue zu beeindrucken, sondern genießt die letzten Beutemoleküle noch, während Ihre Schimpfsalven auf ihn niedergehen! Asla, unsere erste blonde Hündin, wurde einmal auf frischer Tat ertappt, als sie seelenruhig wie ein Haflinger an der Tränke Erdbeerquarkspeise aus einer riesigen, teuren Bleikristallschale schlabberte. Wir waren von sehr feinen Leuten zum Essen eingeladen worden und die Dame des Hauses hatte die große Schüssel auf einem niedrigen Couchtisch abgestellt. Nach dem Hauptgang vertraten sich alle Gäste die Beine im Garten, keiner achtete auf die Hündin. Sie war unbemerkt, den Nachtisch in der guten Nase, wieder hineingegangen und betätigte sich als Raubtier, während draußen die Rosen bestaunt wurden. Auf das mit Hundespucke versetzte Dessert hat die Gesellschaft dankend verzichtet. Aber die Diebin leckte sich noch Minuten später genüsslich den weißen Quark-Fang. Wir wurden nie wieder zum Essen eingeladen. Selbst Schuld, wir hätten unsere Hündin nicht unbeaufsichtigt lassen dürfen.

Zerstörungswut des Welpen

Da Ihr Hovawart sehr wissbegierig ist, wird er Ihre Einrichtungsgegenstände wie damals unsere Flokatis dem ein oder anderen Materialtest unterziehen wollen. Nicht nur das Anrühren von Lebensmitteln, die nicht für Ihren Welpen bestimmt sind, ist also verboten, sondern auch das »Ausweiden« von Sofakissen, das Totschütteln von Plüschtieren, das Anfressen von Holzstufen, das Leerräumen von Papierkörben, das Entfernen und Zerkleinern von Schuheinlegesohlen, das Lutschen von Hydrokultur-Steinchen aus Blumentöpfen, das Köpfen von Blumensträußen auf Couchtischen, das Herausknabbern von Tasten aus dem Handy oder das Heraustrennen der Pflegeschildchen aus Ihrer Kleidung. Hovawartkinder finden es wunderbar, mit

Die Inhalte von Papierkörben lassen sich ebenso wie Sofakissen und Plüschtiere wunderbar ausnehmen, wie gewitzte Junghovawarte bald heraus haben. Es gibt zwar auch Exemplare, die weniger zerstörungswütig sind, …

… aber sie gehören eher einer Minderheit an. Hovawarte gehen Dingen gerne auf den Grund: Diese Hündin hat ganze Arbeit geleistet und scheint sehr mit sich zufrieden zu sein.

quietschendem Spielzeug zu tun zu haben. Besonders interessant ist für viele Welpen, die geheimnisvollen Stimme darin in liebevoller Kleinarbeit herauszumontieren.

Es gibt tatsächlich auch Hovawarte, die solche Anwandlungen niemals zeigen. Ich kannte einen leider schon verstorbenen schwarzmarkenen, sehr in sich ruhenden Deckrüden aus der Schweiz. In seinem Garten lag auffällig viel völlig unversehrtes Hundespielzeug – und das bei einem sechs Jahre alten Hovawart? Auf meine Frage, ob er wohl gerade neu damit ausgestattet worden sei, lautete die spontane Antwort seiner Besitzer: »Nein, das ist alles noch aus seiner Welpenzeit. Unser Artus hat einfach nie etwas kaputt gemacht!«

Die Sache mit der Neugier

Die übergroße Neugier eines Hovawartwelpen kann aber unter Umständen auch gefährlich für ihn werden. So wie im Fall einer blonden Junghündin, die zu Hause begeistert die zu Besuch kommende Mutter ihrer Besitzerin begrüßte und danach abends noch ein wenig alleine im Wohnzimmer herumging, wobei sich niemand etwas dachte. Mutter und Tochter hatten zusammen genäht und ihren Arbeitsplatz nicht richtig aufgeräumt: Am nächsten Morgen fand die besorgte Welpenhalterin das Nadelkissen zerfetzt auf dem Boden liegen! Sie wusste genau, dass auf dem Nadelkissen noch sechs Stecknadeln gesteckt hatten, und diese waren unauffindbar! Der Hund wurde eingehend untersucht, der Teppichboden gründlich abgesucht, doch die Nadeln blieben verschwunden. In der Tierklinik verschaffte ein Röntgenbild die letzte Klarheit: Die Stahlstecknadeln waren tatsächlich unterwegs durch den Verdauungstrakt des Welpen … Eine Operation wurde als zu aufwändig und zu riskant verworfen, statt dessen empfahl der Tierarzt ein altes Hausmittel, das auch bei Kleinkindern nach ähnlichen Schluckabenteuern eingesetzt wird: Der Welpe (dem es übrigens bestens ging) bekam eine Woche lang seine Hauptmahlzeit nur zusammen mit gekochtem Sauerkraut serviert. Um einen besseren Geschmack zu erreichen, wurden die ungewöhnlichen Mahlzeiten mit gekochtem Rindergulasch angereichert. Der Clou daran: Die langen Sauerkrautfasern wickeln sich im Magen um spitze Gegenstände herum und schirmen sie von den Magen- und später von den Darmwänden ab. So werden innere Verletzungen vermieden. Jeder Kothaufen der neugierigen Hündin wurde nach dem Sauerkrautfressen im Folgenden eingesammelt und zu Hause mit Latexhandschuhen akribisch auseinandergenommen. Alle Stecknadeln fanden sich wieder, sie hatten – mit dem schweren, runden Kunststoffkopf voran – ihren Weg tatsächlich nach draußen gefunden! Die Erleichterung der Besitzer brauche ich Ihnen sicherlich nicht zu beschreiben. Etwas eventuell für den Welpen Gefährliches ließen sie nie wieder irgendwo liegen. Ob die gerettete Hündin zeitlebens eine besondere Vorliebe für Sauerkraut bewies, ist leider nicht überliefert.

Neugier ungefährlichen Dingen gegenüber sollte jedoch immer unterstützt werden. Der junge Hund wird ermuntert, Unbekanntes zu inspizieren. Hovawartwelpen steigen mit Vorliebe in offene Schränke, quetschen sich wissbegierig in geöffnete Kommodentüren oder wollen unbedingt erkunden, was da im geheimnisvollen Bettkasten lagert. Gönnen wir unserem Hovawart von Beginn an solche einfach zu sammelnden Erfahrungen zur Horizonterweiterung, wo immer es geht. Übertriebene Strenge ist hier nicht angebracht, schließlich erzählt er niemandem weiter, wie es in unseren Schränken aussieht.

Wenn aus dem Welpen endgültig ein Junghund geworden ist, sind Sie schon ein gutes Stück auf der gemeinsamen Wegstrecke vorwärts gekommen. Ihre Vorarbeit (und jene des Züchters) wird sich in den kommenden Monaten weiter auszahlen.

Übergang zur nächsten Lebensphase

Die ersten Monate mit dem Welpen vergehen schnell und er wächst, dass Sie morgens manchmal den Eindruck haben, über Nacht habe er einen gewaltigen Schuss gemacht. Jetzt haben Sie bereits die Grundlagen für seine weitere Erziehung und für seine grundsätzliche Lebenseinstellung gelegt. Aber machen wir uns nichts vor: Die nächsten Monate können schon recht aufreibend werden und den Hund streckenweise im Gehorsam und in der Selbstsicherheit zurückwerfen. Es lässt sich nicht leugnen, dass einem dabei so mancher Fluch über die Lippen kommen kann. Wenn Sie gute Vorarbeit geleistet haben, ist die Sorge vor der nun folgenden Pubertät dennoch unbegründet. Widmen wir uns den typischen Herausforderungen, den speziellen Hürden und Klippen, die die Halbstarkenphase eines Hovawarts zu bieten hat.

Rechts: Mit Vollgas ins Leben: Auch für junge Hovawarte sind Grenzen dazu da, überprüft zu werden.

III. Das Flegelalter

Vom 5. bis zum 24. Monat

Die Pubertät ist für den Hovawart eine Zeit seelischer Höhen und Tiefen. Labile Phasen verlaufen in Schüben und sind normal. Hier eine 8 Monate alte Hündin.

Die heiklen Phasen der Pubertät

Hovawarte sind echte Spätentwickler und durchlaufen eine lange Jugendzeit der körperlichen und psychischen Ausreifung. Auch wenn Ihr Hund in den kommenden Monaten unglaublich wachsen wird, kommt doch die seelische Festigung diesen gewaltigen Veränderungen des Organismus viel langsamer nach, als es den Anschein hat. Überforderungen und zu hoch gesteckte Erziehungsziele sind oft die Folge, denen der junge Hovawart beim besten Willen nicht gerecht werden kann. Zwar ist es auch falsch, ihm seine Jugend lassen zu wollen, indem Sie Ihrem Hund wenig abverlangen und sinnbildlich die Leine schleifen lassen. Ihn schon im ersten Lebensjahr wie einen erwachsenen Hovawart zu behandeln und ähnliche Maßstäbe wie an einen ausgereiften Hund anzulegen, geht aber ebenso an seinen Möglichkeiten vorbei.

Wie sehr Angst und Neugier in der Welpenzeit Ihres Hovawarts im Wettstreit lagen, kam schon zur Sprache. Die Verfestigung negativer Erfahrungen konnte weit reichende Folgen haben und sich auf Dauer einprägen. Ganz entscheidend in diesen ersten Wochen war, dass Sie Ihrem Welpen Zeit und Gelegenheit für die Überwindung seiner Unsicherheit gaben und viele Erfolgserlebnisse ermöglichten. Auch in der nun folgenden Zeit der beginnenden Pubertät gibt es solche kritischen Unsicherheitsmomente, durch die Sie Ihren Hovawart gut hindurchführen müssen. Wie macht sich das Flegelalter bei einem jungen Hovawart nun typischerweise im Einzelnen bemerkbar?

Der Organismus dieser Hündin macht gerade gewaltige Veränderungen durch. Kein Wunder, wenn die Hormone Purzelbäume schlagen und für merkwürdiges Verhalten sorgen! Obwohl sie groß wirken, sind pubertierende Hovawarte längst noch nicht voll belastbar.

Die Zeit der Reifung

Ihr junger Hund reift nun zu einem echten Hundebackfisch heran und scheint von einem Tag auf den anderen nicht Fisch und nicht Fleisch zu sein – und zwar gleichermaßen, was sein Äußeres und sein Wesen angeht. Die (nicht nur) für die Pubertät des Hundes typischen charakterlichen Veränderungen sind meines Wissens noch nicht wissenschaftlich beleuchtet worden. Anders steht es um die Erkenntnisse, was das menschliche Flegelalter betrifft. Nach Forschungsergebnissen der San Diego State University (Kalifornien) ist der Umbau von Nervenverbindungen im Gehirn an schlechter Laune und sozialer Desorientierung der Teenager etwa ab dem zehnten Lebensjahr schuld. Wie das britische Magazin »New Scientist« 2002 berichtete, führe die Neustrukturierung des Gehirns dazu, dass Pubertierende ihr soziales Gespür quasi im Sturzflug verlören. Unsicherheit und Verwirrung seien die Folge. Erst mit rund 18 Jahren erreichten die sozialen Kompetenzen wieder ihr ursprüngliches Niveau, so die Neurologen um Robert McGivern.

Nun haben Hunde und Menschen zwar keinen ganz identischen Hirnaufbau, doch grundsätzliche Reifungsmechanismen

Himmelhoch jauchzend, zu Tode betrübt. Die Pubertät des Hovawarts ist lang und kann einige Überraschungen bereit halten. Der Besitzer muss vor allem Ruhe und Geduld bewahren.

des Nervensystems in der Phase zwischen Kindheit und Erwachsenendasein werden vermutlich ähnliche Auswirkungen auf beider Stimmungslagen haben.

Auch beim Spätentwickler Hovawart ist die Pubertät (bedingt durch die hormonellen Veränderungen) immer wieder geprägt von innerer Unausgeglichenheit und scheinbar grundlosen Stimmungsschwankungen. Den Eindruck, mit sich selbst nicht im Reinen zu sein, kann Ihr Hovawartteenager etwa ab dem sechsten Lebensmonat vermitteln.

Wann die Pubertät beim einzelnen Hund genau einsetzt, ist aber ebenso individuell wie beim Menschen und kann kaum allgemein gültig festgelegt werden. Sie dauert bei ihm als Spätreifem mindestens bis zum vollendeten zweiten Lebensjahr, in manchen Fällen auch bis über den dritten Hovawartgeburtstag hinaus. Die Pubertät vollzieht sich aber über weite Strecken gegen Ende eher unauffällig und verläuft normalerweise (zum Glück!) nicht durchgängig schwierig. Es sind vielmehr pubertäre Schübe festzustellen, die sich zwischen immer länger werdenden Phasen der Stabilität bemerkbar machen. Einigermaßen erwachsen ist Ihr Hovawart dann erst ab dem dritten Lebensjahr.

Die lange, wilde Jugendlichkeit dieser Rasse hat aber auch Vorteile: Für Menschen, die temperamentvolle, aufgeweckte Hunde schätzen, deren starke Persönlichkeit ihre Erziehungskünste herausfordert, ist sie auch ein großes Geschenk.

Drastische körperliche Veränderungen

Äußerlich erkennbar ist der Abschluss des Welpendaseins für Sie am vollzogenen Zahnwechsel, das heißt, Ihr Hovawart besitzt jetzt das bleibende Scherengebiss des erwachsenen Hundes mit (idealerweise) 42 Zähnen. Sie haben bemerkt, dass Ihr Junghund den ersten Haarwechsel durchmachte und das weiche, hochflorige Welpenfell einer glatteren, eventuell auch leicht gewellten Haarpracht mit glänzendem Deckhaar und weicherer Unterwolle wich. Der niedliche Teddybären-Eindruck mit plüschigem Pelz auf dem Kopf verliert sich jetzt deutlich und Ihr junger Hovawart wirkt plötzlich nicht mehr so rundlich. Noch ist die lange Behaarung (auch Befederung genannt) an der Rückseite der Vorderläufe, unterm Bauch, an der Rute und an den »Hosen« etwas dürftig, wächst aber zunehmend üppiger.

Die üppige Befederung an der Rute, an den Hosen, an den Vorderläufen und am Hals lässt noch eine Weile auf sich warten. Dieser im Moment hellblonde Jungrüde (5 Monate alt) zeigt sich hier im plüschigen Welpenfell.

Derselbe Hund mit 20 Monaten: Das Blond des jungen Rüden ist bis zur idealen Färbung mit deutlichen Aufhellungen nachgedunkelt. Beim Junghund war die Entwicklung durch dunkle Behänge, die sehr dunkle Hinterhand und den hellen Schulterstreifen zu erahnen.

Diese Hündin hat im Alter von 7 Wochen schwache Kopfmarken, aber Augenpunkte und Kehlmarke sind vorhanden. Die Farbe der Marken ist noch hell, eine Befederung der Behänge noch nicht zu sehen.

Ich kann mich gut daran erinnern, wie entsetzt mein Mann und ich waren, als wir vor 20 Jahren in diesem Stadium mit unserer ersten blonden Hündin in die Stadt zum Lernspaziergang gingen und uns unterwegs eine selbst ernannte Hovawartexpertin begegnete. Diese war allerdings felsenfest der Ansicht, da habe man uns mit Sicherheit keinen Rassehund, sondern einen Mischling verkauft: So wenig Haar an Läufen und Rute, das könne einfach kein »echter« Hovawart sein! Doch die Befederung wuchs in den nächsten Monaten genau wie sie sollte, und wir Anfänger atmeten beruhigt auf …

Blonde Hovawarte mit dunkelblonden Behängen sind auf dem Rücken nun schon merklich nachgedunkelt. Bei vielen Schwarzmarkenen sehen die Marken z. B. am Fang und über den Augen nun klarer und größer aus. Eine imposante Schönheit ist ein Hovawart in der Pubertät allerdings beileibe nicht. Der Körperbau des Junghundes sieht ungeheuer schlaksig aus, die Proportionen stimmen noch längst nicht. Mal ist der Kopf zu groß, mal zu klein für seinen Rumpf. Die Kruppe wirkt überbaut: Ihr Hund scheint in der Hinterhand deutlich höher als vorne zu stehen. Auch das Gangwerk macht noch keinen sonderlich eleganten Eindruck, sondern der junge Hovawart läuft von hinten gesehen »wie auf Eiern«, was manchen besorgten Besitzer (meistens zu unrecht) schon eine HD befürchten und den Gang zum Tierarzt antreten lässt. Jetzt wiegt er schon über 20 Kilogramm und kann mit der Vollendung des ersten Lebensjahres (vor allem als Hündin) auch schon sein Erwachsenengewicht von über 30 Kilogramm erreicht haben.

Dieselbe Hündin vier Jahre später: Ihre Marken sind mittelblond und auch am Fang vorhanden. Eine üppige Befederung ziert die Behänge. Und eigentlich hat die Hündin noch denselben Gesichtsausdruck wie als Welpe.

Fütterung und Gesundheitsfürsorge in der Pubertät

Schädliches Großfüttern vermeiden

In den Napf bekommt Ihr junger Hovawart, sofern Sie für ihn nicht selber kochen, immer noch Spezialalleinfutter für Junghunde großer Rassen, angereichert mit zerkleinertem Obst und Gemüse, wobei Sie die Mengen nun auf mindestens zwei Hauptmahlzeiten reduziert haben. Eine dritte Mahlzeit besteht nachmittags bei meinen Hunden aus harten Hundekuchen, Büffelhautknochen, ganzen Möhren oder Ähnlichem für die Gebissstärkung und -reinigung. Die Kilojoule müssen natürlich vom sonstigen Speiseplan abgezogen werden, ebenso die am Tag präsentierten Belohnungshappen für gezeigtes Wunschverhalten. Streben Sie auch in diesem Alter kein explosionsartiges Wachstum an: Eine langsame, gleichmäßige Entwicklung ist für den Organismus Ihres Hovawarts weit gesünder als ein schnelles In-die-Höhe-Schießen, das zu schweren Skelett- und Knorpelschäden führen kann. Eine Unter- oder Überversorgung mit Kalzium und Phosphor, Mineralstoffen, die im Hundestoffwechsel eng »zusammenarbeiten«, scheint sich auf den Knochenaufbau besonders fatal auszuwirken.

Der Magendrehung vorbeugen

Um den Magen nicht zu überfüllen und der gefürchteten Magendrehung *(Torsio venticuli)* nicht Vorschub zu leisten, sollten Sie ein Hovawartleben lang mindestens bei einer »2- bis 3-mal täglich«-Fütterungsstrategie bleiben. Bei dieser Erkrankung, die besonders große Hunde mit tiefem Brustkorb ereilt und immer einen akuten Notfall darstellt, dreht sich der im Frühstadium erweiterte, aufgeblähte Magen um die eigene Längsachse und wird dadurch an beiden Ausgängen (also zur Speiseröhre und zum Dünndarm hin) mitsamt der Blutgefäße abgeschnürt, wodurch sich das Blut im Bauchraum staut. Der erkrankte Hund macht einen sehr unruhigen Eindruck, sein Bauchumfang schwillt an, er hat starke Schmerzen, speichelt auffällig und versucht Futter auszuwürgen, was ihm außer einem zähen Schleim am Anfang nicht gelingt. Im weiteren Verlauf baut der Kreislauf immer mehr ab. Der Hund ist in absoluter Lebensgefahr! In diesem Zustand sollte sich Ihr Hovawart bereits auf einem OP-Tisch beim Tierarzt wiederfinden, denn er muss umgehend operiert werden, wobei der Magen innen an den Bauchwänden festgenäht wird. Die Überlebenschancen richten sich auch nach der Kreislaufstabilität des Patienten und der Frühzeitigkeit des Eingriffs. Zwar gibt es auch Fälle, in denen die betroffenen Hunde einen völlig leeren Magen hatten und sich nicht heftig wälzten oder aufgeregt herumsprangen, aber körperliche Aktivitäten (Pendelbewegungen des Magens!) in Verbindung mit einer starken Aufgasung durch Gärung des Futters und einer Dehnung des Magengewebes scheint trotzdem oft zur Magendrehung zu führen. Obacht, wenn schon Verwandtschaft Ihres Hundes von Magendrehungen betroffen war, denn auch eine erbliche Komponente ist bei der Entstehung sehr wahrscheinlich! Eine Bindegewebsschwäche wird als Mitursache diskutiert. Rüden sind zudem generell gefährdeter als Hündinnen. Die Überfütterung Ihres Hovawarts in seiner Jugend mit wenigen, üppigen Mahlzeiten pro Tag sollten Sie vorsorglich unbedingt vermeiden, denn ein frühes Ausdehnen des Magens scheint eine spätere Magendrehung zu begünstigen. Leider scheinen aber gerade frisch gefüllte Hundebäuche übermütig zu machen. Fordern Sie Ihren gut gesättigten Hund niemals nach der Fütterung zu wilden Aktionen auf und unterbinden Sie vorsorglich Wälz- und Tobanfälle »zum Nachtisch«! Spaziergänge sind bis mindestens drei Stunden nach der letzten Hauptmahlzeit tabu, denn für Vierbeiner gilt ganz klar: »Nach dem Fressen sollst du ruhen und *keine* hundert Schritte tun«. Die Einhaltung von festen täglichen Fütterungszeiten hilft Ihnen dabei, diesem eisernen Ruhemodus zu folgen.

Bis zu seinem Lebensende sollten Sie Ihren Hovawart eine Stunde lang nach jeder Mahlzeit im Auge behalten, wenn möglich, denn in diesem Zeitraum nach dem Fressen entstehen die meisten Magendrehungen. Es versteht sich von selbst, dass die Sitte, dem Hund den ganzen Tag lang Zugang zu frei verfügbarem Futter quasi zur »Selbstbedienung« zu gewähren (so genannte Ad-libitum-Fütterung), unter diesem Gesichtspunkt nicht zu empfehlen ist. Eine vorbeugende Fütterungsstrategie im Junghundalter kann dagegen die Gefahr einer späteren Magendrehung verringern helfen.

Ein kritischer Blick auf die Taille

Etwa um den zwölften Lebensmonat herum ist das Höhenwachstum Ihres Hovawarts relativ abgeschlossen. Er reift allerdings noch mindestens bis zum vollendeten dritten Lebensjahr körperlich und auch seelisch aus. Die Schädelform wird noch markanter, der Fang breiter, die Statur des Rumpfes kräftiger, das Haar üppiger, das Blond dunkler und die Marken (oft) klarer und größer. Da der Stoffwechsel sich jetzt darauf einstellt,

Freudige Ungeduld! Junge Hovawarte sind keine Kinder von Traurigkeit und scheinen Gummi in den Gelenken zu haben. Bewegung, die die Hunde von selbst zeigen, ist in Ordnung. Niemals sollten sie aber zu hohen Sprüngen angespornt werden.

nicht mehr für ein rapides Größenwachstum wie noch im ersten Lebensjahr sorgen zu müssen, sinkt nun auch der Kilojoulebedarf Ihres Hovawarts merklich. Ihr jugendlicher Backfisch verliert seine Taille, wenn Sie jetzt nicht aufpassen und die Futtermenge seinem wirklichen Bedarf an Energie anpassen. Da das Skelett noch immer nicht ausmineralisiert ist, also noch keine optimale Knochenfestigkeit vorliegt, würden die Gelenke jetzt durch Übergewicht massiv belastet.

Wie merken Sie, dass Ihr Hund zu dick ist? Fühlen Sie seine Rippen: Sind die Wirbelsäule, das Brustbein und die Hüfthöcker ohne weiteres zu ertasten? Die Vergleichstabellen von Tierärzten sind nicht immer aussagekräftig und gehen meistens von regelrechten Hovawarthänflingen aus. Lassen Sie sich nicht ins Bockshorn jagen! Eine sehr elegante anderthalb jährige Hovawarthündin kann mit 27 Kilo ihr Idealgewicht ebenso zeigen, wie eine derbere Rasseschwester, die 33 Kilogramm auf die Waage bringt. Entscheidend sind das Tastergebnis und die eventuell auffällige Speckschicht. Gehen Sie beim Füttern immer davon aus, dass es eine allgemein gültige Mengenempfehlung nicht gibt. Vergessen Sie die Grammempfehlungen auf der Futterpackung, es handelt sich dabei nur um einen ganz groben Richtwert.

An die optimalen Portionen für Ihren Hovawart müssen Sie sich alleine herantasten. Der eine ist ein hervorragender Futterverwerter und setzt leicht an, der andere frisst und frisst und erscheint immer noch zu mager zu sein. Bei unkastrierten Hündinnen spielen auch die Hormonschwankungen von Läufigkeit zu Läufigkeit eine Rolle. Mal kann Ihre Ranke und Schlanke nach Herzenslust fressen, einige Wochen später sollten Sie die Leckerchenzufuhr drastisch einschränken, weil sie merklich zunimmt. Entschieden wird täglich flexibel, wie viel Futter in den Napf kommt: Macht der Hund einen zu mageren Eindruck, darf es pro Mahlzeit etwas mehr als sonst sein. Geht die Gewichtskurve nach oben, werden die Futterportionen kleiner. Leckerchen müssen vom sonstigen Speiseplan abgezogen werden, zwischendurch gibt es höchstens kleine Mengen fettarmer Snacks und/oder ganze Möhren oder Äpfel zum Befriedigen der Fresslust.

Sind Diäten nötig, scheuen viele Hovawartliebhaber die wachsende Unzufriedenheit ihrer jungen Temperamentsbündel. Satt und zufrieden ließen sie sich leichter ruhig stellen, aber hungrig und unzufrieden nehmen Betteln, Raubzüge und Zerstörungswut aus Frust möglicherweise deutlich zu. Abhilfe schaffen ballaststoffreiche Futtermittel, die wenig Kilojoule enthalten, aber den Magen füllen: Leinsamschrot oder geraspelte Möhren, Sauerkraut oder gekochte Rinderlunge können helfen, den Hunger in Grenzen zu halten. Wenn gleichzeitig das Bewegungspensum schonend erhöht wird, lässt der Abnahmeerfolg auch nicht lange auf sich warten.

Empfindlicher Bewegungsapparat

Der jetzt schon deutlich in die Höhe geschossene Hovawart darf nicht zum Springen animiert werden, indem Sie etwa Stöcke oder Bälle hoch in die Luft halten und erhaschen lassen. Zwar hüpft der junge Hund selbst elastisch wie ein Gummiball, wenn ihm danach ist, und das ist auch in Ordnung. Knochen, Gelenke und Bänder sind jedoch immer noch nicht gefestigt und sollten nicht über das unaufgeforderte Maß hinaus strapaziert werden. Schmerzhafte Arthrosen der Gelenke im fortgeschrittenen Alter haben oft eine Vorgeschichte, die in kleinsten, unbemerkten Verletzungen liegt. Wenn Sie Bälle oder anderes Apportierspielzeug werfen, lassen Sie Ihren jungen Hund deshalb auch nicht zu oft extrem abbremsen, da dies die Vordergliedmaßen sehr staucht. In diesem Alter ist das Körpergewicht zwar schon recht hoch, z. B. die Schulter- und Ellenbogengelenke sind jedoch noch weich und wenig belastbar. Harter Untergrund wie Asphalt oder Beton ist zum wilden Toben und Springen tabu, während weicher Waldboden, eine Wiese, Watt, Schnee, eine flache Teichuferzone oder Sandstrand wie eine natürliche Dämpfung wirkt und den Bewegungsapparat des Hovawarts im Wachstum weniger belastet. Bänderzerrungen und -überdehnungen nach scheinbar endlosen Flitzrunden können immer wieder vorkommen. Nach einer deutlichen Lahmheit, meistens in einem Vorderlauf, geben sich die Beschwerden oftmals von selbst wieder. Der Vierbeiner muss aber dem Tierarzt vorgestellt werden, wenn ein Gelenk geschwollen und/oder auffällig warm ist, der Hund in seinem Allgemeinbefinden beeinträchtigt scheint oder das Lahmen nach einem Tag immer noch keine Besserung zeigt. Unklare Lahmheiten könnten aber auch (und zwar vom Alter unabhängig!) auf eine Borreliose-Infektion, ausgelöst durch einen Zeckenbiss, hindeuten. Bitten Sie Ihren Tierarzt, eine entsprechende Blutkultur anzusetzen, falls der Antikörpertest positiv ausfiel, um eine solche Verdachtsdiagnose abzusichern. Eine sofort eingeleitete Antibiotikabehandlung kann Spätfolgen verhindern helfen.

Der Hovawart neigt zu Ohrproblemen. Die behaarten Behänge sorgen dafür, dass die Luft im Gehörgang schlecht zirkuliert. Eine ideale Brutstätte für Bakterien! Die regelmäßige Kontrollsäuberung, vor allem nach dem Baden, sorgt schmerzhafter Otitis vor.

Otitis, die Geißel klappohriger Hunde

Kratzt sich Ihr Hund auffällig hinter den Behängen, wirft er sich Ihnen beim Kraulen mit dem Kopf förmlich in Ihre Hand, oder reibt er sich gar an Möbeln oder auf dem Fußboden, könnte eine Otitis externa, die Entzündung des äußeren Gehörganges, die Ursache sein. Diese im Volksmund auch »Ohrenzwang« genannte Erscheinung entsteht, wenn Schmutz und Feuchtigkeit ins Ohr eindringen, sich mit dem zersetzenden Ohrenschmalz verbinden und Bakterien die recht verschachtelten Gehörgänge des Hundes besiedeln. Der Ohrlappen und der obere Gehörgang können mehr oder weniger stark gerötet sein, auffällig sind bei betroffenen Hunden meistens bräunlichtranige bis schwarze Ablagerungen im Ohr.

Der relative Luftabschluss des Ohres durch den herunterklappenden Behang fördert die Entstehung einer Otitis. Haarwuchs am Gehörgang sollten Sie vorsichtig entfernen, um die Luftzirkulation im Ohr Ihres Hundes zu unterstützen. Gefährdet sind vor allem schwimmbegeisterte Hovawarte mit engen Gehörgängen und dickem Ohrleder, das die Ohreingänge fast luftdicht verschließt. Nach jedem Schwimmen und Baden sollten

Sie einem Hovawart, der anfällig für Ohrenzwang ist, die Ohrmuscheln sorgfältig trocken tupfen. Ist ein Tierarztbesuch notwendig, wird mit einem Otoskop tief ins Ohrinnere geschaut. Ob spezielle Lotionen zur Säuberung und Behandlung der Behänge, eine eventuelle Antibiotikakur oder sogar eine operative Erweiterung des Gehörganges im Extremfall – es können verschiedene Maßnahmen zur Behandlung nötig werden.

Probleme mit den Analdrüsen

Bei verstopften Analdrüsen, aus denen normalerweise bei jedem Kotabsatz etwas Sekret mit persönlichem Duftstoff abgegeben wird, rutscht der Hund entweder auf dem Hinterteil als habe er Würmer, oder er beknabbert sich häufig die Kruppenregion. Manchmal entleert sich aus den Analdrüsen auch von selbst eine übel riechende bräunliche, fettige Flüssigkeit. In einigen Fällen sind Analdrüsenprobleme hausgemacht, dann lohnt sich ein kritischer Blick in den Napf: Bekommt Ihr Hovawart nämlich nur stark eingeweichtes Trocken- oder feuchtes Dosenfutter, wird der Stuhlgang weich und ist schlecht geformt. Die Analdrüsen werden dadurch nicht mehr natürlich und kontinuierlich entleert, das ölige Sekret staut sich, Bakterien darin lösen oft eine Entzündung aus. Das Entleeren nimmt der Tierarzt vor und spült die Analdrüsen mit einer desinfizierenden Lösung.
Leichte Fälle können die Hundebesitzer nach Absprache mit dem Tierarzt auch selbst zu Hause behandeln. Bei schweren oder chronischen Analdrüsenentzündungen bleibt nach erfolglosen Antibiotikagaben und wiederholtem Ausdrücken nur noch die operative Entfernung. Es kann nicht ausgeschlossen werden, dass die Neigung zu Analdrüsenproblemen auch eine erbliche Komponente besitzt.

Zeit für das HD-Röntgen

Wenn Sie mit Ihrem Hovawart in einem der FCI angeschlossenen Verein eines Tages züchten wollen, führt kein Weg daran vorbei. Falls Sie Ihrem Züchter, der Zuchtleitung und der ganzen Rasse einen Gefallen tun wollen, auch nicht: Die Rede ist von der Teilnahme am so genannten HD-Röntgen. Etwa im Alter zwischen 15 und 18 Monaten ist auch Ihr Junghund an der Reihe! HD steht für Hüftgelenksdysplasie, einer erblichen, multifaktoriellen Deformation der Hüftgelenkspfanne und/oder des Oberschenkelkopfes und -halses. Multifaktoriell deshalb, weil nicht nur die Gene für eine Entstehung der HD verantwortlich gemacht werden: Auch Umweltbedingungen wie Haltungs- und Fütterungsfehler können zur Ausprägung beitragen, wenn eine genetische Prädisposition besteht. Somit liegt die Verantwortung für die HD-Vorsorge nicht allein beim Züchter, sondern auch beim Besitzer des Junghundes.
Die fehlerhafte Mechanik im Hüftgelenk kann (je nach Schweregrad) durch die ungünstigen Druck- und Zugbelastungen zu einer schmerzhaften Arthrose führen und die Lebensqualität des HD-kranken Hundes erheblich mindern.
Fakt ist, dass der Hovawart von Experten und Wissenschaftlern inzwischen als eine Art Vorzeigerasse für erfolgreiches züchterisches Bekämpfen dieser Erbkrankheit gilt. Bereits in den 60er-Jahren begann die Erhebung von Röntgendaten und die gutachterliche Festlegung von HD-Schweregraden. Die Benennung der Ausprägungen von HD-Befunden wechselten im Laufe der Zeit, heute wird unterschieden in:

- A1 (bestmögliches Resultat, optimale, einwandfreie Hüften)
- A2 (kein Hinweis auf Hüftgelenksdysplasie)
- B1/B2 (Übergangsform, noch keine manifestierte HD, früher »HD-Verdacht«)
- C1/C2 (leichte HD)
- D1/D2 (mittlere HD)
- E1/E2 (schwere HD).

Während früher einzelne A1-Ergebnisse im Wurf schon echte Highlights waren und die überwältigende Mehrzahl der Hovawarte »normal« freie Hüften (HD-A2) hatten, geht der Trend inzwischen eindeutig zur optimalen HD-A1-Hüfte, wie die Zahlen der Rassezuchtvereine eindrucksvoll belegen. HD-B und HD-C werden immer seltener, mittlere und schwere HD kommen kaum noch vor. Doch jeder Krankheitsfall ist einer zu viel, deshalb darf bei der HD-Bekämpfung nicht nachgelassen werden.

Zuchtwertschätzung für das Merkmal HD

Im RZV und HC darf nur mit HD-A-Tieren gezüchtet werden, während in der HZD auch noch HD-B-Ergebnisse akzeptiert werden, sofern der Paarungspartner HD-frei und die Verwandtschaft beider Paarungspartner nicht HD-belastet ist. In der Schweiz (SHC) sind wie in der HZD auch Hunde mit HD-B-Ergebnissen zur Zucht zugelassen, sofern deren Linien keine HD-Probleme aufweisen. Im Österreichischen Klub der Hovawartfreunde (ÖKH) wird auch nur mit HD-A-Hunden gezüchtet. RZV und HZD wenden zusätzlich noch die Zuchtwertschätzung für die Merkmale Hüftgelenksdysplasie und Verkürzter Unterkiefer (VUK) an. Bei dieser der Nutztierzucht entlehnten so genannten BLUP-Methode (= **B**est **L**inear **U**nbiased **P**rediction, beste lineare unparteiische bzw. unverzerrte Vorhersage) wird von der Zuchtleitung unter Zuhilfenahme eines speziellen Computerprogramms z. B. nicht nur der HD-Wert eines Zuchthundes, sondern auch die HD-Bewertungen seiner Verwandtschaft, nämlich der Eltern, Voll- und Halbgeschwister sowie der eigenen Nachkommenschaft, zu einem gemeinsamen Zuchtwert für diesen Hovawart verrechnet. Angesichts einer Vergleichszahl (dem rassetypischen Durchschnittsniveau, Zahlenwert = 100) können nun bessere Vorhersagen bezüglich der wahrscheinlichen Qualität einer geplanten Verpaarung abgegeben werden. Es geht also um die Prognose verringernder (= Zuchtwert unter 100) und verstärkender (= Zuchtwert über 100) Genkombinationen, die über die Ausprägung eines bestimmten Merkmals in der Nachzucht, in diesem Fall der HD, entscheiden.

Die Anzahl wirklich unter HD leidender Tiere mit mittleren und schweren Befunden ist beim Hovawart verschwindend gering, dennoch sollte nicht nachgelassen werden, das Röntgen und Auswerten durch einen unabhängigen Gutachter (in Deutschland sollte er der Gesellschaft für Röntgendiagnostik genetisch beeinflusster Skeletterkrankungen bei Kleintieren e. V. angehören) auch weiterhin zu propagieren. Insgesamt hat diese jahrzehntelange Strategie der Zuchthygiene dazu geführt, dass die Hüftgelenksdysplasie ihren Schrecken für diese Rasse verloren hat.

Die Wahrscheinlichkeit, einen HD-freien oder kaum belasteten Hovawart sein Eigen zu nennen, ist sehr groß. Wird der Junghund dann auch noch schlank gehalten, körperlich nicht überfordert und nicht durch Vitamin- und Mineralstoffgaben zusätzlich zum Alleinfutter belastet, steigt die Wahrscheinlichkeit noch mehr. Damit diese erfreuliche Bilanz so bleibt und sich die Werte vielleicht in Zukunft noch weiter verbessern, sind alle Besitzer von Junghunden zur Teilnahme am HD-Röntgen aufgerufen.

Die Hormone regen sich

Die erste Läufigkeit der Junghündin

Der Hormonhaushalt des heranwachsenden Hovawarts ändert sich in den nun folgenden Monaten und die zunehmenden körperlichen und psychischen Veränderungen müssen in feinen Abstimmungsprozessen von ihm ausbalanciert werden. Ein junger Hovawart leistet in seiner Pubertät Entwicklungsschwerstarbeit! Der Rüde beginnt, anfangs noch etwas wankend, sein Bein zu heben und uriniert immer seltener wie eine Hündin in der Hocke. Sein Interesse an Hündinnen nimmt zu, vor allem, wenn deren Läufigkeit naht. Nähert sich die Junghündin ihrer ersten Läufigkeit, wird für sie das Aufnehmen und Hinterlassen von Geruchsbotschaften auf den Spaziergängen auch immer wichtiger. Wie der Jungrüde markiert sie nun mit Vorliebe Stellen in der Landschaft, die von vielen Hunden aufgesucht werden und wirkt unterwegs zunehmend fahriger, abwesender und schnüffelt viel länger und konzentrierter dort, wo sich Artgenossen lösten. Manchmal ist es nur ein einziger Grashalm, dessen Geruch die bald läufige Hündin absolut fesselt. Was wissen wir schon als Mensch davon, was hier für ein toller Hecht in Hundegestalt seine Visitenkarte hinterlassen hat?

Schon bevor die erste vaginale Blutung vom Hündinnenbesitzer bemerkt wird, leckt sich die Hündin häufig die Vulva. Das Einsetzen und der Verlauf der ersten Läufigkeit ist ebenso individuell wie der eigentliche Beginn der Pubertät. Ab dem achten Monat können Sie damit rechnen, doch es gibt auch Hündinnen, die erst mit zwölf oder 15 Monaten zum ersten Mal heiß werden, ohne dass ein gesundheitliches Problem dahinter steckte.

Diese erste Läufigkeit verläuft oft relativ unspektakulär. Die Blutungen halten sich bei vielen Hündinnen noch sehr in Grenzen. Auch das typische Verhalten an den so genannten Stehtagen (sie liegen etwa zwischen dem neunten und dem 17. Tag der Läufigkeit), bei dem ausgewachsene Hündinnen die Rute zur Seite drehen, sich den Rüden anbieten und mit abwesendem Schlitzaugen-Blick »stehen«, lässt sich bei der Junghündin meistens noch nicht beobachten. Um eine Verschmutzung von Haus oder Wohnung zu verhindern, greifen viele Hündinnenbesitzer zu speziellen Läufigkeitshöschen mit auswechselbaren Einlagen, die den jungen Hovawartdamen vor den Spaziergängen ausgezogen werden, damit sie sich lösen können. Die meisten so ausgestatteten Hovawarte lassen die ungewohnte Verpackung ihres Hinterteils brav mit sich geschehen, vor allem, wenn sie schon als Welpe gelernt haben, gewisse körperliche Manipulationen als selbstverständlich zu akzeptieren. Ich persönlich halte davon wenig, weil die läufige Hündin somit gehindert wird, sich nach Bedarf selbst sauber zu lecken. Die körperlichen Veränderungen sind für mein Dafürhalten schon irritierend genug für den pubertierenden Junghund. Da der Boden in einem Hovawarthaushalt sowieso pflegeleicht sein sollte, reichen bei uns etwas Spülmittel und warmes Wasser als Notfallmaßnahme zum Wegputzen völlig aus. Entdecken Sie einen frischen Tropfen auf glattem Untergrund, können Sie auch einfach Ihre Hündin mit der Aufforderung »Leck schön!« darauf aufmerksam machen, und schon ist das kleine Malheur verschwunden. Meiner Ansicht nach rechtfertigt die Sorge um den Teppichboden nicht, die natürlichen Hygienevorstellungen der Hündin zu durchkreuzen. Doch entscheiden Sie selbst!

Aufreiten unerwünscht!

Mit dem Eintritt in die Pubertät bis hin zum Erwachsenenalter kann sich nun vermehrt die Tendenz zeigen, Menschen nicht nur anzuspringen, sondern bei ihnen auch noch Aufreitbewegungen zu vollführen – und das nicht nur bei Rüden! Auch läufige Hündinnen im gleichen Hausstand neigen zum Aufreiten und fordern die vierbeinige Mitbewohnerin mehr oder weniger dazu auf. Es kann durchaus sein, dass auch die Hauskatze (oder ein Sofakissen) im Überschwang der Gefühle gepackt und von Ihrem heißblütigen Junghovawart scheinbegattet wird. Diese starke Geste zeigen auch schon wenige Wochen alte Welpen untereinander beim Trainieren des Ausdrucksverhaltens. Es ist grundsätzlich nicht rein sexueller Natur, obwohl es natürlich zur Fortpflanzung gehört und dabei im Vorspiel auch von der Hündin gezeigt wird. Das Aufreiten ist ein starkes Dominanzsignal, und schon alleine deshalb sollten Sie jeden Versuch Ihres Junghundes, diesbezüglich bei Ihnen oder gar Ihren Kindern tätig zu werden, strikt unterbinden!

Angesichts anderer Hunde vor allem des eigenen Geschlechts dient das Aufreiten als Test: Was wird sich der oder die andere wohl gefallen lassen? Erwachsene Hunde verbitten sich eine solch anmaßende Geste eines Jüngeren in der Regel ganz energisch ohne lange Umschweife. Werden Sie nicht minder deutlich, wenn Ihr junger Hovawart das Aufreiten bei Ihnen zum Thema macht!

Das Phänomen der Scheinträchtigkeit

Während viele Hovawarthündinnen etwa zwei Monate vorher bis zum Ende der Läufigkeit eine aufgedrehte bis manchmal sogar recht gereizte Stimmungsphase durchlaufen, schließt sich danach eine ruhigere bis phlegmatische, in manchen Fällen sogar melancholische Zeit an. Viele Hovawarthalter, die ihre erste Hündin besitzen, wundern sich jetzt über einen auffälligen

Etwa zwei Monate nach der abgeschlossenen Läufigkeit kann die Hündin mütterlich besorgt Gegenstände umhertragen. Die Scheinträchtigkeit ist eine normale Phase im Zyklus jeder Hündin, die nur im Extremfall behandelt werden muss.

Temperamentsabfall. Der Organismus spielt sozusagen die mögliche Trächtigkeit durch, wobei auch eine leichte Scheinträchtigkeit nicht als anormal oder krankhaft anzusehen ist. Dabei können etwa 60 Tage nach dem Ende der Hitze (also zum eingebildeten Wurftermin) mütterliche Gefühle angesichts von Spielzeug, Socken oder ähnlichen Objekten zutage treten. Fiepend und jammernd werden diese Ersatzdinge anstelle von echten Welpen ins »Nest« getragen, hingebungsvoll geleckt oder sogar an die Zitzen geschoben. Bei manchen Hündinnen schießt auch Milch ein, das Gesäuge ist mehr oder weniger angeschwollen und es werden Wurfhöhlen gebaut.

Der biologische Sinn dieser Quasi-Trächtigkeit und Mutterschaftssimulation liegt vielleicht darin begründet, dass in einem Wolfsrudel vor allem (wie heute bekannt ist, aber keineswegs ausschließlich) die Alphawölfin werfen darf, während die anderen weiblichen Rudelmitglieder (meistens Töchter aus früheren Würfen) tantenhafte Babysitterdienste verrichten. Fiele die starke Alphawölfin durch Krankheit oder einen Unfall aus, könnten andere Weibchen die Pflege des Wurfes inklusive der Säugung fortsetzen und die Aufzucht der nächsten Generation wäre trotzdem gesichert.

Ob die Scheinträchtigkeit durch Ablenkungsmanöver und Ignorieren der »Muttergefühle«, essigsaure Tonerdeumschläge oder gar durch Medikamente begleitet werden sollte, werden Sie im Zweifelsfalle sicher mit Ihrem Tierarzt besprechen. In sehr ausgeprägten Fällen ist die Kastration das einzige probate Mittel, um eine übersteigerte Scheinträchtigkeit für immer abzustellen.

Die Neigung zur ausgeprägten Scheinträchtigkeit scheint sich zu vererben und ist deshalb auch für den Züchter Ihrer Hündin eine wichtige Information! Manchmal sind heftige Wesensänderungen, die nur in dieser hormonellen Phase auftreten, auch der Grund für die Kastrationsentscheidung. So geschehen im Falle einer blonden Hovawarthündin, die ungedeckt während der Läufigkeit zu jedem (!) vermeintlichen Wurftermin im Garten ihrer Besitzer partout unter einem großen Fliederbusch ihre metertiefe Wurfhöhle graben wollte. Jeder Versuch, sie davon abzubringen, endete mit Abwehrschnappen und wildem Knurren dieser ansonsten durch und durch freundlichen Hündin. Ihre Instinkte ließen sie heftig reagieren, als ihr das unbedingt nötig erscheinende Graben verwehrt werden sollte. Von moderner Gartengestaltung verstehen Hovawarte wirklich nichts!

Das Für und Wider der Kastration

In der Jugend Ihres Hovawarts werden Sie sich vermutlich, sofern Sie auf keinen Fall später mit Ihrem Hund züchten wollen oder können, die Kastrationsfrage stellen – vor allem, wenn Sie eine Hündin besitzen. Grundsätzlich gilt es, die Vor- und Nachteile in Absprache mit dem Tierarzt ganz genau abzuwägen, denn dieser Eingriff ist später naturgemäß nicht mehr rückgängig zu machen. Bei der Hündin werden die Eierstöcke und die Gebärmutter entfernt, beim Rüden die Hoden, was eine wesentlich unkompliziertere Operation bedeutet. Die Frage nach den medizinischen Vorteilen ist schnell beantwortet: Nach wissenschaftlichen Erkenntnissen reduziert eine Kastration die Ausbildung von Mamatumoren (Geschwüre an der Milchleiste) nur dann zuverlässig, wenn eine Hündin bereits vor ihrer ersten Läufigkeit kastriert wurde! Was sie aber ganz sicher, auch bei späterem Eingriff, ausschaltet, ist das Risiko, an einer Gebärmuttervereiterung (*Pyometra*) zu erkranken, da dieses Organ ja nicht mehr vorhanden ist. In den USA ist dieses frühe Kastrieren sehr viel gebräuchlicher als in Europa. Die Frühkastration soll allerdings einen Einfluss auf das Größenwachstum haben, das heißt, eine so früh kastrierte Hündin bleibt vielleicht etwas kleiner, als wenn sie nicht oder erst später kastriert worden wäre. Ein viel größerer Nachteil besteht aber meiner Meinung nach in der Tatsache, dass ein solch elementarer Eingriff in den Hormonhaushalt die Hundepersönlichkeit nicht zum natürlichen Ausreifen kommen lässt. Ich stellte bei meinen unkastrierten Junghündinnen immer wieder fest, dass sie durch jede Läufigkeit einen neuen Entwicklungsschub durchliefen, sowohl körperlich als auch seelisch. Außerdem ist der Fortpflanzungstrieb des Hundes kein lästiges Anhängsel, das nur für Ärger sorgt, sondern ein Lebenselixier bis ins hohe Alter. Zwar müssen sich Hovawarte nicht zwangsläufig vermehren, um ein glückliches, erfülltes Hundedasein zu führen, aber ihr Sexualleben wird gesteuert von jahrtausendealten Trieben, die wie ein energiegeladener Motor wirken und den Hovawart auch außerhalb des Zuchtgeschehens lange vital halten.

Kastrationsgründe und Nebenwirkungen

Hovawarte sind immer natürlich gebliebene Hunde, die nicht aus reinen Bequemlichkeitsgründen ihrer Instinkte und Triebe beraubt werden sollten. Nicht von ungefähr verbietet das Deut-

Eine kastrierte Hündin mit üppigem, gepflegtem Haarkleid. Nach Angaben ihrer Besitzerin hat sich die Kastration nicht negativ auf ihr Verhalten oder auf ihre Gesundheit ausgewirkt. Dennoch sollte dieser endgültige Schritt gut überlegt sein.

sche Tierschutzgesetz operative Eingriffe bzw. die Amputation von Körperteilen ohne medizinische Indikation. Solche dafürsprechende Gründe können etwa hormonelle Probleme inklusive starker Scheinträchtigkeiten sein, Geburtskomplikationen, Gebärmutterentzündungen oder -vereiterungen usw. Beim Rüden kommen z. B. Prostatavergrößerungen, Hodenkrebs oder Einhodigkeit (Kryptorchismus) in Betracht, die eine Kastration aus medizinischen Gründen zwingend nötig machen.
Während bei der Hündin oftmals eher wegen der unliebsamen Blutung oder der vor der Tür sitzenden Hundekavaliere an die Kastration gedacht wird, sind es beim Rüden häufig Verhaltensauffälligkeiten wie Streunen oder innerartliche Aggressivität. War das Streunen durch läufige Hündinnen ausgelöst worden, entfällt dies in der Regel nach der Kastration; auch eine übersteigerte Aggression gegenüber (vor allem gleichgeschlechtlichen) Artgenossen kann durch die Kastration in vielen Fällen etwas gedämpft werden.
Sie sollten bei solchen Überlegungen aber nie vergessen, dass hinter Problemverhalten auch immer eine erlernte Komponente steckt: Erziehungsfehler und mangelnde Führung durch den Menschen lassen sich auf keinen Fall wegkastrieren! Bei absoluten Hovawartmachos liegt möglicherweise ein erhöhter Testosteronwert vor, der den Rüden regelrecht mit männlichen Sexualhormonen überschwemmt. Eine Kastration lässt sich in solchen Verdachtsfällen auch vom Tierarzt durch eine Hormonspritze auf chemischem Wege durchspielen. Möglicherweise wird dann deutlich, dass eine operative Kastration nicht weiterhelfen würde – oder aber gerade die richtige Entscheidung wäre.
Eventuelle Kastrations-Nebenwirkungen sind Appetitsteigerung, vermehrtes Wachstum der Unterwolle und bei Hündinnen Harninkontinenz. Manche Rüdenbesitzer klagen darüber, dass ihre Kastraten von intakten Rüden bedrängt und fast vergewaltigt würden, weil ihre quasi geschlechtslosen Vierbeiner anscheinend geruchlich nicht mehr richtig einzuordnen wären. Übrigens ist es keineswegs so, dass einem Kastraten jegliches sexuelles Interesse verloren ginge. Es wurde schon von kastrierten Rüden berichtet, die hochläufige Hündinnen dennoch deckten. Fortpflanzung ist eben nicht nur eine Sache der Hormone, sondern auch der Erfahrung. Vorschnell und unüberlegt sollte niemals ein Kastrationstermin für den jungen Hovawart abgemacht werden. Für den Hund steht dabei einfach zuviel auf dem Spiel!

Der Umgang mit dem labilen Teenager

Plötzliches Nervenflattern

Ein stabiler Grundgehorsam, der schon recht gut verankert zu sein schien, kann in dieser Phase aus heiterem Himmel völlig unzuverlässig werden. Ihr junger Hund kommt nicht auf Ihr Rufen und macht einen aufsässigen Eindruck. Wenn Sie ihn nach dem Versäubern aus dem Garten abrufen, lässt er sich von (nur für ihn) hoch interessanten Dingen nicht abbringen, entfernt sich ungewöhnlich weit von Ihnen beim Spaziergang, bleibt plötzlich nicht mehr problemlos alleine oder fängt an, unterwegs Fremde zu verbellen, die er früher höchstens hoch erfreut angesprungen hätte. Auch die längst überwundene Angst vor bestimmten Gegenständen oder Handlungen kann

völlig unvorhergesehen und scheinbar absurd wieder auftreten. Eine Vogelscheuche, ein zur Abholung bereit gelegter Müllbeutel am Straßenrand, eine neu eingerichtete Baustelle mit Flatterbandabsperrung oder ein Schornsteinfeger auf dem Fußweg – alles Mögliche kann zu ängstlicher Verweigerung oder zu Unsicherheitsreaktionen führen.
Unsere erste blonde Hündin verdutzte mich im Alter von acht Monaten völlig, als sie plötzlich eine Fußgängerbrücke über eine stark befahrene Autobahn partout nicht mehr überqueren wollte und sich ängstlich nach unten blickend an mich drückte. Dabei war die Brücke seit Wochen für sie immer wieder völlig unproblematisch überlaufen worden, tat sich doch bald dahinter einer unserer bevorzugten Spazierwege auf. Ein stattlicher blonder Rüde, den ich kenne, wollte mit neun Monaten plötzlich die Treppe in seinem Mietshaus nicht mehr nach unten gehen und jammerte und wand sich unglücklich oben auf dem Treppenabsatz. Eine schwarzmarkene Junghündin aus meinem Bekanntenkreis bellte im Flegelalter völlig unvermutet Spaziergänger an, weil sich ihre Besitzerin am Ende einer Joggingrunde zum Verschnaufen auf eine Bank gelegt hatte und ihr wohl hilflos erschienen war. Was in solchen Situationen vor allem aufgebracht werden muss, ist Geduld, Geduld und nochmals Geduld.

Die Angstquelle erobern lassen

Besonders, wenn sich ein Verhalten zeigt, das entweder noch nie auftrat oder aber schon überwunden schien, ist die Überraschung des Besitzers groß und die Reaktion darauf oft falsch. Zornige Bestrafung, unwirsches Anschreien, barsches an der Leine Zerren oder sogar Schläge zerstören die zarten Bande der in der Welpenzeit aufgebauten Bindung und führen zu heftigen Konflikten beim Junghund. Überprüfen Sie statt dessen Ihren Führungsstil: Geben Sie Ihrem Hund genügend Sicherheit, vermitteln Sie den Eindruck eines starken Anführers, an dem sich Ihr leicht labiler Junghund orientieren kann? Verfahren wird beim Abbauen von Angstblockaden wie beim Welpen: Der Junghund darf sich selbst von der Ungefährlichkeit Angst machender Dinge überzeugen.
Manchmal geben solche anfänglichen Schrecksituationen sogar Anlass zum Schmunzeln, wie in folgendem Beispiel: Ein sechsjähriger schwarzmarkener Rüde war mit seinen Besitzern und der blonden Junghündin (gerade acht Monate alt) seines Rudels unterwegs, als die Gruppe während eines Winterspazierganges plötzlich vor einem riesigen Schneemann stand, den Kinder am Nachmittag zuvor auf einem tief verschneiten Feld gebaut hatten. Was war das: Das Ding hatte doch gestern noch nicht da

Selbst eine harmlose Schaumkrone wie diese kann einen pubertierenden Hovawart einen kurzen Schreckmoment bescheren. Diese blonde Hündin brauchte nur einen kurzen Anlauf, um sich von der Harmlosigkeit zu überzeugen.

So ist es ideal: Die Hunde gehen von selbst auf den merkwürdigen Kopf zu, der da aus dem Schnee ragt und beschnüffeln ihn zwanglos. Zeigt sich der Hovawart verunsichert, darf er niemals genötigt werden. Seine Angst würde sich verstärken.

gestanden!? Die junge Hündin zeigte eine unsichere Körperhaltung, bellte aus sicherer Entfernung das weiße Monstrum an, umkreiste es und getraute sich aber nicht, näher als fünf Meter heran zu gehen. Noch bevor sich die Besitzer selbst als mutige Eroberer des kalten Etwas beweisen konnten, lief daraufhin der Rüde zum Schneemann und hob mit überlegenem Blick sein Bein an dessen eisiger, aber wirklich ungefährlichen Seite. Überzeugender hätte er die Junghündin nicht von seiner Meinung in Kenntnis setzen können! Sofort löste sich ihre Anspannung und der Schneemann verlor seine ängstigende Wirkung.

In diesem Lebensalter nicht überwundene Erfahrungen bleiben einem Hovawart jedoch ewig im Gedächtnis: Derselbe Rüde geriet mit sieben Monaten in einen angreifenden Wespenschwarm und wurde furchtbar gestochen. Zeit seines Lebens schüttelte er sich angewidert, wenn ihm draußen Insekten zu nahe kamen oder im Fernsehen Hubschrauber brummten!

Extreme Belastungssituationen vermeiden

Was Sie in dieser heiklen Lebensphase unbedingt vermeiden sollten, sind besonders belastende Situationen, die den jungen Hund stark und nachhaltig verunsichern können. Ein Besitzerwechsel, die Abgabe in einer Tierpension oder gar die Unterbringung auf einem Pensionsplatz im Tierheim, die Weggabe des Hundes zur Ausbildung (bei Deutschen Schäferhunden üblich!), Umzüge, Veränderungen im Lebensumfeld, etwa plötzliche Berufstätigkeit der Bezugsperson – solche Erfahrungen sind Gift für einen jungen Hovawart! Er sucht nun ganz stark nach Orientierungspunkten im Leben und wird sowieso schon von den eigenen Gefühlswallungen hin und hergeworfen, auch wenn er in ruhigem Umfeld lebt. Ein solches Trauma mit Folgen erlebte eine junge blonde Hovawarthündin, die nach der Abgabe vom Züchter ein vergnügtes Hundekind war: aufgeschlossen, neugierig und zu jedem Abenteuer bereit. Sie zog als Einzelhund ein bei einem Ehepaar mittleren Alters, machte sich gut in der Welpenspielstunde und war durch ihre unbedarfte Art ein echter Sonnenschein. Mit sieben Monaten dann plötzlich die Wende: Scheinbar von einem Tag auf den anderen zeigte sie eine starke Scheu vor fremden Menschen, ängstigte sich aber auch vor abgestellten Fahrrädern und merkwürdigerweise ebenso vor Scheuertüchern.

Das Ehepaar konnte sich diesen Sinneswandel ihrer Junghündin überhaupt nicht erklären und grübelte lange nach, was vorgefallen sein musste, um diesen starken Einbruch herbeizuführen. Des Rätsels Lösung: Die Hündin hatte schon früh täglich vier Stunden am Morgen alleine zu Hause warten müssen, weil ihre Besitzerin erst mittags von der Arbeit heimkam. Das Pensum wurde langsam aufgebaut und bereitete ihr gar keine Probleme. Neu an der Situation war allerdings, dass seit kurzem zweimal pro Woche am Morgen eine Putzhilfe ins Haus kam, die einen Schlüssel hatte und sauber machen sollte, während die junge Hündin alleine in denselben Räumen auf die Heimkehr ihrer Menschen wartete. Nicht nur, dass diese Frau, wie sich später herausstellte, Hunde nicht leiden konnte und die junge Hündin anscheinend für Putzmisserfolge und Dreck verantwortlich gemacht hatte: Sie war dienstags und donnerstags auch noch mit dem Fahrrad angeradelt gekommen und hatte, wie sie nach intensivem Nachfragen zugab, ihr Rad beim Gassigang in den Garten einmal »versehentlich« auf den Hund fallen lassen, als sie etwas in den Gepäcktaschen verstauen wollte. So war die arme Junghündin regelmäßig völlig hilflos einer Person ausgeliefert gewesen, die ihr vermutlich das nasse Scheuertuch um die Ohren gehauen und sie für ihre anfängliche Neugier verflucht hatte ... Die Putzfrau wurde sofort entlassen, aber die Hündin brauchte Monate, um mithilfe verständnisvoller Hovawartkenner auf einem Hundeplatz wieder ein gewisses Vertrauen in fremde Menschen aufbauen zu können. Das unbekümmerte Aufnehmen von Kontakt zu Unbekannten war allerdings für lange Zeit dahin, zu tief saß das mit Schrecken Erlebte im Gedächtnis fest.

Gestiegene Jagdlust

Jungwölfe werden mit frühestens zehn bis elf Monaten in die Jagdgemeinschaft integriert. Die Pubertät Ihres Hovawarts ist deshalb entscheidend für die weitere Entwicklung seiner Jagdmotivation. Jetzt entfernt er sich im Freilauf weiter von seinen Menschen und interessiert sich viel stärker für Wild als noch in der Welpenzeit. Es gilt als sicher, dass Hetzerlebnisse, die eine hohe selbst belohnende Wirkung haben, für den weiteren Verlauf der Jagdkarriere ausschlaggebend sind. In diesem Lebensalter darf der Hovawart nicht in Versuchung geführt werden: Ohne Leine dorthin zu gehen, wo bekanntermaßen oft Wild steht, wäre grob fahrlässig! Vermieden werden müssen, wenn irgendwie möglich, Erfolgserlebnisse, mit denen keineswegs das Erlegen einer Beute gemeint ist. Kurt F. König meinte über den Wildtrieb des Hovawarts: »Sehr bedeutsam ist das Verhalten zu Tieren und Wild allgemein. Man kann mit keinem Hunde überall spazieren gehen, der jedem anderen Tier nachzujagen sucht. Als Wachhund ist ein passionierter Wilderer ohnehin unbrauchbar. Solches Tier sucht bei jeder Gelegenheit freizukommen und loszujagen.«

Da der Hovawart in der Regel wirklich weit weniger Raubzeugschärfe als etwa der Riesenschnauzer besitzt, liegt ihm vor allem daran, eine gewisse Strecke das schnelle Rennen beim Verfolgen zu genießen und sich dabei so richtig herrlich zu strecken. Vermieden werden sollten also vorsorglich Jagdausflüge, die den jungen Flitzer ganz high machen, weil beim Hetzen Glückshormone (Endorphine) ausgeschüttet werden. Seine Begeisterung würde ihn selbst für sein Wildverfolgen belohnen und fast wie eine Droge wirken. Verschwindet die Beute aus seinem Sichtbereich, erlischt normalerweise auch das Interesse des Hovawarts, und er ist wieder ansprechbar. Der Spur ausdauernd zu folgen und erst nach Stunden wieder erschöpft vor der Tür zu sitzen wie ein entlaufener Jagdgebrauchshund, ist nicht Hovawarts Ding.

Das kurzzeitige Hinterherlaufen kann natürlich in unseren eng gewordenen Wäldern voller hundekritischer Jagdpächter und Freizeitpassanten auch nicht geduldet werden. Trotz seiner normalerweise nur mäßig ausgeprägten Jagdpassion ist der Hovawart aber auch ein instinktsicherer, nicht degenerierter Hund,

Wenn doch jetzt nur ein Hase aufspringen würde! Über kurze Strecken Wild zu verfolgen, gefällt Hovawarten (hier eine Hündin, 14 Monate alt) durchaus. Glücklich machenden Hetzerlebnissen im Flegelalter sollte vorgebeugt werden.

Wenn der Hovawart jedoch Gelegenheit zur Hatz bekommt, ist er Sichtjäger. Es geht ihnen in der Regel eher darum, den schnellen Lauf zu genießen, als wirklich Beute zu machen. Ist das Wild außer Sicht, erlischt ihr Interesse schnell.

wie wir in beeindruckender Manier erlebten: Unsere schwarzmarkene Hündin Alma, die draußen nicht durch ausgeprägtes Wildinteresse auffällt, erwies sich als begnadete Mäusejägerin – im Haus! Wir bewohnten mit den Hunden vor Jahren ein altes Fachwerkgebäude, in dem eine Mäuseplage herrschte. Immer fanden die Nager neue Schlupflöcher. Eines Morgens ging mein Mann sehr früh mit den Hunden in die Küche, wo in einer Fensternische ein großer Vogelbauer mit unserem alten Kanarienvogel darin stand. Verdutzt stellte er fest, dass neben Henry, dem Vogel, eine Hausmaus auf der Stange saß und sich an einer Körnerstange bediente. Spontan klatschte mein Mann in die Hände und schrie laut, die Maus sprang erschrocken aus dem Käfig über eine Banklehne auf die Erde – und wurde blitzschnell von Alma gepackt und in Lichtgeschwindigkeit verschlungen! In den folgenden Wochen erbeutete sie in Zusammenarbeit mit meinem Mann insgesamt fünf Mäuse und wurde doppelt sorgfältig entwurmt! Ich gebe zu, diese Jagdschilderung mag etwas barbarisch klingen, aber die in Fallen getöteten Mäuse, welche uns mit ihrer großen Verwandtschaft schier zur Verzweiflung brachten, starben sicher auch keinen schönen Tod. (Auf unsere Lebendfallen fielen die Nager leider nicht herein.) Eine gewisse Faszination hatte die archaisch anmutende, perfekt funktionierende Arbeitsteilung des Kerlschen Jagdteams schon, aber wir sind heilfroh, inzwischen in einem mäusefreien Domizil zu leben!

Nennen Sie einen Hovawart Ihr Eigen, der draußen ein notorischer Wildhetzer ist, werden Sie mit positiver Verstärkung leider keinen wirklichen Erfolg erzielen. Bei verfestigter Jagdlust wirkt die Befriedigung des Hetztriebes selbst so gewaltig, dass kein Käsewürfel dieser Welt ein entsprechendes Gegengewicht als Belohnung für alternatives Dableiben setzen könnte. Der Einsatz von Discs (scheppernde Messingscheiben an einem Ring oder Klapperscheiben aus hartem Kunststoff), dem Masterplus (ein Halsband mit Druckluftdüse, die vom Hundehalter ausgelöst wird und den gerade lossprintenden Hovawart irritiert und besser abrufbar macht) oder die Arbeit mit der langen Schleppleine können hilfreiche Maßnahmen sein. Solche Hilfsmittel verlangen jedoch die sachkundige Anleitung durch einen Fachmann.

Die Sicherheit entziehen

Viele Hovawarte schauen sich im Rennen öfter nach ihren Zweibeinern um. Dies ist ein altes Relikt aus der arbeitsteiligen Jagd unter Wölfen, denn als Rudeltier hat ja jeder seinen speziellen Platz während der Jagd einzunehmen und arbeitet auf das Verhalten der anderen abgestimmt. Die Teammitglieder müssen also im Blick behalten werden. Mit unserer ersten Hovawarthündin erlebte ich es einmal, dass sie mit etwa zehn Monaten einen Feldhasen kurz vor uns aus seiner Sasse aufscheuchte. Die Äcker in dieser flachen Landschaft zogen sich bis zum Horizont, und meine Hündin streckte sich wie ein Greyhound auf der Rennbahn, um mit dem Hasen einigermaßen Schritt halten zu können – offensichtlich freudig und begeistert angesichts dieser Gelegenheit zum schnellen Auslaufen. Während des Rennens schaute sie sich mehrmals nach mir um, doch für mich gab es auf dem Feldweg kein Gehölz, um mich zu verstecken. Ohne lange zu überlegen, warf ich mich kurzerhand in einen ziemlich schlammigen Entwässerungsgraben, um mich den Blicken meiner jugendlichen Jägerin zu entziehen. Diese stutzte, blieb stehen und schaute nun ganz ungläubig zurück, wie ich vorsichtig über den Grabenrand hinweg erspähen konnte: »Huch, eben war Frauchen doch noch da?!«, schien sie zu denken und kehrte um! Gekrönt wurde diese Vorstellung von einer zufällig des Weges kommenden Reiterin, die auf einmal mit ihrem Hannoveraner neben mir am Graben stand und mich besorgt fragte: »Kann ich Ihnen helfen? Alles in Ordnung?« Ich weiß nicht, ob sie mich für eine arme Irre oder eher für eine bemitleidenswerte Anfallskranke hielt, auf jeden Fall schien ihr meine fröhliche Antwort: »Danke, kein Problem. Ich erziehe nur gerade meinen Hund!«, irgendwie plausibel zu erscheinen, denn jener kam gerade aus Richtung Horizont auf uns zugetrabt. Zeitlebens vergewisserte sich diese Hündin besorgt, dass sich unter mir keine Gletscherspalte auftat, sobald Wild vor uns hochging.

Erwachendes Pflichtbewusstsein

Der Hovawart ist nun hin- und hergerissen zwischen gewachsener Selbstständigkeit und Unsicherheit, aber auch dreistem Wagen kleiner und größerer Aufstände. Plötzlich entdeckt Ihr pubertierender Hund ein ganz neues Gespür für seine Veranlagung und beginnt seine Liebsten zu bewachen, ist dabei aber noch leicht zu beeindrucken. Jetzt ist es dringend an der Zeit, ihm stärkere Vorgaben zu machen, was seine Tätigkeit als Ihr persönlicher Bodyguard betrifft. Ihr Hund braucht jetzt strikte Anweisungen bezüglich seiner Aufgaben: Gelobt wird ruhiges Verhalten angesichts einsamer Spaziergänger, wobei auch das Clickertraining helfen kann. Nimmt der junge Bewacher an der Leine eine imponierende Körperhaltung ein und steht er kurz vorm Bellen, empfehlen manche Verhaltensexperten genau im Moment seines Aufbauens einen kurzen Leinenruck, gleichzeitig ertönt ein Verbotshörzeichen. Sofort danach hängt die Leine wieder locker durch, wobei der Hund für ruhiges Verhalten gelobt wird. Andere Ausbilder lehnen den Leinenruck als völlig veraltet ab. Ich denke, die Wahrheit liegt zwischen den Extremen: Zu häufiges, heftiges Leinenrucken lässt den Hund abstumpfen und belastet die Halswirbelsäule. Ein einzelner, richtig getimter Ruck fügt dem Vierbeiner meiner Ansicht nach dagegen keinen Schaden zu, sondern blockt ein Hineinsteigern ab.

In einem sind sich alle einig: Die eigene Nervosität überträgt sich auf den Hund, deshalb ist es wichtig, möglichst entspannt weiterzugehen. Bellt der junge Hund aus Unsicherheit, die nie bestraft werden darf, werden für ihn fremde Hundefreunde zum Desensibilisieren ins Spaziergebiet gebeten. Warum überhaupt gegensteuern? Ich kenne Hovawartfreunde, die übereifriges Beschützen schmeichelhaft finden und ohne Einflussnahme hinnehmen – sehr zum Ärger ihrer Umgebung! Ihr Hovawart ist jetzt noch ein jugendlicher Hänfling, den noch niemand für voll nimmt, jetzt prägt sich ihm aber ein, wie er seiner Berufung folgen soll. Die Auffassung, ein Hund dürfe auf Fremde ruhig misstrauisch reagieren, ist leider weit verbreitet.

Dabei wird übersehen, dass viele fremdelnde Hunde kein stabiles Nervenkostüm besitzen, sondern aus Verunsicherung

Konfliktverhalten zeigen und lange auf einem hohen Erregungsniveau bleiben. Ziel sollte es sein, einem jungen Hovawart Nervenstärke zu vermitteln, wobei auch die Genetik eine Rolle spielt: Hovawarte mit guter Wesensveranlagung regen sich nach einem kurzen Aufmerken schnell wieder ab. Gerade ein sicherer vierbeiniger Beschützer würde Sie keineswegs im Stich lassen, wenn es die Situation wirklich verlangte.

Der Jüngling wird Hofwächter

Auch das Bewachen seines Hauses und seines Grundstücks wird für den Hund nun zu einer ganz neuen Herausforderung. Meine Hündinnen werden für ein kurzes Anschlagen gelobt, wenn draußen etwas Ungewöhnliches passiert. Ich schaue mit wichtigem Gesichtsausdruck kontrollierend aus dem Fenster, durch das gerade gebellt wurde. Schon junge Wächter hören von mir die Wortkombinationen »Brav und still!« oder »Brav und Schluss!« und werden sofort mit einem Leckerchen oder Lieblingsspielzeug belohnt, wenn sie sich schnell beruhigen.
Mit dem zunehmenden Volumen des Brustraumes hat sich bei Ihrem Hovawart auch die Stimme verändert, sie ist voller und lauter geworden und klingt nun viel entschiedener als noch zur Welpenzeit. Jedem Hovawart ist zu wünschen, dass seine Aufmerksamkeit auch geschätzt wird. Diesem Hund das genetisch (je nach Hovawartpersönlichkeit und Rudelkonstellation mehr oder weniger) verankerte Wachtalent gänzlich abgewöhnen zu wollen, grenzt an Tierquälerei, denn seine Vorfahren haben sich ja seit Jahrhunderten als wertvolle vierpfotige Alarmanlagen auf vorwiegend einsamen Gehöften bewährt. Seine Wachsamkeit muss nun in zulässige Bahnen gelenkt werden. Ich benutze die Überprüfung der Meldungen gleichzeitig zur Festigung meiner Rangüberlegenheit: Ich alleine entscheide als Verantwortliche, ob das Gemeldete wirklich der Rede wert ist oder nach meinem eindeutigen »Stopp!« vergessen werden kann. Zudem gibt dem Hund eine solche Bewertung der Situation Sicherheit. Ich signalisiere ihm: »Es waren zwar Geräusche zu hören, die du brav gemeldet hast. Es droht unserem Hab und Gut aber dennoch keine Gefahr!« Jetzt kann sich der pflichtbewusste Hovawart wieder gelassen in seinem Korb zusammenrollen und in Ruhe weiterträumen. Die von Kurt F. König gewünschte Selbstständigkeit des Hovawarts beim Beurteilen (anscheinend) gefährlicher Momente bleibt jedoch trotz der Erziehungsmaßnahmen bestehen: Wir machten vor Jahren mit unseren Hovawarten in Westerland auf Sylt Urlaub in einer gemütlichen Pen-

Das Wachen hält der Hovawart ein Leben lang für seine Pflicht. Seinen Menschen kommt nun die Aufgabe zu, sein Talent in die gewünschten Bahnen zu lenken, damit aus dem kurzen Anschlagen kein anhaltendes Kläffen wird.

sion und tranken abends gerade mit der befreundeten Wirtin Tee, als unsere jetzige blonde Hündin (damals etwa zwei Jahre alt) unbemerkt im Flur verschwand. Im nächsten Moment bellte sie aus solchen Leibeskräften, dass uns fast die Tassen aus den Händen fielen und alle in die Diele stürzten. Was war passiert? Ein polnischer Gast hatte sich aus dem Untergeschoss durch eine Tür in den Flur begeben, um auf unserer Etage aufs WC zu gehen. Jetzt stand er erschrocken mit erhobenen Händen vor der Toilettentür, gestellt und zur Bewegungslosigkeit verdammt von unserer aufmerksamen Wächterin! Nach einem tiefen Durchatmen nahm der Urlauber unsere erklärende Entschuldigung an und konnte den blonden Blitz problemlos streicheln.

Dreistigkeit gelassen kontern

Einerseits fühlt sich der Hovawart jetzt also verstärkt für Ihren Schutz zuständig, andererseits kann es seinen Menschen gegenüber verstärkt zu Auflehnungstendenzen kommen. Der Hundeteenager ist jetzt in einem Alter, in dem er als jugendlicher Mensch vielleicht Kaugummiautomaten aufknackte oder mit gestohlenen Mopeds durch die Gegend knattern würde. »Kinder sind Gäste, die nach dem Weg fragen«, lautet ein schönes Sprichwort. Auch der junge Hovawart braucht jetzt Wegweiser zur Orientierung ganz besonders dringend und fragt verstärkt nach der richtigen Richtung – und nach seinen Grenzen. Bleiben Sie ihm die Antwort nicht schuldig, denn nur Sie allein wissen, wo es langgehen soll!

Mit plötzlichen Anfragen ihres vierbeinigen Rüpels können Ersthundebesitzer ganz schön überfordert sein. So wie eine junge Familie, in der die junge Mutter von zwei Kindern für die Erziehung des Hundes, einer blonden Hündin, nennen wir sie »Asja«, zuständig war. Sie hatte sich vorher intensiv über die Hundeerziehung informiert und einiges gelesen, aber angesichts eines aufmüpfigen Junghovawarts ist die reine Theorie manchmal Schall und Rauch. Eines Abends klingelte das Telefon bei den Züchtern, und die ratlose Neuhundehalterin fragte nach, was zu tun sei: Die neun Monate alte »Asja« wäre gerade mit ihr in der Küche, wo die Besitzerin Abendbrot zubereitete. Wo das Problem sei, wollte nun der gespannte Züchter wissen. »Asja« stünde dabei auf den Hinterläufen, habe die Pfoten auf der Küchenablage und fresse dabei in aller Ruhe den eben frisch gemachten Kartoffelsalat aus der Glasschale! Die Junghundbesitzerin bekam daraufhin sofort einen Crash-Kurs im Grenzenziehen und setzte sich ab sofort konsequent gegen ihre selbstbewusste Hündin durch, die noch einige Male wahnsinnig charmant versuchte, ihren Willen zu bekommen. Heutzutage ist »Asja« längst eine gestandene Hovawartdame und mit

Man wird doch wohl den Kompost inspizieren dürfen! Junge Hovawarte stecken voller Tatendrang. Bei allem Bemühen ist kaum zu erahnen, auf was für verrückte Ideen sie als Nächstes kommen könnten.

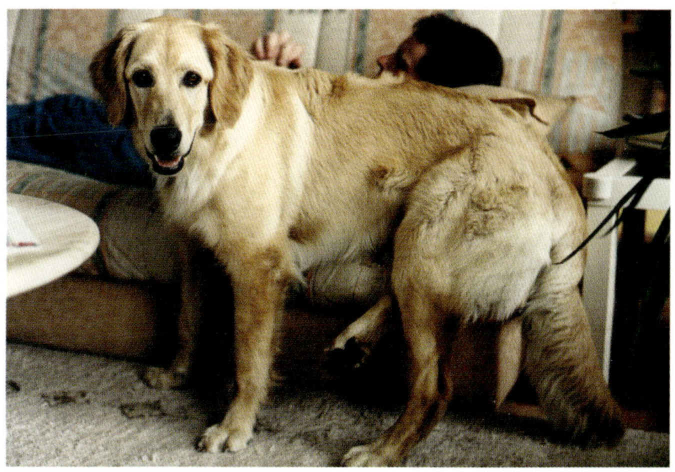

Stetes Wasser höhlt den Stein: Hovawarte im Flegelalter versuchen sehr charmant, Verbote wie das Sofatabu zu entkräften. Eine Pobacke wird doch wohl erlaubt sein! Gar nicht leicht, angesichts so pfiffiger Einfälle hart zu bleiben.

ihrer Familie, die durch sie sehr viel über Hundeerziehung lernte, ganz eng zusammengewachsen.
Es ist wichtig, jetzt noch stärker als im Welpenalter auf die Untermauerung der eigenen Rangüberlegenheit und auf die Einhaltung von Tabus zu achten. Ich räume z. B. das Welpenspielzeug bis auf einige Ausnahmen weg und teile es bei Bedarf wieder aus einem für meinen Junghund unzugänglichen Behälter zu. So werde ich nicht nur zum hauptamtlichen Spielmanager, sondern die Spielutensilien bleiben auch auf Dauer interessant.
Entwickeln Sie eine Feinfühligkeit für Momente, in denen Sie Ihr aufstrebender junger Hovawart zu bestimmten Handlungen veranlassen oder regelrecht nötigen will. Eine gelungene Kommunikation erfordert zwar auch das Reagieren auf bestimmte Signale (etwa wenn Ihr Hund sich lösen möchte und sich meldet), aber Sie dürfen sich nicht von Ihrem halbstarken Hovawart manipulieren lassen. Starke Dominanzgesten sind etwa das Einfordern von Streicheleinheiten durch hartnäckiges Pfötchengeben, das Platzieren seines Fanges auf Ihrem Knie oder das Verbieten von Körperkontakt durch Knurren. Wir erlebten vor einigen Jahren mit unserem jungen Rüden, dass er mit etwa anderthalb Jahren plötzlich anfing, meinen Mann und mich anzuknurren, wenn wir ihn morgens wie immer tätschelnd auf seinem Lager begrüßen wollten. Das Knurren war sehr leise, aber wir dachten, nicht recht zu hören! Wir beleuchteten die Situation und versetzten uns in den Hund. Anstatt ihn mit freundlichem Kraulen und netten Worten im Grunde unterwürfig (!) nach dem Aufstehen unsere Aufwartung zu machen, gingen wir nun dazu über, ihn stur zu ignorieren, wenn wir den Tag begannen. Er hatte sich, aus seiner Sicht verständlich, das Recht herausgenommen, als selbstbewusster Heranwachsender auf der Einhaltung seiner Individualdistanz zu bestehen. Unbewusst hatten wir durch unser Fehlverhalten die Rangfolge auf den Kopf gestellt und ihn wie einen Prinzen behandelt, dem wir uns anbiederten. Besser noch: Wie eine Schar infantiler Jungtiere, die nach ihrer Rückkehr um ihre Mutter herumschwänzelten und ihr den Fang leckten!
Niemals dürfen Tendenzen des jungen Hovawarts verniedlicht werden, die nach dem Versuch riechen, in der Gruppenhierarchie aufzusteigen. Sie mahnen immer zur anscheinend dringend nötigen Bestandsaufnahme der Rollenverteilung im Rudel. Wir schafften sofort Privilegien unseres Aufmüpfigen ab und stellten unsere Alphastellung bei vielen kleinen (vorher anscheinend unwichtigen) Alltagsgelegenheiten klarer heraus.

Probleme mit halbwüchsigen Rüden

Leider werden viele Hovawarte gerade zwischen dem ersten und zweiten Lebensjahr in »erfahrene Hände« abgegeben, weil ihre Besitzer mit solchen scheinbaren Wesensmängeln nicht zurecht kommen und sich verunsichert fühlen. Dabei zeigt der Hovawart keineswegs Verhaltensstörungen, sondern hält seinen Menschen nur den Spiegel vor. Unsere rechtzeitige Erinnerung an die Tugenden von Hovawarteltern hätte auch für unseren jungen Rüden das Anklopfen an der Chefetage völlig überflüssig gemacht. Es kann in Einzelfällen durchaus nötig werden, einen aufbegehrenden Junghovawart sofort im Moment seines Knurrens kompromisslos zu disziplinieren und die Lage der Dinge imponierend klarzustellen. Dies sollten Sie aber auf jeden Fall unterlassen, wenn Sie nur den Hauch von Unsicherheit oder körperlicher Schwäche spüren und sich nicht sicher über den Erfolg Ihrer Ausführung sind. Auch bei angstmotivierter Aggression dürfen Sie so eine direkte Konfrontation nicht ausführen, weil Sie dadurch die Angst samt aggressiver Abwehrreaktion Ihres Hundes noch verstärken würden.
Was unbedingt zu vermeiden ist, sind körperliche, unfaire Härten (wie Schläge, ihn am Nacken packen, schütteln und an-

Hovawarte, vor allem in den dunklen Farbschlägen, wirken schon als Jugendliche beeindruckend. Jetzt ist verstärkt darauf zu achten, dass sie nicht sinnbildlich über Tisch und Bänke gehen.

schreien), die den jungen Hund in die Enge treiben und zur Selbstverteidigung verleiten können. Außerdem belasten Sie damit das Vertrauensverhältnis schwer. Es gibt so viele subtile Möglichkeiten, seine Bossqualitäten zu beweisen, dass auf konfliktträchtige Methoden unbedingt verzichtet werden sollte. Um so wichtiger ist es, bereits beim 10-Kilogramm-Welpen jede (!) Tendenz von frechem Aufbegehren zu erkennen und ihr im richtigen Moment mit den schonendsten, aber effektivsten Maßnahmen zu begegnen. In der Regel wird Rüden unterstellt, in dieser Hinsicht auffälliger zu sein. Ich kenne aber auch Hovawarthündinnen, die eine durchaus schwierige Jugendphase durchlebten und keineswegs einfacher als ihre männlichen Pendants waren. Vermutlich haben viele Halter vor ihren schon im Jugendalter imposanten Rüden eher Respekt und verhalten sich entsprechend unsicher, was den Hansdampf erst recht aufbaut und in seiner Meuterei noch bestärkt.

Fühlen sich Hovawarthalter ihrem kräftig angebenden Hänfling nicht gewachsen, sollten sie nicht lange zögern und einen Verhaltensberater oder verhaltenstherapeutisch arbeitenden Tierarzt aufsuchen. Er wird den Fall analysieren und eine individuelle Strategie zum erfolgreichen Gegensteuern entwerfen.

Zusammenwachsen durch Problembewältigung

Ob mit professioneller Hilfe oder nicht: Wenn Sie Ihre eigenen Fehler erkennen und zu einem durchsetzungsfähigen, aber fairen Rudelführer mutieren, steht einer lebenslangen harmonischen Partnerschaft nichts im Wege. Und das ist ja genau das, was der einstige Delinquent mit seinem Verhalten erreichen wollte. Jetzt kann er sich sinnbildlich endlich entspannt zurücklehnen und sich von seinem Boss durchs Leben geleiten lassen!

Neulich fand ich in meiner Tageszeitung ein treffendes Zitat: »Führung ist, den Erfolg anderer zu ermöglichen« (Reinhard K. Sprenger). Genau das ist es, was einen Zweibeiner für den Hovawart zum verlässlichen Chef werden lässt. Ohne eine gute Führung wird das Mensch-Hund-Team notgedrungen scheitern. Wie beim Rudern muss einer im gemeinsamen Boot den Takt vorgeben, damit alle in gemeinschaftlicher Anstrengung vorwärts kommen.

Verrückterweise ist es gerade die Tatsache, dass sich Hovawartbesitzer mit Vertretern dieser sensiblen und gleichzeitig selbstbewussten Rasse oftmals erst »zusammenraufen« müssen (was nicht zwingend im körperlichen Sinne gemeint ist), die viele intensive Hovawart-Mensch-Beziehungen begründet. Dies zeigt aber auch, dass sich Hovawarte wirklich nicht mit links führen lassen, wenn der Mensch nicht von Beginn an zum Anführer taugt! Ich kenne den Fall einer Hovawartkäuferin, die mit ihrer Familie vor dem acht Wochen alten Welpenrudel stand, während die Hovawartmutter immer wieder einen bestimmten blonden Rüden im Visier hatte. Sie brachte ihn mit allen Mitteln der Kunst, nämlich durch einen Griff über seinen Fang, zur Raison und scheuchte ihn mit Nachdruck von einer Ecke des Auslaufs in die andere. Der völlig unbedarften Familie ohne jegliche Hundeerfahrung, allen voran dem neujährigen Sohn, tat dieser kleine, unschuldige Rüde so Leid, dass sie genau ihn vor seiner anscheinend rabiaten Mutter retten wollten und vom ebenfalls nicht durchblickenden Züchter auch verkauft bekamen. Mama Hovawart hatte allerdings ganz genau gewusst, warum sie gerade bei diesem Sohn auf strenger Unterordnung bestand, denn der Rüde entwickelte sich zu einem sehr schwierigen Junghund, der seiner Familie immer mehr die eigenen Regeln und Rituale aufdrückte: Beim Wäscheaufhängen belästigte er seine Besitzerin im Garten jedes Mal (!) so lange, bis sie ihm, statt sich der Wäsche zu widmen, seinen Ball zigmal warf. Erst wenn er keine Lust mehr hatte, wurde das aufgenötigte Spiel vom Hund (!) beendet. Schulkameraden des Jungen wollte der blonde Bär bald nicht mehr ins Haus hineinlassen, männliche Artgenossen waren ein rotes Tuch für ihn. Der Rüde wurde oft mit ins eigene Geschäft seiner Besitzer genommen, machte aber auch dort Probleme, weil er die Kunden anknurrte, wenn sie an der Kasse bezahlen wollten, während er hinter dem Tresen lag. Beim Spaziergang kam er nicht aus Wassergräben heraus, wenn er gerufen wurde, usw. Nach eingehender Analyse ihres eigenen, viel zu nachgiebigen Verhaltens, änderte die schon verzweifelte Hovawartbesitzerin ihre Führungsstrategie und sorgte dafür, dass der Rüde buchstäblich ihr folgte und nicht umgekehrt.

Trotz des zum Teil problematischen Verhaltens war er seiner Familie gegenüber sehr anhänglich, gelehrig und zugetan. Das machte die nun folgende Verhaltenskorrektur nicht eben leichter, durfte der Rüde seinem Frauchen doch nicht Leid tun, wenn sie sein aufmerksamkeitsheischendes Verhalten nun absolut ignorieren musste. Als seine Besitzerin die eigene Rolle in diesem Szenario erkannte, seine starren Rituale durchbrach, die Spielnötigungen mit zusammengebissenen Zähnen und ohne Reaktion übersah, sofort aus Situationen herausging, die der

Rüde bestimmen wollte und sich für ihn zum Teil völlig unvorhersehbar verhielt (etwa, indem sie in seinem Hundekorb Kaffee trank und die Zeitung las, anstatt weiter die Wäsche aufzuhängen), änderte sich das Verhalten des jungen Rüden schlagartig: Ja, er wirkte regelrecht verdutzt, aber gleichzeitig viel zufriedener und ausgeglichener als früher! Endlich war der rote Faden in seinem Leben da, den er seit den Welpentagen so verzweifelt gesucht und der Familie selbst aufgedrückt hatte! Nie wieder würde diese Frau ihren Rüden hergeben, und es war in den schlimmsten Zeiten mit ihm bereits fast so weit gewesen. Auch eine andere Hunderasse käme für sie nie wieder infrage, denn durch die Auseinandersetzung mit der nicht ganz einfachen Persönlichkeit ihres Rüden war sie zu einer noch stärkeren Rudelchefin gereift.

Andererseits gibt es eine Unzahl von Hovawarten, Rüden ebenso wie Hündinnen, die sich ganz unkompliziert in den Rudelverband integrieren lassen. Entweder handelt es sich hier um Hunde, die von ihrem Charaktertyp her gar nicht dazu neigen, die soziale Leiter nach oben zu erklimmen. Oder aber die Bezugspersonen strahlen eine so unmissverständliche Autorität aus, dass die Verteilung der Rollen im Familienrudel absolut klar ist und nie infrage gestellt werden muss.

Herausfordern des Ersthundes

Wenn Sie mehrere Hunde haben, wird Ihr junger Hovawart in seiner langen Pubertätsphase möglicherweise auch austesten, inwieweit der ältere Ersthund bereit ist, die Führung abzugeben. Heikel werden jetzt besonders die gleichgeschlechtlichen Paarungen im eigenen Hausstand, denn im Wolfsrudel sind eben auch die Geschlechtsgenossen Konkurrenten um die Privilegien Fortpflanzung und Anführerschaft. Ihr Junghovawart wird vermutlich seine Dreistigkeiten sehr spielerisch verpacken und den Ersthund immer mehr provozieren, bis diesem mal der Kragen platzt und er den Jungspund brüllend zur Raison bringen muss. In solchen Momenten darf dem Älteren nicht ins

Zwischen diesen beiden ist alles klar! Der ältere schwarze Rüde hatte in der Flegelphase des Jüngeren alle Pfoten voll zu tun, um einen Status quo zu setzen. Der Junge darf nicht aus Mitleid geschützt werden, solange die Maßregelung nicht kritisch wird.

Handwerk gepfuscht werden. Der ist nämlich bemüht, für klare Verhältnisse zu sorgen. Bestärkungen gibt es immer für den Alphahund des Kleinrudels. Gefühle des Mitleids müssen unterdrückt werden, wenn sich der »junge Wilde« eine Abfuhr einfängt. Sonst gerät die natürliche Hierarchie durcheinander und der Junghund wird ermutigt, diese Machtspielchen immer und immer wieder zu veranstalten.
Konfliktträchtige Situationen, die leicht zur Eskalation führen könnten, müssen dagegen unbedingt vermieden werden: Sehr begehrtes Futter (etwa ein Kalbsknochen oder ein Stück Ochsenziemer) oder ein als wertvoll empfundenes Spielzeug dürfen nicht im Raum liegen bleiben, wenn einer der Hunde etwa zum Bellen an die Tür geht. Kommt er wieder herein, und will er seine Beute wiederhaben, ist Ärger bei unklaren Rangstrukturen vorprogrammiert.
Dominanz ist teilweise situationsabhängig, und so kann durchaus der Jüngere grantig seine Beute gegen den Älteren verteidigen. Futterneid sollte gar nicht erst aufkommen: Der Mensch verteilt Belohnungen und wer gerade nicht dran ist, hat zu warten. Bei drohenden Auseinandersetzungen unserer Hovawarte behalte ich mir immer die Entscheidung über Streit vor: Ich schreite demonstrativ mit dem energischen Hörzeichen »Schluss!« und einer machtvollen Körpersprache ein, wenn sich Reibereien um Nichtigkeiten anbahnen. Entschärft wird die kritische Situation, indem ich sofort einen anderen Raum aufsuche und beiden Streithähnen die Rückendeckung entziehe. Belohnt wird dagegen ein freundlicher Umgang miteinander, der die Regel ist.

Mit der Kleinmeute unterwegs

Hovawarte lieben die Gesellschaft und die Konversation ganz allgemein, und dies bezieht sich auch auf Artgenossen! Gegengeschlechtliche Paarungen (also Rüde/Hündin) sind zwar im Binnenverhältnis meistens sehr harmonisch, aber mit fremden Artgenossen kann es eher Streit geben. Immerhin tritt hier kein Einzelhund, sondern ein Kleinrudel auf, und was Ihnen als Geschlecht auf vier Läufen auf Spaziergängen auch entgegenkommt – es kann von einem Ihrer beiden Hunde leicht als Konkurrenz empfunden werden. Pubertierende Rüden neigen unter dem Einfluss des Testosterons, dem männlichen Geschlechtshormon, in solchen Konstellationen dazu, als Hahn im Korbe ihre »Haremsdame« mit Argusaugen zu bewachen (auch wenn es sich um ihre eigene Mutter handeln sollte). Sie reagieren in ihrem Beisein oft auf andere Rüden vor allem gleichen Alters und gleicher Größe grimmiger, als würden sie alleine gehalten.
Entspannte Begegnungen mit gut sozialisierten Artgenossen und ebensolchen Besitzern sind das A und O. Das ständige Aufstellen des Hahnenkammes sollte nicht durch die heimliche Bewunderung des jungen Adonis unbewusst unterstützt werden. Wenn Ärger in der Luft liegt, gehen Sie zügig weiter. Dadurch entziehen Sie Ihrem einzelnen Hovawart oder Ihrer Kleinmeute die Rückendeckung.

Verlieren lernen

Einerseits wirkt er zeitweise sehr in sich gekehrt, ja melancholisch, andererseits sprüht auch der einzeln gehaltene Hovawart bei Aktivitäten nur so vor flegelhaftem Pöbelverhalten – insbesondere etwa gleich starken und vor allem gleichaltrigen Artgenossen desselben Geschlechts gegenüber. Egal, ob Rüde oder Hündin: Was ihm jetzt nicht passieren darf, sind ausschließliche Erfolgserlebnisse beim teilweise aggressiv getönten Toben und Balgen! Ein junger Hovawart, der nichts als Siege auf seinem Spielkonto verbucht, entwickelt den Größenwahn, jedes Gegenüber dominieren zu können. Ich möchte Sie an die Erfahrungen im Welpenrudel erinnern: Dort wurde gewonnen und verloren und der Einsatz der Zähne und der eigenen körperlichen Kraft sehr differenziert eingeübt. Verschaffen Sie Ihrem heranwachsenden Rowdie deshalb unbedingt die Gelegenheit, mit gut sozialisierten älteren Geschlechtsgenossen zusammenzutreffen, die ihm als Antwort auf Provokationen Unterwürfigkeitsgesten abverlangen. Niemand sieht seinen Hund gerne regungslos unter einem knurrenden Stärkeren liegen, aber für die weitere Wesensentwicklung besonders Ihres Rüden sind solche Lektionen Gold wert – zumal sich die vermeintlichen Kontrahenten ja in aller Regel dabei kein Haar krümmen.
Während eines Kurzurlaubs in München machte unser halbwüchsiger schwarzmarkener Rüde eine wichtige Erfahrung: Im Englischen Garten trafen wir auf einen gestandenen Rottweiler-Schäferhund-Rüden, den unser Hänfling provokant bestieg. Wir konnten gar nicht so schnell gucken, wie unser jugendliches Großmaul auf dem Boden lag und sich nicht mehr bewegen durfte! Die Besitzerin des souveränen Mischlings wollte

In diesem Alter muss jeder Hovawart (wie auch schon im Welpenverband) dringend lernen, dass Provokationen überlegener Artgenossen unangenehme Konsequenzen haben können. Diese Hunde krümmten sich kein Haar.

sich gerade entschuldigen, als wir uns auch schon herzlich bei ihrem Rüden bedankten. Genau so eine Lektion hatte unserem Halbstarken nämlich gefehlt!

Leider ist es so, dass besonders schwarze und schwarzmarkene Hovawarte dieses Alters für andere Hundebesitzer leicht bedrohlich wirken, obwohl sie absolut freundlich sind, und diese sein jugendliches Alter selbst aus der Nähe nicht erkennen. So werden mögliche Spielpartner schnell in einsame Seitenwege gezogen oder zu anderen Zeiten als der Ihre ausgeführt. Nicht nur zum Üben des Gehorsams ist es deshalb sinnvoll, sich mit seinem jungen Hovawart einem Hundesportverein, einer guten Hundeschule oder privaten Ausbildern anzuschließen, da diese Spieltreffen nicht nur mit vernünftigen anderen Hunden, sondern vor allem mit ebensolchen Besitzern ermöglichen. Ein Hovawart, der gerade in der Pubertät ist, spielt zwar sehr wild und ausgelassen mit gleich starken Artgenossen, aber gut informierte Hundebesitzer wissen die impulsive Spielweise nach dem Hovawartmotto »Hart, aber herzlich« richtig einzuschätzen.

Die erste Rauferei

Dass nun Auseinandersetzungen unter Geschlechtsgenossen heftiger und entschiedener ausgetragen werden als in der Welpenzeit, ist nicht von der Hand zu weisen. Es geht in diesem Alter darum, sich zu beweisen, seinen Platz in der Gemeinschaft zu finden und die eigenen Kräfte auszutesten: Reibereien werden nicht ausbleiben und irgendwann kommt es mit ziemlicher Sicherheit zur ersten, in der Regel harmlosen Rauferei. Einige Büschel verlorener Haare, ein blutender Kratzer am Ohr oder nasses Fell im Halsbereich – was die Halbstarken an Blessuren davontragen, ist meistens kaum der Rede wert, der Schreck der Besitzer sitzt allerdings weitaus tiefer. Gemieden werden sollten besser Hunde, mit denen sich der eigene bekanntermaßen überhaupt nicht versteht und die ihm dazu noch körperlich weit unterlegen sind. Wichtig sind dagegen immer wieder Treffen mit freundlichen, sozial sicheren Artgenossen. Der Hovawartjugendliche fängt jetzt an, bei Hundekontakten stärker nach Freund und Feind zu unterscheiden als früher. Er wird und muss sich nicht grundsätzlich mit jedem anderen Hund verstehen, Antipathien soll es ja auch unter Zweibeinern geben! Vor entsprechenden negativen Erfahrungen wird er kaum auf Dauer zu bewahren sein, wenn Sie ihn nicht überbehüten wollen. Doch das Halten im goldenen Käfig wäre für seine Wesensentwicklung weit schädlicher, als eine leichte Schramme. Jüngere oder unsichere Hunde werden in diesem Alter allerdings gerne gemobbt, was keineswegs zugelassen werden darf, schießt der Hovawart dabei doch gerne über das Ziel hinaus, wenn sich ein jüngerer, kleinerer oder schwächerer Hund als Opfer zum wild kläffenden Über-den-Haufen-Rennen förmlich anbietet. Um so wichtiger sind in diesem Alter Spielgefährten, die den raubeinigen, aber in der Regel herzlichen Umgangsformen eines jungen Hovawarts auch gewachsen sind und ihm etwas entgegenzusetzen haben.

Die hundesportliche Basisausbildung

Vom Kindergarten in die Grundschule

Die Teilnahme an den Welpenspielstunden war quasi die Kindergartenerziehungsstufe und liegt nun hinter Ihrem Heranwachsenden, der jetzt schon über ein recht ordentliches Repertoire an Lernerfahrungen und Kenntnissen im Umgang mit Artgenossen verfügt. Während solche Prägungsspieltage schon fast flächendeckend in Deutschland und in der Schweiz angeboten werden, sind ausgesprochene Junghundkurse, vergleichbar mit der Grundschule für Menschenkinder, im Anschluss daran längst nicht auf allen Ausbildungsplätzen zu finden, was sehr schade ist. Jetzt geht es um das Verfestigen des Gehorsams, und Sie werden auch beim Üben mehr oder weniger charmant auf Ihre Durchsetzungsfähigkeit hin getestet. Das Gehorsamstraining in der Gruppe ein- bis zweimal pro Woche auf dem Hundeplatz reicht zwar alleine keineswegs aus, um in den Augen eines Hundes als Chef zu gelten, aber die gemeinsamen Aktivitäten schweißen dennoch enorm zusammen. Außerdem werden Sie unter den Blicken erfahrener Ausbilder auf Ihre eigenen Fehler hingewiesen und der Hovawart lernt, unter doch recht starker Ablenkung durch die anderen Mensch-Hund-Teams auf Sie zu achten. Sie haben spielerisch und locker erste Gehorsamsübungen mit Ihrem Welpen und Junghund durchgeführt und können nun die immer weiter steigende Konzentrationsfähigkeit und eingespielte Verständigung nutzen, um die Lerninhalte anspruchsvoller zu gestalten.

Die klassische Hundesportarbeit

Der Hovawart gehört zu den anerkannten deutschen Gebrauchshundrassen (wie etwa auch Deutscher Schäferhund, Rottweiler, Deutscher Boxer und Riesenschnauzer). Falls Sie eine klassische Ausbildung mit Ihrem Hund anstreben, müssen Sie spätestens jetzt die Weichen dafür stellen. Kernstück der Vielseitigkeitsprüfung (VPG) im Gebrauchshundsport und der IPO (Internationale Prüfungsordnung) ist neben den Ausbildungsteilen Fährte und Unterordnung der Schutzdienst. Es ist nicht zu leugnen, dass das Bild des zubeißenden Hundes, und sei es wie in die-

Die meisten Leistungshovawarte (hier der dreimalige Deutsche Meister im VPG/RZV, Aik vom Deichselbachtal) sind gleichzeitig voll integrierte Familienhunde. Die einen sehen im Schutzhundsport das Nonplusultra aller Disziplinen, die anderen lehnen ihn völlig ab.

sem Fall nur sportlich gemeint, in den letzten Jahren deutlich an Akzeptanz in der Bevölkerung, aber auch unter Hundebesitzern, verloren zu haben scheint. So schreibt Bundesausbildungswart Günter Diegel (Verein für Deutsche Schäferhunde, SV) in der SV-Zeitung 03/03: »Rückläufige Zahlen in dem traditionellen Bereich des Hundesports sind (...) keine Besonderheit des SV, vielmehr spiegelt sich diese Tendenz in fast allen Vereinen wider.«

Viele Kritiker sehen tatsächlich nicht ein, dass Hunde von Zivilpersonen ohne wirkliche Notwendigkeit zum »sportlichen« Beißen von Menschen gebracht werden. Kurzzeitig wurde in Deutschland die Zulässigkeit des Schutzdienstes sogar in der politischen Diskussion während der Debatte um Maßnahmen gegen gefährliche Hunde im Jahre 2000 infrage gestellt und erörtert, ob hier nicht der Hund als Waffe missbraucht würde. Die nach VDH-Reglement durchgeführte Schutzdienstarbeit wurde von diesem Verdacht jedoch schnell freigesprochen.

Wie im ersten Kapitel dargestellt, hielt Rassebegründer Kurt F. König zeitlebens nichts von dieser Form des Hundesports. Bezogen auf die Anlagenprüfung meinte er: »Gute Hunde sollen aus dem Schutztrieb heraus verteidigen, nicht aus Beißlust. Alte Verfahren, die mithilfe von Schmerzreizen einen Hund zur Abwehr bringen sollen, zeigen nur eine Selbstverteidigung oder Beißlust an. Mit der Prüfung der Schutzwerte beurteilen wir die *Abwehrbereitschaft* des Hundes. Bei der Zucht umgänglicher Haus- und Kulturhunde geht es um eine bestimmte soziale Intelligenz, die das Tier dadurch zeigt, dass es ein Kind oder den schlafenden Kumpan verteidigt. Dazu ist es notwendig, eine wirklichkeitsnahe Situation aufzustellen. Ein Hund, der sich selber wehrt, wenn er geärgert wird, kann zum bissigen Burschen werden. Ein Hund, der sich aber nur zur Wehr setzt, wenn sein Herr (später auch dessen Eigentum) bedroht ist, wird nie eine Gefahr für harmlose Menschen.«

Die Argumentation der Schutzdienst-Befürworter: Die Hunde würden nicht scharf gemacht, sondern im Gegenteil in ihren natürlichen Reaktionen kontrollierbarer. Der Grundgehorsam werde durch das häufige Training der Unterordnung abgesichert und das korrekte Beißen nur in den Hetzarm und das sofortige Auslassen auf Kommando gezielt trainiert. Das Üben mache den Hunden nicht zuletzt Spaß, weil es ihren natürlichen Schutztrieb anspreche, den sie, in die richtigen Bahnen gelenkt, ausleben dürften. Wer je bei einem seriösen Schutzdienst zugesehen hat, kann diesen Eindruck nicht von der Hand weisen: Die meisten Hunde sind mit freudigem Eifer dabei, lassen sauber aus und tragen nach vollbrachter Arbeit stolz ihre Beute, den dick wattierten Beißärmel des Figuranten, vom Platz. Schutzdienst-Gegner halten dagegen, das Bild eines zumindest aggressiv *wirkenden* großen Hundes in Privathand ohne Dienstauftrag sei auch bei vernünftiger Ausbildung ein Auslaufmodell, das sich Hundeliebhaber heutzutage angesichts der kritischen Öffentlichkeit nicht mehr leisten könnten. Die Reizschwelle, einen Menschen (wenn auch durch die vorgegebenen Abläufe hoch ritualisiert) anzugreifen, werde herabgesetzt, und der so genannte Platzgehorsam – das heißt, der Gehorsam funktioniert nur auf dem Hundeplatz – lasse den Hund im Alltag keineswegs zuverlässiger werden. Unsichere Vierbeiner würden durch die antrainierten Verhaltensabläufe im Wesen nicht gefestigt, sondern noch problematischer.

Fest steht: Über das Für und Wider des Schutzdienstes streiten sich Hovawartanhänger seit den 20er-Jahren des letzten Jahrhunderts, doch selten schien die Diskussion so aktuell wie heute zu sein!

Eine Frage der Mentalität

Wichtig, wenn Sie sich für den traditionellen Hundesport interessieren: Hovawarte aus Leistungslinien, deren Vorfahren schon erfolgreiche Gebrauchshunde waren, sind dafür besser geeignet als ausgesprochene »Familienhovawarte«, die vom Körperbau in der Regel schwerer und weniger bewegungshungrig sind sowie eine höhere Reizschwelle besitzen. Wer seinen Hund nicht entsprechend ausbilden will, sondern gezielt einen ruhigeren Begleithund sucht, sollte von Hovawarten aus Leistungszucht (gezielt betrieben im RZV und im ÖKH) besser Abstand nehmen! Zwar sind auch Leistungs-Hovawarte in den *richtigen* Händen hervorragende Familienhunde, geben sich aber kaum mit dem normalen Beschäftigungsmaß zufrieden. Sie sind sehr quirlig, was sich bis zur Hektik steigern kann, und anstrengend in der Handhabung, wenn sie körperlich und seelisch nicht ausgelastet werden. Rasseneulinge und Nichthundesportler fühlen sich von solch nimmermüden Hovawarten oftmals absolut überfordert – hausgemachte Verhaltensprobleme durch chronische »Arbeitslosigkeit« des Hundes sind nicht ausgeschlossen!

Spricht man mit Schutzdienst-Befürwortern und -Gegnern, scheinen manchmal Welten zwischen ihren Hundehaltungs-

Zur Gebrauchshundausbildung gehört auch das Bringen über die Hürde. Neben der Eignung des Hundes ist es eine Mentalitätsfrage, ob Hovawartbesitzer den klassischen oder den alternativen Weg hundesportlicher Ausbildung eingeschlagen.

und Ausbildungsansichten zu liegen. Fakt ist, dass verantwortungsvoll aufgebaute und geführte Schutzhunde (und Hovawarte erst recht nicht) in Beißstatistiken nicht auftauchen, während nicht oder in alternativen Hundesportdisziplinen ausgebildete Hovawarte keineswegs automatisch verweichlichte Sofarutscher sind, denen jedes Fehlverhalten mit mildem Lächeln nachgesehen würde. Sicher entspricht die überwältigende Mehrheit aller Hovawartbesitzer nicht dem traditionellen Hundesportler, den es in der Schäferhund- oder Rottweiler-Szene in erheblich größerer Zahl gibt. Und es scheinen immer mehr zu werden, die den Schutzdienst als nicht mehr zeitgemäß ablehnen und nach anderen Möglichkeiten suchen, Hundesport zu betreiben. Grund für diesen Trend sind im Falle des Hovawarts sicher zwei Dinge: Zum einen ist eine bestandene SchH- oder VPG-Ausbildung von den Vereinen keine zwingende Zuchtvoraussetzung für den Hovawart (mehr). Zum anderen gibt es heute hundesportliche Alternativen zur Gebrauchshundausbildung, sodass jeder die für sich stimmigste Form von Freizeitaktivität mit seinem Hovawart wählen kann.

Einen guten Hundeplatz finden

Egal, für welche Ausbildungsrichtung Sie sich entscheiden und was für einen Hovawart Sie führen, ein Dilemma bleibt bestehen: Leider gibt es außer der Zugehörigkeit zu anerkannten Hundesportverbänden kein allgemein gültiges Gütesiegel für Hundeplätze, auf denen Sie sich mit Ihrem Vierbeiner garantiert gut aufgehoben fühlen werden. Wohl dem, der auf dem Platz seiner einstigen Welpenspielgruppe bleiben kann und mit steigendem Alter seines Hovis und dem angestrebten Ausbildungsziel einfach nur die Gruppe wechselt. Nicht jeder Hundebesitzer hat aber dieses Glück.
Für Mitglieder des Rassezuchtvereins für Hovawarthunde e. V. und für jene der Hovawart Zuchtgemeinschaft Deutschland e. V. stehen in vielen Landesgruppen eigene Hovawartplätze zur Verfügung. Gleiches gilt für die Vereine in der Schweiz und in Österreich. Der deutsche Hovawart-Club e. V. ist dagegen zu klein, um solche Angebote unterhalten zu können. Seine Mitglieder verteilen sich, je nach Bedarf, auf allgemeine Hundesportvereine, in denen mit jeder Hunderasse trainiert werden kann, oder sie dürfen auf den Plätzen anderer VDH-Hovawartvereine mitüben. Auf reinen Hovawartplätzen wissen die Ausbilder sehr genau auf die typischen Hovawartanforderungen zu reagieren. Positiv ist außerdem, dass sich auf einem Hovawartplatz viele Menschen treffen, die mit ihrem Hund ganz ähnliche Dinge erleben: Alle sprechen quasi die gleiche Sprache. Trotzdem kann es natürlich sein, dass Ihnen die Art, wie mit Ihnen und Ihrem Hund umgegangen wird, nicht gefällt. Ein guter Ausbilder geht auf Hunde und Besitzer gleichermaßen ein, beantwortet Fragen (auch nach alternativen Ausbildungsmethoden wie dem Clickertraining) bereitwillig und lässt individuelle Ansichten gelten.
Ich weiß von dem unguten Gefühl, das die Besitzer einer blonden Junghündin beschlich, als ihnen auf einem Platz der Einsatz von Wurststückchen zur Belohnung verordnet werden sollte. Sie hatten bis dahin immer andere Leckerchen vorgezogen, die ihnen sinnvoller als das Essen für Zweibeiner erschienen, doch diese Eigenwilligkeit der Hundeführer wurde nicht akzeptiert.

Auf einem guten Hundeplatz fühlen sich der Hovawart und sein Hundeführer gleichermaßen wohl und gut betreut. Hier eine Gruppenübung der Sozialverträglichkeit für den Hundeführerschein auf einem Platz der HZD.

Erinnern Sie sich an das, was eine gute Führerschaft ausmacht: Souveränität und Großzügigkeit in nichtigen Angelegenheiten, das gilt auch für Ausbilder! Die Meinungsverschiedenheiten hatten zur Folge, dass die verärgerten Wurstgegner irgendwann ganz auf den Hundeplatzbesuch verzichteten. Schade vor allem für deren Hündin, der die Art der Belohnungshappen vielleicht buchstäblich »wurscht« gewesen wäre!

Die Begleithundeprüfung (BH)

Wenn Sie einen Hundeplatz bzw. einen Hundesportverein nach Ihren Vorstellungen gefunden haben, wird der Junghund normalerweise nach einigen Monaten intensiven Trainings in der Gruppe und einzeln mit Ihnen auf die BH-Prüfung vorbereitet. Die Begleithundausbildung ist nicht nur für jeden Hovawart geeignet, sondern auch sehr empfehlenswert für Ihren gemeinsamen Alltag. Ein zuverlässiger Gehorsam besonders der großen Hunderassen sollte heute eine Selbstverständlichkeit sein und beugt Ärger mit Nachbarn, Passanten oder anderen Hundehaltern vor.

Normalerweise üben Sie für die Begleithundprüfung mindestens ein- bis zweimal wöchentlich auf einem Hundesportplatz. Ziel ist das zuverlässige Beherrschen klassischer Hundesportlektionen (der Unterordnung im A-Teil), wie Sitz aus der Bewegung, Ablegen mit Heranrufen, Leinenführigkeit, unbefangenes Gehen durch eine Menschengruppe, Freifolge und Ablegen des Hundes unter Ablenkung. Der Hund soll sich beim Arbeiten entspannt, selbstsicher und freudig zeigen. Das konzentrierte, häufige Üben unter den Augen eines Ausbilders fördert die Kontrollierbarkeit des Hundes und lässt Sie zu einem Team werden.

Sie bilden Ihren Hovawart gleichzeitig zu einem verkehrssicheren Begleiter aus, indem Sie bestimmte Übungselemente im Stadt- bzw. im Straßenverkehr trainieren und während der Prüfung im B-Teil unter realen Bedingungen zeigen. Auch die Schussfestigkeit beim Knallen mit einer Schreckschusspistole (nicht bei BH-A) während der Freifolge, ruhiges Verhalten bei der Begegnung mit Joggern und Radfahrern und die gelassene Reaktion auf Artgenossen gehören zum Trainings- und Prüfungsprogramm.

Anfang 2002 wurde die deutsche BH-Prüfungsordnung um einen Verhaltenstest erweitert. Neueinsteiger müssen vor Prüfungsbeginn ihre Sachkunde durch die Beantwortung kynologischer Fragen unter Beweis stellen. Die Begleithundprüfung wird in vielen Hundesportvereinen, Hundeschulen und bei privaten Ausbildern von offiziellen Leistungsrichtern der anerkannten Hundesportverbände abgenommen.

Das Mindestalter für das Ablegen der Prüfung zum verkehrssicheren Begleithund liegt bei zwölf Monaten, es ist aber keineswegs ein Beinbruch, wenn Sie Ihrem vierbeinigen Spätentwickler dafür deutlich mehr Zeit geben. Bei diesem kleinen Einmaleins des Hundesports geht es nicht um das Erringen möglichst guter Noten, sondern nur um die Beurteilung »bestanden« oder »nicht bestanden« durch den bestellten Prüfer, der darüber nach einem Punktesystem entscheidet. Für die Teilnahme an einigen Hundesportwettkämpfen ist die bestandene Begleithundprüfung als Nachweis des Basisgehorsams zudem Pflicht.

Der Hundeführerschein

Grundsätzliche Parallelen im Verlangten bestehen beim so genannten Hundeführerschein. Das Konzept wurde in Deutschland ins Leben gerufen, um nach Beißunfällen im Jahre 2000 das Verantwortungsbewusstsein unbescholtener Hundebesitzer und die Gehorsamkeit ihrer Vierbeiner unter Beweis zu stellen.

Beim Hundeführerschein wird noch mehr als bei der Begleithundeprüfung die Mensch-Hund-Beziehung in den Vordergrund gestellt und weniger auf hundertprozentige Akkuratesse in der Ausführung geachtet. Training und Prüfung bieten verschiedene Institutionen (eine davon ist der Verband für das Deutsche Hundewesen) in unterschiedlichen Varianten an. Auch auf den zahlreichen Schäferhund-Plätzen kann mit anderen Hunderassen und Mischlingen geübt und die Prüfung abgelegt werden. Eine bundesweit einheitliche Prüfungsordnung gibt es aber noch nicht. Hund und Zweibeiner werden beim Hundeführerschein jedoch immer praktisch und der Mensch auch noch zusätzlich theoretisch geschult und geprüft. Dabei geht es um die Vermittlung von Basisinformationen wie Hygiene, Gesundheit, Recht, Körperpflege und natürlich um das Hundeverhalten. Einige deutsche Gemeinden belohnen den Nachweis des bestandenen Hundeführerscheins sogar mit einem ermäßigten Hundesteuersatz.

TEAM-Test

Der TEAM-Test beruht auf einer Initiative des Südwestdeutschen Hundesportverbandes e. V. (swhv) und steht unter dem Motto »Mensch und Hund: Zwei Freunde, ein Team«. Der TEAM-Test erinnert inhaltlich an den A-Teil der Begleithund-Prüfung, an die Unterordnung der Vielseitigkeitsprüfung oder auch an den praktischen Teil des Hundeführerscheins: Auch hier werden Leinenführigkeit, Freifolge, Sitz, Platz mit Abrufen, Vereinsamung, Durchqueren einer Menschengruppe und zusätzlich die Unbefangenheit gegenüber mehreren Passanten, Joggern, Rad- und Mopedfahrern im konfliktfreien Miteinander geprüft.

Hundesportarten auf dem Prüfstand

Traditionelle und moderne Disziplinen zur Auswahl

Jetzt im Junghundalter wird idealerweise die Richtung für die weitere Hundesportausbildung eingeschlagen. Doch welche Disziplinen und Fächer stehen für Sie und Ihren jungen Hovawart überhaupt zur Auswahl? Diese Hunderasse gilt zwar als Mulitalent, aber ehrlich gesagt eignen sich längst nicht alle Hundesportfächer gleichermaßen gut für Ihren Hovawart – ganz abgesehen von Ihren und seinen Talenten und Bedürfnissen! Im Folgenden möchte ich Ihnen zur Orientierung die wichtigsten klassischen und modernen Hundesportarten und ihre generelle Tauglichkeit für Hovawarte einmal im Schnelldurchgang in alphabetischer Reihenfolge (jedoch ohne den Anspruch auf Vollständigkeit) vorstellen. Natürlich sind Kombinationen verschiedener Sparten nicht ausgeschlossen, denn ein VPG-1-Hund kann gleichzeitig Fährten- und Rettungshund sein. Allerdings sind die Arbeitsweisen und die »Hundesportphilosophie« nicht in allen Fächern gleich. Die Anhänger klassischer und alternativer Disziplinen bewegen sich deshalb in der Regel nur in jenen Hundesportbereichen, die ihrer eigenen Ausbildungsweise entsprechen.

Agility

Diese interessante, aus England stammende Hundesportart wurde 1977 auf der Cruft's Dog Show erstmals demonstriert und erinnert an das Springreiten mit Pferden. In einem Parcours werden verschiedene Hindernisse (Hoch- und Weitsprung, Tunnel, Tische mit Kontaktzonen, Autoreifen, Wippe usw.) überwunden, wobei es vor allem auf die Wendigkeit und eine gute

Maßarbeit! Hovawarte, die Agility betreiben sollen, dürfen nicht zu früh an das Springen herangeführt werden. Die Gelenkgesundheit muss wie bei diesem zweijährigen Rüden gegeben sein, sonst stellen sich später Arthrosen ein.

Mensch-Hund-Zusammenarbeit ankommt, denn der Zweibeiniger gibt seinem Hund blitzschnell die Anweisungen, welches Hindernis als Nächstes zu bewältigen ist. Ähnlich wie bei manchen Teilbereichen des Turnierhundesports hat auch im Agility das Springen einen hohen Stellenwert. Der Grundgehorsam muss zwar unbedingt vorhanden sein, wird aber im Wettkampf nicht in einer extra Unterordnungsübung geprüft. Startvoraussetzung ist die bestandene Begleithund-Prüfung BH-A (ohne Schuss) für Hunde ab 15 Monate. Von der FCI anerkannte Agility-Wettbewerbe werden in den Schwierigkeitsklassen 1, 2 und 3 durchgeführt. Hovawarte starten in der Standard-/Large- bzw. Maxi-Klasse ab 43 cm Schulterhöhe.

Meiner Ansicht nach sind viele Hovawarte zu schwer und nicht wendig genug, um gegen die starke Konkurrenz (vor allem Border Collies sowie Belgische Schäferhunde dominieren die Wettkampfszene) in seiner Größenklasse anzukommen. In einigen Landesgruppen des RZV gibt es allerdings eigene Hovawart-Agility-Abteilungen, bei denen der Rassevergleich dann naturgemäß keine Rolle spielt. Wie beim Turnierhundsport ist auch hier die Beanspruchung der Gelenke (Schulter, Ellenbogen, Knie, Hüfte), der Bandscheibe und der Bänder und Sehnen unbedingt zu beachten. Der junge Teamkollege Hovawart darf auf keinen Fall zu früh, am besten nicht vor dem 15. Lebensmonat, zum Springen durch den »Stangenwald« animiert werden, um keinen körperlichen Schaden zu nehmen und späterer Arthrose Vorschub zu leisten. Agilitykenner empfehlen sogar, die steil gestellte A- oder Schrägwand nicht von Hunden unter zweit Jahren überwinden zu lassen. Die Hindernisstationen fester Tunnel, Sackstofftunnel und Slalom belasten das Skelett kaum und sind deshalb natürlich schon vorher erlaubt.

Agility ist eine spannende Disziplin und angesichts der Könner stockt dem Zuschauer der Atem. Für Kurt F. König waren Gewandtheit und Sprungfähigkeit des Hovawarts ein wesentlicher Bestandteil des Rassebildes: »Das Springen soll vor allem zeigen, dass ein Hund leichtfüßig ist.« Aber: »Hochsprung soll kein Wettbewerb werden. Man darf von keinem verständigen Hund verlangen, dass er über ein Hindernis, das er nicht beiderseits kennt, im Freisprung geht.« Leider ist diese sprungintensive Sportart auch bei sorgfältigem Aufbau auf lange Dauer für einen Hovawart des derben, schweren Typs (und besonders für massige Rüden mit einem Körpergewicht von bis zu einem Zentner) tatsächlich nicht ideal, allerdings aus einem anderen Grund: Sie kann ihm irgendwann buchstäblich auf die Knochen gehen. Da eine Schulterhöhe von 70 cm unter Fachleuten als das Maximum für einen angehenden vierbeinigen Agilitysportler gilt, stoßen große Hovawartrüden hier schon an die Grenzen des Sinnvollen. Hovawarte mit sehr langem Rücken, steiler Vor- und Hinterhand oder Übergewicht dürfen diese Sportart nur in Maßen nach Rücksprache mit dem Tierarzt betreiben. Ein schonender Konditions- und Muskelaufbau, das gründliche Aufwärmen vor jedem Start sowie nachgewiesene HD-, OCD- und ED-Freiheit sollten für einen Agility-Hovawart oberste Gebote sein.

Disc-Dogging

Das Disc-Dogging ist eine Hundefunsportart aus den USA, die aus dem Frisbee für Menschen entwickelt wurde und mit speziellen hundetauglichen Flugwurfscheiben betrieben wird. Beim **Mini Distance** geht es darum, in markierten Spielfeldern durch vom Hund gefangene Scheiben innerhalb von 60 Sekunden so viele Punkte wie möglich zu ergattern. Je weiter die gefangene Scheibe flog, desto höher die Punktzahl. Im **Freestyle** wird eine Disc-Dog-Kür mit artistischen Absprungvariationen vom Körper des Werfers nach Musik verlangt, die zwischen 60 und 120 Sekunden dauert. Beim **Long Distance** ist die möglichst große Entfernung zwischen Hund und Werfer beim Fangen der Scheibe das Maß aller Dinge. Jeder Werfer hat drei Versuche. Der Rekord liegt im Moment bei 113 gemessenen Metern!

Noch gibt es in Deutschland, der Schweiz und Österreich nicht viele Möglichkeiten, diese spektakuläre Sportart mit Vereinsanbindung zu üben und an Wettkämpfen teilzunehmen. Da die zum Teil sehr hohen akrobatischen Sprünge die Bänder, Sehnen und Gelenke der »fliegenden« Hunde enorm belasten, sollte das akrobatische Disc-Dogging auch besser den sprunggewaltigen Leichtgewichten unter den Vierbeinern vorbehalten bleiben. Für Hovawarte ist es aufgrund der starken körperlichen Belastung leider nicht geeignet.

Dog-Dancing

Beim Dog-Dancing geht es um Harmonie zwischen Mensch und Hund im Rhythmus einer speziell zur Choreografie ausgewählten Musik. Dog-Dancing sieht zwar spielerisch aus, verlangt aber sehr viel Disziplin, Exaktheit in den Ausführungen, aber auch freudiges Arbeiten vom Hund sowie anspruchsvolles Teamwork. Unterschieden werden die beiden Sparten **Heelwork to music** und **Freestyle**. Beim Heelwork handelt es sich um die reine Arbeit in den Positionen »Bei Fuß« sowie frontal in der »Hier«-Stellung. Alle Elemente werden im Takt eines beliebigen Musikstückes ausgeführt, wobei der Hund sich nicht weiter als etwa 1,2 Meter vom zweibeinigen Tanzpartner entfernen darf. Distanzarbeit findet dabei also nicht statt. Beim Freestyle geht es dynamischer zu: Drehungen, Sprünge und Figuren aller Art sind auch in großer Entfernung zum Hundeführer erlaubt und werden ebenfalls zur frei gewählten Musik gezeigt.

Für sehr kleine Hovawartbesitzer und -besitzerinnen mit großen Hovawarten (vor allem Rüden) ist diese Hundesportart in der Disziplin Freestyle weniger ideal, weil der vierbeinige Tanzpartner sie etwa beim Slalomgehen durch ihre Beine fast hochheben würde. Mit Hündinnen oder bei entsprechender Körperhöhe des Hundesportlers ist diese sehr elegante Disziplin, die auf vorzüglicher Kommunikation zwischen Mensch und Hund beruht und Sprünge, Schrittabfolgen und Trickelemente vereint, auf jeden Fall Hovawart-tauglich! Heelwork to music ist dagegen auch etwas für die Giganten unter den Hovawarten. Noch eleganter wirkt eine Dog-Dancing-Kür zwar mit wendigeren, nur mittelgroßen Border Collies oder Australian Shepherds, doch die aufmerksamen, verspielten Hovawarte bringen ganz sicher ein grundsätzliches Talent für diese noch junge Funsportart mit.

Einige Parallelen gibt es zum Freestyle-Obedience, und wo »OB« betrieben wird, widmen sich Hundesportler auch oft dem Dog-Dancing. Auf vielen internationalen Hundeausstellungen gehört das Dog-Dancing inzwischen zum Showprogramm im Ehrenring und kann dort von Interessenten bestaunt werden.

Fährtenhundprüfung (FH)

Das Fährten gehört als eines der drei Fächer zur Gebrauchshund- bzw. zur Vielseitigkeitsausbildung im Hundesport, kann aber z. B. auch als Einzeldisziplin in den Schwierigkeitsstufen **FH 1** und **FH 2** nach VDH-Prüfungsordnung davon unabhängig betrieben werden. Der Vorteil ist, dass Sie (neben der Herausforderung für den Hund) zum Fährten wenig Zubehör brauchen und sich Ausbilder in nahezu jedem Hundesportverein finden lassen. Je höher die Prüfungsstufe, desto höher auch die Anforderungen: Bei der FH-1-Prüfung nach VDH-Prüfungsordnung sucht der Hund z. B. eine zwischen 1000 und 1400 Schritt lange, 180 Minuten alte Fremdfährte ab, die von einer 150 Minuten alten Verleitungsfährte gekreuzt wird. Vier Gegenstände sind zu finden und dem Hundeführer anzuzeigen.

Voraussetzung für die Teilnahme ist wie bei der Vielseitigkeitsprüfung eine bestandene Begleithundprüfung BH (mit Schuss). Das Mindestalter für die Prüfung beträgt 16 Monate bei der FH 1 und 20 Monate bei der FH 2. Um für die FH 2 melden zu können, muss erst die FH-1-Prüfung mit Erfolg abgelegt worden sein.

Seit Anfang 2003 gibt es im VDH-Bereich für Hunde ab 15 Monate mit BH-Prüfung auch noch die Prüfungs-/Wettkampfstufen **FPr 1–3**, durch die ambitionierte Hundesportler langsam an das Fährten-Spezialgebiet herangeführt werden sollen. Die Schweizer Hundefreunde kennen eine nationale Prüfungsklasse namens **FH 97** in den Stufen 1 – 3. Dabei werden zwei Fährten gelaufen, die jeweils 2000 Schritt lang und mindestens drei Stunden alt sind. Für jede Fährte wird maximal die Punktzahl 100 vergeben.

Der Hovawart hat eine hervorragende Nase, die ihn zum hochbegabten Fährtenhund macht. Auf vielen Hundeplätzen betreuen gewissenhafte Ausbilder die Fährtenarbeit. Auch die Konzentrationsfähigkeit des Hundes wird dabei geschult.

Außerdem existiert dort die Ausbildungs- und Prüfungssparte **Suchhund** (SH). Die Fährtenhundprüfung nach internationaler (FCI-)Prüfungsordnung für Hunde ab 20 Monate ist die **IPO-FH**. Alle Einzelheiten und Unterschiede der nationalen und internationalen Prüfungsordnungen an dieser Stelle aufzulisten, würde zu weit führen. Auskunft geben die zuständigen Gebrauchshundsportverbände der Länder.

Es handelt sich bei Fährtenhund-Wettbewerben um die Absolvierung von Aufgaben aus dem klassischen Diensthundrepertoire, für die Hovawarte geboren zu sein scheinen und dank ihrer hervorragenden Nasenleistung und Konzentrationsfähigkeit auch auf internationalen Wettkämpfen immer wieder gut abschneiden. Kurt F. König sah in der Fährten-Aufnahme, -Treue und -Sicherheit elementare Fähigkeiten dieser Rasse, die er deshalb auf seinen Anlageprüfungen systematisch testete.

Flyball

Beim Flyball, einer rasanten, wunderbar anzuschauenden Hundesportart mit Ursprung in den USA, muss der Hund fünf maximal 40 cm hohe Hürden überspringen und kommt dann zu einer Ballwurfmaschine, die er mit der Pfote über einen Hebel betätigt, woraufhin ein Tennisball in die Luft katapultiert wird. Hat der Vierbeiner ihn gefangen oder vom Boden aufgenommen, bringt er ihn über die Hürden zurück zum Hundeführer. Gestartet wird bei Wettkämpfen parallel in zwei Teams mit je vier Hunden, die gleichzeitig gegeneinander antreten. Nach drei Durchgängen erreicht das schnellere Team im K.-o.-System die nächste Runde.

Ein herrliches Spektakel, das intelligenten Hunden mit viel Lust am Apportieren und selbstständigen Aktionen besonders liegt.

Der Zweibeiner feuert nämlich seinen Hund nur hinter der Startlinie an, er springt selbst nicht mit über die Hürden und assistiert im Wettkampf auch nicht an der Ballmaschine. Da die Sprünge sehr flach sind, können ballverrückte, gesunde Hovawarte ab dem zweiten Lebensjahr ohne Bedenken teilnehmen.
Angeboten wird Flyball oft auf Hundesportplätzen mit Agilityübungsbetrieb. König wäre von diesem Sport sicher begeistert gewesen, meinte er doch: »Die Bringlust ist noch ein Fach, das nicht genügend gewürdigt wird. Ein Hund, der aus sich heraus zuverlässig bringt und abgibt, ist nicht nur ein vielseitiger Helfer bei Verlusten, sondern auch in vielerlei Beziehung erfreulich begabt. Ein guter Bringer ist stets weitaus gehorsamer als ein nicht bringender Hund und jederzeit leicht an die Hand des Meisters heranzubringen.«

Internationale Gebrauchshundprüfung (IPO)

Die Abkürzung IPO steht für Internationale Prüfungsordnung und stellt eine kombinierte Gebrauchshundprüfung nach Art der des Vielseitigkeitswettkampfes dar, wobei die Details in einer länderübergreifenden Prüfungsordnung der FCI-Kommission für Gebrauchshunde festgeschrieben sind.
Seit Anfang des Sportjahres 2003 gilt eine neue IPO, die in den Stufen **IPO 1** (ab 18 Monate), **IPO 2** (ab 19 Monate) und **IPO 3** (ab 20 Monate) durchgeführt wird. Eine IPO beginnt mit der Abteilung A, der **Fährte** (IPO 1 = Eigenfährte, mindestens 300 Schritte, Zeit: 15 Minuten), wobei ca.10 Zentimeter lange Gegenstände aus unterschiedlichem Material (etwa aus Stoff, Leder und Holz) gefunden werden müssen.
In der Abteilung B wird die **Unterordnung** verlangt, die aus folgenden Übungen besteht:
Freifolge, Sitz aus der Bewegung, Ablegen/Herankommen, Steh aus dem Schritt (IPO 2), Steh aus dem Laufschritt (IPO 3), Bringen auf ebener Erde, Bringen über die 1-Meter-Hürde (1,50 Meter breit), Bringen über die Schrägwand, Voraussenden mit Hinlegen (mindestens 30 Schritte) und Ablegen unter Ablenkung (ebenfalls mindestens 30 Schritte vom Hundeführer entfernt).
Die Abteilung C besteht aus dem **Schutzdienst**. Zu absolvieren sind u. a. Revieren nach dem Helfer, Stellen und Verbellen, Verhinderung eines Fluchtversuchs des Schutzdiensthelfers, Abwehr eines Angriffs aus der Bewachungsphase und Angriff auf den Hund aus der Bewegung. Die IPO ist etwas für klassisch orientierte Hundesportler, die ihre Hovawarte auch in den nationalen Gebrauchshundprüfungen (VPG I-III) führen und dem Prüfungselement C, dem Schutzdienst, positiv gegenüberstehen. Ausbildungsinsider meinen sogar, mittelfristig würde die VPG gegenüber der IPO an Bedeutung verlieren und raten dazu, den Arbeitsschwerpunkt auf die IPO verlegen. Vor allem triebstarke Hovawarte aus Leistungslinien können sich in IPO-Prüfungen bewähren, wenn sie entsprechend behutsam aufgebaut werden. Wer in Kurt F. Königs Tradition gar kein Freund der Schutzdienst-Arbeit ist und dennoch klassische Herausforderungen auf hohem Niveau sucht, kann sich dem reinen Fährten nach der Internationalen Prüfungsordnung (IPO-FH) zuwenden.

Gefunden! Das Revieren, Stellen und Verbellen des Schutzdiensthelfers im Versteck gehört zur Abteilung C laut nationaler und internationaler Prüfungsordnung. Diese Ausbildung ist etwas für Hundesportler, die den Schutzdienst befürworten.

Jugend + Hund (J + H)

In der Schweiz wird die offizielle Nachwuchsförderung in Sachen Hundesport ganz groß geschrieben. Jugend + Hund nennt sich eine Organisation, in der jungen Hundefreunden die Grundelemente der Hundeerziehung, des Hundesports sowie Benimmregeln vermittelt werden. Es gibt derzeit rund 300 speziell ausgebildete Übungsleiter in der Schweiz, die in über 40 regionalen J+H-Gruppen tätig sind. Die teilnehmenden Kinder und Jugendlichen haben ein Alter zwischen acht und 20 Jahren.

Neben der allgemeinen Einführung in die praktische Kynologie und viel Spaß mit dem Hund stehen verschiedene Hundesportdisziplinen zur Auswahl. Beim **Cani-Cross**, einem Geländelauf, geht es buchstäblich über Stock und Stein, wobei an den unterschiedlichen Hindernissen Strafpunkte vermieden werden müssen und die Kondition von Jugendlichem und Vierbeiner zu beweisen ist.

Das **Junior-Handling** stellt die zweite J+H-Hundesportdisziplin dar und existiert u. a. auch in Deutschland und in Österreich. Dabei führen in verschiedenen Altersklassen junge Aussteller nach speziellem Reglement Hunde auf nationalen und internationalen Rassezuchtschauen (CACIBs). Bewertet wird nicht die Schönheit des Tieres, sondern vielmehr die Harmonie zwischen Zwei- und Vierbeiner und das Präsentationsgeschick des Junior-Handlers. Erfolgreiche Junior-Handler können sich für die Wettbewerbsteilnahme auf internationaler Ebene qualifizieren.

Bei **Rule**, das im J+H-Programm seit 2002 in den beiden Klassen **Rule 1** und **Rule 2** angeboten wird, steht eine anspruchsvolle Kombination von Prüfungsaufgaben auf dem Programm: Unterordnung, Führigkeit, Agilityelemente, Junior-Handling-Aufgaben sowie Lektionen aus Theorie und Praxis werden bewertet.

Für jeden aufgeschlossenen, unternehmungslustigen Familienhovawart mit talentiertem jungen Führer ist die Teilnahme an J+H-Veranstaltungen ganz sicher eine Bereicherung.

Leider wird das gut durchdachte Programm bis jetzt nur in der Schweiz angeboten. Vor allem beim Turnierhundsport und eben beim Junior-Handling ergeben sich allerdings auch in den Nachbarländern Möglichkeiten, Jugendliche und ihre Hovawarte unter kompetenter Anleitung zu hundesportlichen Teams werden zu lassen.

Für diese beiden Freundinnen wären Junior-Handling, Turnierhundsport, Cani-Cross oder Rule geeignete Hundesportarten. Die beiden letzten Disziplinen gibt es allerdings nur in der Schweiz.

Mobility

Beim Mobility handelt es sich um eine sehr interessante Hundesportart, die bislang nur in der Schweiz angeboten und seit 1990 in Wettbewerben geprüft wird. Für die Erstellung des Reglements ist die Agility/Mobility-Arbeitsgruppe (AAG) der Schweizer Kynologischen Gesellschaft (SKG) bzw. der KAMO (**K**ommission **A**gility, **M**obility, **O**bedience) verantwortlich. Unter dem Motto »Hund und Freizeit« treten Vier- und Zweibeiner zur Bewältigung eines Parcours an, der Elemente aus dem Turnierhundesport, Agility, Obedience und Wesenstests enthält, aber auch ganz eigene Herausforderungen beinhaltet. Teilnahmeberechtigt sind Hunde ab dem neunten Lebensmonat, was schon darauf hinweist, dass keine körperlichen Höchstleistungen abverlangt werden. Auf einem überschaubaren Parcours-Gelände (Wiese, Sport- oder Hundeplatz) werden je nach Veranstaltung wahlweise 15 oder 18 nummerierte Stationen in chronologischer Reihenfolge angesteuert. Das Zeitlimit pro korrekter Hindernisüberwindung in mit Fähnchen abgesteckten Zonen beträgt maximal eine Minute, wobei, und das ist am Mobility besonders sympathisch, der Hund jederzeit aufgemuntert werden darf. Die Teilnehmer können ihre Vierbeiner wahlweise an- oder abgeleint führen, sodass auch Hundesport-Neulinge nicht ausgeschlossen werden.

Mobility-Stationen sind Schrägwand, Hochsprung, Tisch, Leiterwagen (gezogen über eine Strecke von 30 Metern mit dem Hund darin), fester Tunnel, Voraussenden auf ein Podest, Regenschirm-Auf-und-Zuklappen, frei schwebende Hundeschaukel, Schlupfsack, Fassbrücke, Wellblech, Tragen eines frei gewählten Gegenstandes, Reifensprung, Laufsteg, Bändertisch sowie ruhiges Warten ohne Sichtkontakt zum Hundeführer. Den Abschluss bilden zehn Theoriefragen an den Hundeführer, von denen acht richtig beantwortet werden müssen.

Beim Mobility ist nicht die Rede von Leistungsrichtern oder Prüfern, sondern vom Spielleiter (er hat die Oberaufsicht) und den Bewertern an den einzelnen Parcours-Aufgaben. Ob ein Hindernis bzw. eine Station erfolgreich bewältigt wurde, wird als »erfüllt« oder »nicht erfüllt« auf einem Bewertungslaufzettel festgehalten. 12 von 15 Aufgaben müssen bestanden worden sein, um den Mobility-Wettkampf erfolgreich absolviert zu haben. Das Gesamtresultat wird mit Datum und Veranstaltungsort in einen Leistungsausweis eingetragen, in dessen Besitz jeder Teilnehmer sein muss.

Die Vorteile des Mobility bestehen in der Vielfältigkeit der Aufgaben, den keineswegs extremen sportlichen Anforderungen und dem trotzdem ansehnlichen Niveau der geforderten Lektionen. Ein solider Grundgehorsam, ein stabiles Nervenkostüm des Vierbeiners und eine gute Mensch-Hund-Bindung sind erforderlich, um den Parcours erfolgreich bewältigen zu können. Für den körperlich ausgereiften Allrounder Hovawart ist Mobility ein hervorragendes Betätigungsfeld, das – leider – den Hundefreunden in der Schweiz vorbehalten ist. Auf so genannten Spaß- und Spieltagen werden aber u. a. Mobility-Elemente ohne Prüfungsambitionen unter Mithilfe von Schweizer Hovawartfreunden im HC und in der HZD auch deutschen Hovawartfans angeboten und erfreuen sich großer Beliebtheit.

Mondioring (MR)

In der Schweiz bildet das Mondioring gewissermaßen die Basisausbildung für angehende Diensthunde (Security Dogs Schweiz). Es wird dort aber auch rein hobbymäßig bis auf internationalem Prüfungsniveau betrieben. Dabei handelt es sich um die vielleicht spektakulärste Disziplin im Gebrauchshundsport.

Die Prüfung untergliedert sich in die Sparten **1. Unterordnung**, **2. Sprünge** und **3. Schutzdienst**. Die Reihenfolge der Übungen pro Wettkampfteil wird vor dem Beginn der Prüfung (ist dann für alle Teilnehmer gleich) ausgelost. In den Schwierigkeitsstufen **MR 1, 2** und **3** der Internationalen Prüfungsordnung werden Vereinsamung, Voraussenden, Futterverweigerung, Apportieren »sportfremder«, ausgeloster Gegenstände (z. B. Plastikflasche, Tasche, Sandsack oder Kinderwagenrad, jeweils bis maximal ein Kilogramm schwer), das Überwinden einer Steilwand mit Palisade, einer bis 1,20 Meter hohen Hürde und eines bis zu vier Metern langen Weitsprungs verlangt. Der Schutzdienstteil wurde realen Bedrohungssituationen angeglichen, wobei dem Vierbeiner keinerlei Schmerzen zugefügt werden dürfen. Es gibt außerdem einen gestellten Streit zwischen Hundeführer und Helfer, der in einer geforderten Führerverteidigung mündet. Der Hund reviert nicht nur nach dem Schutzdiensthelfer, sondern auch nach einem Gegenstand, muss ein vom Richter ausgewähltes Objekt bewachen sowie per Geruchsidentifikation ein Bringsel aus anderen heraussuchen und apportieren.

Die Spitzenleistungssportler beim Mondioring sind ohne Zweifel Belgische Schäferhunde, allen voran der Malinois. Nach persönlicher Auskunft von Günter Diegel von der Arbeitsgemeinschaft der Zuchtvereine und Gebrauchshundverbände (AZG, ein VDH-Fachausschuss), der auch Bundesausbildungswart des Vereins für Deutsche Schäferhunde (SV) ist, wird das Mondioring in Deutschland nicht betrieben. Der Grund: Nach den AZG-Richtlinien hat als erlaubte Beißzone beim Schutzdienst alleine der Hetzarm zu dienen, nicht aber der ganze Figurant (und sei er noch so gut geschützt). Dem Mondioring mit seinem Vollkörperkontakt im Schutzdienst stehen die Hundesportler deshalb im VDH eher distanziert gegenüber. Blicken wir also bei der Beurteilung dieser Disziplin für den Hovawart gleich über Deutschlands Grenzen hinweg. Einige der geforderten Übungsteile könnten Leistungshunde unter den Hovawarten durchaus erfolgreich ausführen, in der Addition wären sie aber vermutlich gegenüber »härteren« Hunderassen letztlich immer chancenlos. Abgesehen davon, werden gerade im Mondioring-Land Schweiz Hovawarte als nervenstarke, geduldige Familienhunde mit sehr hoher Reizschwelle gezüchtet. Der Hovawart als triebstarker Gebrauchshund (und damit für Mondioring geeignet) ist dort also gar nicht das Zuchtziel. Von zusätzlichen ethischen Bedenken und Vorbehalten à la König ganz abgesehen: Durch die enorme Belastung der Gelenke bei den extremen Sprüngen wären Hovawarte so oder so keine geeigneten Kandidaten für diese Sportart.

Obedience (OB)

Obedience stammt aus Großbritannien und heißt nichts anderes als »Gehorsam«. Wie bei kaum einer anderen Hundesportart kommt es dabei auf die Eingespieltheit des Mensch-Hund-Teams an, die sich etwa im ständigen Blickkontakt beweist. Es handelt sich um eine sehr anspruchsvolle Unterordnung in verschiedenen Schwierigkeitsstufen, bei der Exaktheit, Ruhe und Konzentration von Zwei- und Vierbeinern verlangt werden. Eine hervorragende Bindung ist für Obedience unerlässlich: Bewertet wird bis zur Obedience-Klasse 2 auch das Miteinander von Mensch und Hund! Die besondere Herausforderung besteht darin, dass die Übungen sehr variabel sind und die verlangte Ausführung (etwa die Gangart während der Freifolge) erst während der Prüfung vom Wettkampfrichter (beim Obedience »Ringsteward« genannt) angezeigt wird. Der Hundeführer gibt die geforderte Aufgabenstellung dann durch ein einmaliges Hör- bzw. Sichtzeichen an den Hund weiter.

Während bei der Unterordnung von Gebrauchshund- und Turnierhundsport die Abfolgen gleich bleiben und (auch vom Hund!) auswendig gelernt werden, muss das Mensch-Hund-Team beim Obedience die ganze Zeit absolut aufmerksam und flexibel bleiben. Die Prüfung beginnt und endet in der Regel mit dem Einnehmen der Grundstellung, also dem Sitzen des Hundes »bei Fuß«.

Die Übungen bestehen je nach Klasse aus Elementen wie Verhalten gegenüber Artgenossen, Leinenführigkeit, Freifolge, Sitz (z. B. in der VDH-OB-Klasse eine Minute mit Sichtkontakt), Liegen (z. B. Klasse 3: vier Minuten Abliegen in der Gruppe ohne Sichtkontakt unter Ablenkung), Apportieren eines Gegenstandes aus Holz (und ab Klasse 2 auch eines Metallbringsels) über ebene Erde bzw. über die Hürde, Voraussenden mit Ablegen in einem Viereck, Sitz, Platz und Steh aus der Bewegung, Kommen mit Stehen und Hinlegen – um nur einige Prüfungsinhalte zu nennen.

Krönung des Obedience in der Oberstufe ist der Test des Geruchssinns, bei dem der Hund aus einer Auswahl von maximal sechs Holzgegenständen den nach seinem Hundeführer riechenden herausfinden und bringen muss.

Sehr schwierig ist auch die Kontrolle auf Distanz, bei welcher der Hund in etwa 15 Metern Entfernung einige Male auf Geheiß des Zweibeiners hin seine Stellung (also etwa vom Sitz ins Platz, vom Platz ins Steh usw.) wechseln muss. Was der pelzige Prüfling als Nächstes tun soll, gibt der Ringsteward vor!

Gestartet wird in Deutschland nach VDH-Reglement in der **Beginner-Klasse** (in der Schweiz: Anfänger-Klasse genannt) sowie in der **Klasse 1, 2** und **3**. Letztere entspricht der Internationalen FCI-Obedience-Klasse. In Österreich wird in den Gehorsamsklassen GH-1, GH-2 und GH-3 gestartet. Zulassungsvoraussetzung für eine Prüfungsteilnahme ist die bestandene Begleithundprüfung. In der Beginner- und in der Klasse 1 sind Hunde ab 15 Monaten startberechtigt, in der Klasse 2 ab 16 und in der Klasse 3 ab 17 Monaten.

Relativ neue nationale Prüfungsordnungen gewährleisten, dass Obedience in Zukunft sicher auf vielen Hundesportplätzen angeboten werden wird. Bis vor kurzem suchten interessierte Hundefreunde leider oft vergeblich nach Ausbildungsmöglichkeiten. Für die »Intelligenzbestie« Hovawart mit ihrer Freude am Lernen in enger Zusammenarbeit mit dem Menschen ist Obedience ganz sicher eine neue Perle im stetig wachsenden Hundesportangebot.

Turnierhundsport (THS)

Der Turnierhundsport (in Österreich und früher in Deutschland Breitensport genannt) ist die älteste der »modernen« Hundesportdisziplinen und feierte im Jahre 2002 seine 30-jährige Existenz. Die Erfinder dieser damals regelrecht revolutionären Hundesportart hatten erstmals die ganze Hundesportler-Familie vor Augen und diese Rechnung ging voll auf: Bewertet wird fair in Hundeführer-Alters- und Geschlechtsklassen, sodass auch Kinder und Senioren zur Teilnahme ermutigt werden. Im klassischen **Vierkampf** geht es darum, eine Unterordnungsabfolge mit oder ohne Leine zu zeigen, den Hund eine Hindernisbahn überqueren, Slalomstangen wie beim Skifahren umlaufen oder Hürden nehmen zu lassen, während der zweibeinige Sportler immer neben dem Hund läuft und die Hürden sogar mit überspringen muss. In einem speziellen Wettbewerb während des Turniers geht es um einen **Geländelauf** mit angeleintem Laufpartner, wahlweise über 5000 oder 2000 Meter. Einziges Kriterium für die Bewertung ist die Schnelligkeit des Laufteams; die Wertungen erfolgen auch dort in Geschlechts- und Altersklassen der Hundeführer getrennt. **CSC** (Combinations-Speed-Cup) heißt seit 1987 eine spezielle Sparte des Turnierhundsports, bei dem nur die drei Laufelemente des Vierkampfes (Slalom-, Hindernis- und Hürdenlauf) in einem langen, aus den Einzelaufgaben kombinierten Geräteparcours absolviert werden. Der CSC wird meistens als Mannschaftswettkampf ausgetragen, obwohl die Turnierordnung auch Einzel- und sogar Familienklassements (drei Familienmitglieder starten im Wechsel mit dem gleichen Hund) vorsieht. Der **Shorty** ist ein Kurzbahn-CSC und wird als Mannschaftswettkampf ausgetragen.
Im **QSC** (Qualifikations-Speed-Cup) absolvieren jeweils zwei Hunde parallel baugleiche Hindernisbahnen, wobei der Hundeführer mitläuft. Das schnellere Mensch-Hund-Team kommt nach dem K.-o.-Prinzip eine Runde weiter.

Der Geländelauf ist für alle Hovawarthalter besonders ideal, die sowieso mit ihrem Hund joggen wollen, sobald dieser den Kinderschuhen entwachsen ist und nach und nach immer längere Strecken zurücklegen darf. Das Laufvermögen des Hovawarts, insbesondere die Startzeit aus dem Liegen und die Geschwindigkeit über 100 Meter, hatte für König besonderen Wert. Sein Credo: »Schutzhunde sollten schneller als jeder menschliche Läufer sein.« Wenn es im THS-Geländelauf nicht zu guten Ergebnissen kommt, liegt es tatsächlich selten am Hovawart!

Die Hindernisbahnen und Hürdensprünge dürfen nicht zu früh ins Training eingebaut werden, weil sie den Bewegungsapparat des noch wachsenden Junghundes zu stark belasten. Vor dem 20. Lebensmonat sollten solche Herausforderungen auf jeden Fall gemieden werden, auch wenn es schwer fällt. Holztunnel und Laufdiele können ja schon erkundet werden, aber etwa von der hoch eingestellten Schrägwand dürfen junge Hovawarte auf keinen Fall abspringen. Das Üben der Unterordnung wird im ersten Lebensjahr Beschäftigung genug sein! Es ist nicht von der Hand zu weisen, dass die derben Hovawarte keine Leichtgewichte sind, die nur so über die Hindernisse schweben. Nach einigen Jahren intensiven Trainings und der Wettkämpfe könnte wie beim Agility eventuell Arthrose in den Schulter- oder Ellenbogengelenken auftreten. In Maßen sind aber Sprünge für einen gesunden, ausgewachsenen Hovawart kein Problem. Ein gut aufgebauter THS-Hovawart kann sich kaum halten, bis endlich das Signal »Auf die Plätze, fertig ...!« vom Starter an der Hindernisbahn ertönt.

Vielseitigkeitsprüfung (VPG)

Der Gebrauchshundesport wird im Training und auf Prüfungen der Vielseitigkeitsprüfung (VPG) unterteilt in **Teil A: Fährte**, **Teil B: Unterordnung** und **Teil C: Schutzdienst**. Auf Leistungsprüfungen werden alle drei Disziplinen einzeln bewertet, wobei die ideale Punktzahl jeweils 100 ist. Bestanden hat der Prüfling bereits ab einer Punktzahl von jeweils 70, die er in allen drei Fächern mindestens erreicht haben muss. In der nächst höheren Klasse darf er allerdings erst ab einem Ergebnis von jeweils 80 Punkten aufwärts starten. Eine Zahlenreihe von 95, 89, 96 ist bei diesem Sport also keine halbseidene Kurvenbeschreibung einer Hundeführerin, sondern gibt an, wie gut der vierbeinige Prüfling in den Einzelabteilungen abschnitt. Die Gesamtsumme wird dann noch mit einem Notenkürzel versehen. Der Leistungsrichter bewertet außerdem die gezeigte Wesensveranlagung und beschreibt sie durch ein Kürzel, das der Hund ins Leistungsheft eingetragen bekommt. Benotet wird dabei das so genannte **TSB**, das für **T**riebveranlagung, **S**elbstsicherheit und **B**elastbarkeit steht und ausgeprägt (A), vorhanden (vh) oder ng (nicht genügend) sein kann.
Die VPG-Prüfungen werden unterteilt in die Schwierigkeitsstufen **I**, **II** und **III**. Die gesonderte Prüfungsstufe SchH-A besteht aus den Elementen einer SchH-1-Prüfung, verzichtet aber auf

Zuverlässiges Apportieren eines Bringholzes gehört zum klassischen Hundesport. Das ordentliche Bringen, ohne auf dem Holz zu knautschen, benötigt eine ganz akribische Aufbauarbeit und ist kein Kinderspiel.

den Fährtenteil. Teilnahmevoraussetzung ist bei allen Schwierigkeitsstufen eine bestandene Begleithundprüfung mit nachgewiesener Schussfestigkeit (BH).
Vom körperlichen Aspekt her ist das Springen und Apportieren eines Bringholzes über die 1-Meter-Hürde und über die Schrägwand im Rahmen der Unterordnung sicher am ehesten eine Belastungsprobe für den Hovawart, wird aber für gesunde, gut trainierte Hunde im Erwachsenenalter kein Problem darstellen. Sinnvoll sind zum Üben spezielle Hovawarthundeplätze, in denen sich die Ausbilder und Schutzdiensthelfer (Figuranten) mit den Besonderheiten dieser Rasse auskennen. Andernfalls werden die Hovawarte oftmals zu früh zu hart im Schutzdienst angefasst und nicht sorgfältig genug mit den Aufgaben vertraut gemacht.

Wachhundprüfung (WH)

Der geprüfte Wachhund soll neben den Unterordnungsübungen Leinenführigkeit, Freifolge, Ablegen und Herankommen, Sitz aus der Bewegung und Ablegen unter Ablenkung einen Gegenstand auf Kommando bringen, bewachen, einen sich dem Gelände nähernden Helfer verbellen und seinen Zweibeiner in einer Menschengruppe ausfindig machen. Der vierbeinige Prüfling muss mindestens zwölf Monate alt sein. Eigentlich sollte man meinen, der Hovawart sei für die Förderung und Abfrage seiner Wachhundqualitäten geradezu prädestiniert. Merkwürdigerweise erfreut sich aber die WH-Prüfung anscheinend keiner besonderen Beliebtheit unter zweibeinigen Hundesportlern, sieht man sich die auf Leistungsprüfungen zu absolvierenden Disziplinen an.
Hovawarte mit dem Ausbildungskennzeichen WH haben Seltenheitswert, obwohl viele Hundeplatz-erprobte Exemplare unter ihnen diese Prüfung quasi mit der linken Pfote absolvieren könnten! Zum Test der Wachsamkeit auf seinen Anlageprüfungen schrieb Kurt F. König: »Wachsamkeit wird geprüft, indem man den Führer des Tieres irgendwo sich verstecken lässt und den Hund dann durch eine sich verdächtig machende Person aufmerksam zu machen sucht. Dabei sollte man auf alle Hetzkommandos verzichten. Wie nahe der Fremde kommen kann, ehe der Hund aufmuckt, zeigt den Grad der Wachsamkeit.«

Zughundsport

Die robusten Vorfahren des heutigen Hovawarts wurden einst auch als Zughunde vor kleine Wagen gespannt, worauf König in seinen Schriften hinweist. Sie zogen etwa in den sprunghaft wachsenden Städten des 19. Jahrhunderts von Eisenwaren bis Milchkannen alles, was befördert und gleichzeitig bewacht werden sollte und waren so etwas wie die Kutschpferde der Mittellosen. In einigen europäischen Ländern wurde sogar mit Zughunden der Acker gepflügt. Nicht zuletzt die oftmals harten

Schicksale dieser Arbeitshunde gaben in Europa den Anstoß, Tierschutzgedanken zu propagieren und die Nutzung von tierischer Arbeitskraft durch Vorschriften zu regeln. Auch heute steht der Tierschutz beim Zughundsport ganz oben an. Für eine Ausbildung in dieser Disziplin, die nicht vor dem 15. Lebensmonat begonnen werden sollte, ist ein solider Grundgehorsam nötig, eine gute Kondition und Konstitution (u. a. ED- und HD-Freiheit) und ein harmonisches, vertrauensvolles Verhältnis zwischen Vier- und Zweibeiner.

Ganz behutsam muss der Hund daran gewöhnt werden, Lasten zu ziehen und einen speziellen Hundewagen mit Brustblatt- bzw. Kummetgeschirr hinter sich zu akzeptieren. Gelenkt wird er im Ein- oder Zweispänner dabei vor allem über die Stimme seines Menschen. In Berlin existiert ein spezieller rasseübergreifender Verein, der bei der Ausbildung behilflich ist und wertvolles Know-how vermittelt. In der Schweiz hat das Zughundwesen (vor allem durch die Aktivitäten von Schweizer Sennenhund- und Bernhardiner-Liebhabern) eine noch längere Tradition.

Im Zweiten Weltkrieg setzte die Schweizer Armee z. B. Zughunde im Gebirge für den Lastentransport ein. Zughundwettbewerbe, die offen für alle Rassen sind, führen die Eidgenossen seit vielen Jahren mit 50 Kilogramm schweren zwei- oder vierrädrigen Zugfahrzeugen (so genannte Anderegg- und Schneggenburger Wägeli) durch. Die teilnehmenden Hunde müssen mindestens 24 Monate alt sein und eine Widerristhöhe von 50 Zentimetern aufwärts aufweisen. Ein Geländeparcours von etwa drei Kilometern Länge mit Aufgabenposten (z. B. Halten am Berg, rückwärts einparken, wobei die weiblichen Teilnehmer keineswegs schlechter abschneiden!) muss dabei am Morgen bewältigt werden. Nachmittags geht es zum Geschicklichkeits-/Hindernis-Parcours. Wippe und Wassergraben, Flaschenallee, Tordurchfahrt, Halbkreise und S-Kurven verlangen Maßarbeit von Mensch und Hund. Ein Tierarzt prüft vor dem Start die Gesundheit der antretenden Zughunde, der Richter beaufsichtigt das Einspannen.

Der Zughundsport wartet darauf, von Hovawartfreunden entdeckt zu werden. An der Eignung der Rasse liegt es jedenfalls nicht, dass es sich noch um einen Geheimtipp handelt. Aufgrund ihrer größeren Kraft und ihres massigeren Körperbaues scheinen mir Hovawartrüden für diese Aufgabe allerdings noch etwas besser geeignet zu sein, als die doch sehr viel zarteren Hündinnen. Einen Versuch wert ist es allemal!

Ich wache, also bin ich! An der Tür hat diese Hündin alles im Blick. Im Hundesport gibt es eine spezielle Wachhunddisziplin, die allerdings nur selten trainiert und geprüft wird.

Ausbildung für humanitäre Aufgaben

Rettungs- oder Katastrophenhund (RH/KH)

Genau genommen ist die Rettungshundeausbildung kein Hundesport, sondern eine humanitäre Aufgabe, die in Notfällen und Katastrophen oft die Zusammenarbeit mit Feuerwehr, Polizei, Armee oder Technischem Hilfsdienst erfordert. Fährten-, Flächen-, Trümmer-, Lawinen- und Wasserprüfungen stehen als Ausbildungsziele auf dem Programm, und ein niveauvoller Eignungstest (RH-E) zum Einstieg zeigt, ob der Hund überhaupt die Nervenstärke und die Selbstständigkeit besäße, um mit den anspruchsvollen Aufgaben zurecht zu kommen.

Für Kurt F. König musste ein Hovawart über Fähigkeiten verfügen, die auch jedem Rettungshund gut zu Gesicht stehen: Beweglichkeit, Unerschrockenheit angesichts unbekannter Situationen, unermüdlicher Arbeitswille und körperliche Ausdauer. Über die Anlageprüfungen in diesem Punkt schrieb er: »Die Gewandtheit eines Tieres ist leicht abzulesen, wenn man es auf schrägen Brettern und waagerechten Leitern gehen und klettern lässt. Ebenso sind natürliche Hindernisse sowie Feld- und Bausteine in unregelmäßiger Verteilung gut geeignet, laufgewandte Hunde zu ermitteln.«

Basis für die Rettungshundearbeit und Eingangsvoraussetzung für die Teilnahme an der RH-1-Prüfung ist in Deutschland eine bestandene BH-Prüfung und ein Mindestalter von 18 Monaten. Doch nicht nur der Hund ist gefordert, auch der Zweibeiner gehört zum Team und muss ebenfalls Bedingungen erfüllen sowie ein theoretisches und praktisches Ausbildungsprogramm absolvieren, will er es wirklich zur Einsatzreife bringen. Besonders für die Gelände- bzw. Flächensuche (etwa, wenn orientierungslose Personen gefunden werden sollen) sind Hovawarte aufgrund ihrer hervorragenden Nasenleistung geeignet. Bei der Trümmersuche können sich je nach Einsatzgelände für Hovawartrüden eventuell Nachteile aufgrund ihres hohen Körpergewichtes ergeben. Auch müssen Rettungshundeführer ihre Vierbeiner im Notfall tragen können. Kein leichtes Unterfangen, wenn zierliche Hundeführerin und massiger Rüde der gleichen Gewichtsklasse angehören!

Verschiedene Verbände bieten in Deutschland, Österreich und in der Schweiz anspruchsvolle Ausbildungsprogramme an und kümmern sich um die Nachwuchsarbeit. Hovawarte können auch zu Lawinen- und Sanitätshunden ausgebildet werden. **LawH** und **SanH**, so die Abkürzungen, werden vor allem in der Schweiz geschult. Auch diese Hunde messen sich übrigens auf hundesportlichen Wettkämpfen wie der SKG-Schweizer-Meisterschaft aller Rassen in den Klassen 1, 2 und 3, wobei etwa in einem Sanitätsgelände versteckte Personen und Rucksäcke aufgespürt werden müssen. Die Internationale Prüfungsordnung **IPO-R** gibt die Richtlinien für solche Wettbewerbe vor. Die Besten nehmen jährlich an einer speziellen Weltmeisterschaft der Rettungshunde teil. Nähere Auskünfte erteilen die zuständigen FCI-Verbände.

Behindertenbegleit-, Assistenz- oder Servicehund

Diese Ausbildung zum Assistenz-, Service- oder Behindertenbegleithund verlangt einen sachkundigen Trainer und wird offiziell in speziellen, anerkannten Ausbildungszentren durchgeführt. Meistens verbringen die Hunde ihre Welpen- und Junghundzeit bis zum ersten Lebensjahr in einer Patenfamilie und werden dann gut geprägt und sozialisiert in die anspruchsvolle Ausbildung übernommen. Behindertenbegleithunde (in der Schweiz Assistenzhunde genannt) öffnen z. B. für ihre gehandikapten Zweibeiner im Rollstuhl Schubladen und Türen, betätigen Lichtschalter, zeigen Gehörlosen das Tür- oder das Telefonläuten an, apportieren Gegenstände und vermitteln als geliebte Sozialpartner ganz vorurteilsfrei viel Mut und Lebensfreude. Für Autisten sind die Sozialkontakte zum vertrauten Hund Meilensteine, die Angehörigen und Ärzten wie Wunder erscheinen.

Da diese Ausbildung normalerweise nicht zusammen mit dem behinderten Zweibeiner durchgeführt wird, sondern der fertig ausgebildete Hund an einen Bedürftigen und seine Familie übergeben wird, ist diese Art der humanitären Betätigung für das herkömmliche Hovawart-Mensch-Team, das zusammen etwas Sinnvolles unternehmen möchte, eher ungeeignet. Dies liegt vor allem daran, dass gerade Hovawarte Besitzerwechsel ausgesprochen schlecht vertragen, besonders in ihrer labilen Pubertät. Leben im eigenen Hausstand Menschen mit körperlichen Beeinträchtigungen, werden aus den lernbegeisterten Hovawarten aber selbst ausgebildete, fröhliche Helfer für viele Lebenslagen.

Blindenführhund

Wie der Behindertenbegleithund, so werden auch Blindenführhunde normalerweise nicht vom sehenden Hundebesitzer für andere ausgebildet, sondern durchlaufen ihre Schulung in speziellen Zentren, so etwa in Allschwil bei Basel in der Schweiz. Auch für eine offizielle Karriere als Blindenführhund gilt nur das Bestehen eines anspruchsvollen Wesenstests als Eintrittkarte. Zwar gehören Hovawarte als Gebrauchshunde zu den Hunderassen, die immer in einem Atemzug mit Labrador- und Golden Retriever oder Deutschem Schäferhund genannt werden, wenn es um diese Art der Ausbildung geht. Doch ehrlicherweise stehen die sehr lange, teilweise recht labile Jugendphase, der Schutztrieb, die nicht immer hervorragende Verträglichkeit mit Artgenossen, das oft überschäumende Temperament bei gleichzeitiger Sensibilität, ihre starke Bindung an die »Ursprungsfamilie« und ihre ungeheure Bewegungsfreude einer idealen Eignung im Wege.

Bitte bedenken Sie, dass ein Blindenführhund so etwas wie eine Lebensversicherung für seinen nicht sehenden Menschen darstellt, wenn er ihn etwa über eine befahrene Straße lotsen oder ihm Gehsteige anzeigen muss. Ein von Natur aus talentierter Hund, der eher die innere Ruhe und Disziplin im Führgeschirr aufbringt als ein Hovawart, ist mit Sicherheit besser geeignet. Ich kenne allerdings einen Hovawartrüden, der als Blindenführhund arbeitet und von seinem noch restsehenden Besitzer selbst angelernt wurde. Während der erst knapp dreijährige schwarzmarkene Rüde seine Sache ganz hervorragend macht, hörte ich von der schweizerischen Besitzerin einer blonden Hündin einige gar nicht erfreuliche »Anekdoten« aus dem Führhundalltag. Inzwischen wurde die Hündin schweren Herzens an eine Familie vermittelt, in der sie ein Leben in »Zivil« führt und von ihren Führhundaufgaben entbunden ist. Wie meistens, so gehen pauschale Verallgemeinerungen also auch bei dieser Frage der Eignung an der Realität vorbei.

Therapie- oder Besuchshund

Während für die Behindertenbegleithund-Ausbildung der Vierbeiner normalerweise für und nicht mit einem Bedürftigen geschult wird, durchläuft der Hund die Therapiehund-Schulung zusammen mit seinem Besitzer. Am Anfang steht ein Wesenstest, bei dem festgestellt wird, wie gelassen, ruhig, unaggressiv und freundlich der vierbeinige Kandidat auch belastende und für ihn merkwürdige Situationen über sich ergehen lässt. Wie ist seine Reaktion auf Menschen am Stock oder im Rollstuhl? Kann der Hund auch einmal wüst und unkoordiniert von Fremden angefasst werden, ohne abweisend zu reagieren? Wie verhält er sich im Hinblick auf Artgenossen?

Die Ausbildung und Schulung von Mensch und Hund wird in Deutschland, der Schweiz und Österreich von verschiedenen Organisationen angeboten. Seniorenheime, Krankenhäuser, psychiatrische Einrichtungen, Kinderheime, aber auch Schulen sind mögliche Betätigungsfelder, in denen Hundebesuchsdienste in Absprache mit der Haus-, Heim- bzw. Schulleitung stattfinden.

Die Übung der Trümmersuche im Trainingsgelände verlangt Mut und Trittsicherheit. Die Gewandtheit des Hovawarts lag auch schon Kurt F. König am Herzen, der diese Eigenschaft bei der Körung testete.

Beschäftigung im Alltag

Fahrradtraining

Mit etwa zwölf Monaten kann Ihr junger Hund erste Bekanntschaft mit einem Fahrrad machen. Lassen Sie Ihren Junghovawart den Drahtesel erst gründlich abschnüffeln, schieben Sie das Rad dann einige Meter, während Sie den angeleinten Hund neben sich führen.

Im Unterschied zum normalen Bei-Fuß-Gehen, das traditionell auf der linken Körperseite des Hundeführers erfolgt, gehört der Vierbeiner laut Straßenverkehrsordnung beim Radfahren immer an die rechte Seite. Loben Sie Ihren Hund mit ruhiger Stimme. Verhält er sich gesittet, und springt er nicht aufgeregt an Ihnen hoch, können Sie auf einem ruhigen Feldweg ohne Ablenkung auch schon die ersten Meter auf dem Rad sitzen, während Sie Ihren Hund direkt ansprechen und zum langsamen Traben (nie zum Galopp) an lockerer Leine auffordern. Wickeln Sie die nicht zu lange Führleine dabei auf keinen Fall um Hand und Lenker, denn ansonsten könnten Sie einen unerwarteten Ruck Ihres Hundes nicht parieren und würden eventuell sogar samt Rad im Graben landen. Sie müssen die Leine im Notfall sofort loslassen können. Es gibt auch spezielle Leinenhalter (so genannte Springer), die mit einer flexiblen Spirale versehen sind und direkt am Rad befestigt werden. Da Sie damit aber kaum auf Ihren Hund reagieren können und ihn buchstäblich nicht in der Hand haben, sind solche Hilfsmittel für das erste Üben wenig empfehlenswert.

Trainieren Sie in diesem frühen Stadium unbedingt auch die Hörzeichen »Halt« oder »Steh« und brechen Sie das Fahrradtraining ab, wenn Ihr junger Hovawart sich besonders gut dabei benimmt. Leckerchen am Ende machen ihm diese erste Raderfahrung besonders angenehm. Lange Radfahrten über viele Kilometer Länge sind im ersten Lebensjahr allerdings strikt verboten, aber es ist dennoch günstig, den jungen Hovawart frühzeitig an diese ungewöhnliche Art der Ausflüge am »Blechpferd« zu gewöhnen.

Auf jeden Fall sollte erst das HD-Röntgen samt Befund ab etwa dem 15. Lebensmonat abgewartet werden, um sicher zu gehen, dass Ihr Hovawart (zumindest, was die Hüftgesundheit betrifft) auch über weitere Strecken belastbar ist. Ausdauerndes Traben, zur Gelenkschonung am besten auf weichem Untergrund, kann beim erwachsenen Hund neben den langen Spaziergängen für die nötige körperliche Auslastung sorgen und tut dem Muskelaufbau und der Entwicklung eines flüssigen Gangwerks gut. Wenn Sie hin und wieder auf verkehrsberuhigten Straßen unterwegs sind, werden zudem die ständig nachwachsenden Krallen abgelaufen.

Auf speziellen **Ausdauerprüfungen (AD)** mit tierärztlichen Kontrollen, die für erwachsene Prüflinge in Hundesportvereinen abgenommen werden, kann Ihr geübter Fahrradbegleiter später über 20 Kilometer (mit vorgeschriebenen Pausen) in einem Durchschnittstempo von etwa 12 km/h an durchhängender Leine seine Kondition beweisen. Anschließend zeigt der Hund nach einer Erholungspause in einer kurzen Unterordnung, dass er auch nach dem Dauerlauf dafür noch fit genug ist. Gut trainierte Hundeführer dürfen die Strecke auch joggend bewältigen und testen, ob sie im Trab ähnlich viel Schub wie ihr Hovawart entwickeln.

Reitbegleithund

Pferde und Hovawarte können eine besonders innige Beziehung eingehen, wenn beide gut aneinander gewöhnt wurden. Die Lebendigkeit eines jugendlichen Hovawarts kann nervöse Pferde allerdings ganz panisch werden lassen. Ich weiß von einem schwarzmarkenen Deckrüden, dessen Ausstellungskarriere jäh beendet war, als er sich durch ein vor ihm scheuendes Pferd einen komplizierten Unterkieferbruch und den Verlust einiger Zähne einhandelte. Disziplin und eine gewisse Selbstbeherrschung ist deshalb von beiden Vierbeinern nötig.

Um so wichtiger ist die souveräne, ruhige Heranführung durch den Menschen. Einige Hovawarte in meinem Bekanntenkreis leben mit Pferden in großer Eintracht zusammen. Ein blonder Rüde (3 Jahre alt) liebt es zum Beispiel, das aus dem Pferdemaul laufende Wasser einer Stute beim Tränken aufzufangen und besteht darauf, seinen Kopf immer mit in ihren Blecheimer zu stecken, sobald sie trinkt. Das gemeinsame Ausreiten »zu dritt« ist allerdings noch weit anspruchsvoller als die ruhige Begegnung in der Stallgasse.

Zwei Eigenschaften machen Hovawarte grundsätzlich zu geeigneten Reitbegleithunden: Zum einen sind sie bei gutem Training im entsprechenden Alter sehr ausdauernde Läufer. Zum anderen entwickeln sie bei körperlicher Auslastung keine ausufernde Jagdpassion. Der Gehorsam muss natürlich fest verankert sein! Hundehalter mit fundierter Reit- und Hundeerziehungserfahrung könnten an der Ausbildung allerdings ihre Freude haben. Neulinge in einer der beiden Sparten brauchen unbedingt Anleitung von Fachleuten. Spezielle Vereine existieren für die Ausbildung zum Reitbegleithund allerdings nicht.

Freestyle-Training

Egal, ob Sie mit Ihrem jungen Hovawart einen Hundeplatz besuchen, ob Sie mit ihm mehrmals in der Woche dort an einem Gruppentraining teilnehmen, für die Begleithundeprüfung üben oder die Grundlagen einer Hundesportdisziplin betreiben: Der Hovawart ist viel zu intelligent, verspielt und so vom intensiven Kontakt zu seinen Menschen begeistert, um nur mit dem in der »Schule« Geübten zufrieden zu sein. Er braucht auch zu Hause Beschäftigung. Das Verstecken von Gegenständen in

Hovawarte sind viel zu intelligent, um sich mit den Hundesportaufgaben zufrieden zu geben. Für kleine Sondereinlagen und kreatives Tricktraining sind sie immer zu haben. Wetten, dass dieser blonde Rüde alle Passanten entzückte?

Haus und Garten, die er suchen muss, fördert ebenso wie das Fährten und Dummytraining die Konzentration.
Das Einüben von Tricks und Kunststücken bietet sich neben dem freien Spiel für einen Hovawart förmlich an. Leicht vermittelbar sind etwa Pfote geben, Rolle, Slalom durch die Beine, im Kreis drehen, tot stellen oder das Bellen auf Kommando. Was Sie sich auch einfallen lassen: Für die Zufriedenheit des Junghovawarts ist vor allem wichtig, dass Sie sich neben der systematischen Erziehung überhaupt intensiv mit ihm beschäftigen. In welcher Form, bleibt Ihnen im Grunde selbst überlassen.

Der Einstieg in das Zucht- und Schauwesen

Schauluft schnuppern in der Jüngstenklasse

Mit dem Ausstellen Ihres Hovawarts müssen Sie keineswegs warten, bis er erwachsen ist, im Gegenteil: Viele Hunde, die sich als Erwachsene im Ring sicher und souverän präsentieren und »sich zeigen«, wie Aussteller sagen, haben schon als Junghunde gelernt, auf was es bei der Präsentation ankommt.
Für junge Hovawarte mit anerkannter FCI-Ahnentafel bzw. Registrierbescheinigung bietet die Jüngstenklasse die erste Möglichkeit, von einem Formwertrichter begutachtet zu werden. Zwischen dem sechsten und dem neunten Lebensmonat kann in dieser Klasse gemeldet werden, sofern der Hund gegen Tollwut geimpft ist. Sie ist meistens nur schwach besetzt, da noch keine »richtigen« Formwertnoten winken. In der Jüngstenklasse werden stattdessen folgende Bewertungen ausgesprochen:

vv	=	viel versprechend
vsp	=	versprechend
wv	=	wenig versprechend

Die Jüngstenklasse wird nach Hündinnen und Rüden getrennt gerichtet (wie alle Klassen im Ausstellungswesen). Anders als bei manchen mehrfarbigen Rassen, treten beim Hovawart alle Fellfarben gegeneinander an, es gibt also keine reine Blond-, Schwarzmarken- und Schwarzklasse.

Die Abläufe im Ring

Was muss der junge Hovawart nun können, wenn er mit Ihnen den Ring auf der grünen Wiese, bei den meisten CACs (nationaler Siegertitel), oder in einer großen Halle, bei den meisten CACIBs (internationaler Siegertitel), betritt, sobald die am Ausstellungstag zuerst gerichtete Jüngstenklasse aufgerufen wird? An lockerer Leine an Ihrer linken Seite entgegen dem Uhrzeigersinn traben und im Schritt gehen, sich vom Richter anfassen und abtasten lassen, die Gebisskontrolle dulden und möglichst ruhig etwa drei Meter vorm Richtertisch (etwa dort, wo die Schreibmaschine steht) stehen bleiben.

Vermutlich wird der Richter erst alle »Jüngsten« in der Reihenfolge ihrer Katalognummer gemeinsam hintereinander im Kreis laufen lassen. Nun vergleicht er jeden einzelnen Kandidaten mit dem Standardideal, natürlich unter Berücksichtigung des Alters und des Entwicklungsstandes. Zu Beginn dieser Einzelbegutachtung gehen Aussteller und Hund aus dem Kreis der Mitbewerber vor den Richtertisch zur Begrüßung. Der Richter fasst den Youngster an, prüft die Beschaffenheit und Länge des Haarkleides, die Farbe des Fells sowie der Augen und schaut (oft mithilfe eines quietschenden Bällchens, das den Junghund die Behänge schön stellen lässt), ob Ohrenansatz und -haltung korrekt sind. Er stellt die Festigkeit des Rückens und den Ernährungszustand durch Betasten fest, sieht sich die Ober- und die Unterlinie (also Rücken- und Bauchlinie), die Winkelungen und den Stand von Vor- und Hinterhand an. Besonders gründlich begutachtet wird die Rute (sind Rutenanomalien, etwa eine Knickrute, feststellbar?) und ihre Länge. Bei Rüden wird durch Tasten herausgefunden, ob sich beide Hoden vorschriftsmäßig im Hodensack befinden und ob der junge Hovawartrüde kein Einhoder ist, was leider den Zuchtausschluss bedeuten würde. Das Gebiss und der Zahnschluss werden genau begutachtet, was zu Hause geduldig geübt worden sein sollte. Dann kommt noch einmal eine Gangwerkprobe, bei der der Hund wieder im Kreis, aber diesmal zusätzlich vom Richter weg und nach einer Wendung auf ihn zu (selten werden auch andere Laufwege verlangt), im flotten Trab vorgeführt wird. Noch einmal sollte der Hund jetzt ruhig stehen, während dem Ringsekretär bzw. der -sekretärin die letzten Sätze in den Richterbericht diktiert werden. Ein paar freundliche Erläuterungen zu der Beurteilung – plötzlich ist auch schon alles überstanden. Und der Nächste, bitte!

Vielleicht hat Ihnen der Richter die Bewertung schon mitgeteilt, ansonsten steht sie im Richterbericht, der eine genaue Beschreibung des vorgestellten Hovawarts enthält. Dieser kann nach Ende des letzten Richtens mit der Ahnentafel, in sie wird das Ergebnis eingetragen und vom Richter quittiert, abgeholt werden. Die Bewertung soll Anhaltspunkte über die momentane Entwicklung des Junghundes geben und dient vor allem dem Erfahrungsammeln im Ring.

Die ersten Formwertnoten in der Jugendklasse

Im Prinzip laufen die Geschehnisse in allen Klassen so ab, wie dieses eben geschilderte Prozedere in der Jüngstenklasse, nur dass es später auch noch Stechen um Platzierungen und Titel gibt und wesentlich mehr Runden gelaufen werden müssen als mit den Jüngsten. Auch vom Aussteller wird zunehmend Kondition gefordert! So auch schon in der Jugendklasse, die Ihrem Hund vom neunten bis 18. Lebensmonat offen steht. Jetzt bekommt er erstmals richtige Formwertnoten, nämlich eines von folgenden Kürzeln:

V	=	vorzüglich
SG	=	sehr gut
G	=	gut
Ggd	=	genügend
Disq	=	disqualifiziert

Wird einem vorgestellten Hund aus irgendeinem Grund vom Richter keine Formwertnote zuerkannt, etwa weil der Hovawart die Gebisskontrolle partout verweigert oder nicht laufen will, bekommt er ein »**Ohne Bewertung**« und wird aus dem Ring geschickt. Stehen die besten Junghunde fest, kommen jene mit den höchsten Bewertungen (etwa alle V-Hunde) ins Stechen um die Platzierung der Besten.

Fakt ist, dass ältere Junghovawarte in der Jugendklasse meistens die besseren Chancen auf eine hervorragende Bewertung haben als jene, die vom Alter gerade erst für diese Klasse zugelassen sind. Zu früh in der Offenen Klasse gemeldet, besteht für die jungen Hunde auch wenig Aussicht auf eine Platzierung, weshalb strategisch klug gemeldet werden sollte. In Österreich wird extra für die »Backfische« die Zwischenklasse (15 bis 24 Monate) angeboten, in der die Nicht-Fisch-nicht-Fleisch-Hovawarte ganz unter sich sind und auf ähnlichem Entwicklungsstand verglichen werden können. Eine sinnvolle Einrichtung, die es im VDH leider noch nicht gibt.

Nachzucht-/Junghund- und Jugendbeurteilung

Eine noch größere Bedeutung für die Zucht haben die Körungen (oder Zuchtzulassungsprüfungen, ZTP) der Hovawart-Vereine, bei denen zum einen das Exterieur genau unter die Lupe genommen wird und zum anderen das Wesen der vierbeinigen Kandidaten (und gleichzeitig immer die Bindung Mensch-Hovawart) dem Alter entsprechend auf dem Prüfstand steht. Die Körkarriere eines Hovawarts beginnt je nach Verein in unterschiedlichem Alter: Im RZV und im HC z. B. ab sechs Monaten und im SHC ab sieben Monaten mit der **Nachzucht- oder Junghundbeurteilung**, zu der von der Zuchtleitung gleich ganze Würfe eingeladen werden. Abgesehen davon, dass es sehr spannend ist, die Wurfgeschwister des eigenen Hundes, deren Besitzer und meistens auch die Züchter wieder zu sehen, ist Ehrgeiz nicht angebracht: Bei der **Nachzuchtbeurteilung (NZB)** geht es um die erste Beurteilung des jungen Hundes in Bezug auf seinen derzeitigen Entwicklungsstand. Hierbei bekommen die Besitzer gute Tipps der Experten zur weiteren Wesensförderung, Ernährung oder Erziehung mit auf den Weg. Das Verhalten bei der Begegnung mit unbekannten Zweibeinern, Reaktionen beim Laufen durch eine Menschengasse, in der Hupen ertönen, Blechdosen rasseln, ein Regenschirm aufgeht und mit Tüchern gewunken wird, sowie die Spielfreude mit dem Besitzer und einer Fremdperson werden u. a. unter die Lupe genommen. Wie nach dem Ende aller Körveranstaltungen, so wird dem Hovawartbesitzer auch schon im Anschluss an die Nachzuchtbeurteilung ein detaillierter Bogen mit der Exterieur- und der Wesensbeurteilung ausgehändigt.

Während sich auf Körungen die Begutachtung des äußeren Erscheinungsbildes in etwa so vollzieht wie bei einer Ausstellung (nur, dass jeder Besitzer bei der Körveranstaltung mit seinem Hund alleine aufgerufen wird und ohne die anderen Kandidaten im Ring steht), werden beim Wesenstest die nervliche Belastbarkeit und die Bindung an den Zweibeiner geprüft. Gleiches gilt für die Jugendbeurteilung (z. B. im RZV für Hovawarte zwischen zwölf und 24 Monaten), bei welcher der Wesenstest allerdings schon etwas anspruchsvoller wird. Der Prüfling wird in Gegenwart seiner Bezugsperson wieder haptischen, akustischen und optischen Reizen ausgesetzt. Die genauen Körinhalte und -abläufe unterscheiden sich je nach Verein: Dazu gehören etwa das Angefasstwerden und Spielen mit dem Körmeister und dem Besitzer, Rasseln, Hupen, Glocken, wehende Betttücher, gezogene Schlitten mit Puppe darauf, »Pilzsucher« sowie weit und eng stehende Menschen in Gasse und Kreis, die zum Teil sogar noch in die Hände klatschen. Meistens gar kein Problem für die neugierigen, fröhlichen Kandidaten!

Die Zeit vergeht im Nu: Schon im nächsten Jahr werden diese jungen Hovawarte zu jenen gehören, für die es ernst wird: Wenn die Zuchtzulassungsprüfung bzw. die Hauptkörung auf dem Programm steht, hat der Hovawart seine Flegelphase so gut wie hinter sich und gehört bald zum erlauchten Kreis der Erwachsen(er)en. Leider werden längst nicht alle Hovawarte eines Jahrgangs auf Körungen vorgestellt, in der HZD sind es z. B. weniger als 40 % (Stand: Mai 2003). Dabei kann die Rasse nur verbessert und Negativtrends entgegengewirkt werden, wenn die Zuchtverantwortlichen möglichst viele Nachzuchthunde zu Gesicht bekommen. Wem die ganze Rasse am Herzen liegt und nicht nur sein eigener Hovawart, nimmt deshalb solche Veranstaltungen wahr.

Auch er könnte schon ausgestellt werden! Die Jüngstenklasse bietet sich zum Sammeln von Schauerfahrungen an. Gezieltes Ringtraining sorgt dafür, dass der junge Hovawart die ungeschriebenen Gesetze im Ausstellungsrund schnell lernt.

IV. Die goldenen Jahre

Vom 24. Monat bis zum 8. Lebensjahr

Das Zusammenleben mit dem erwachsenen Hovawart ist geprägt von großer Harmonie und gegenseitigem Verständnis – buchstäblich goldene Jahre liegen vor Mensch und Hund.

Der junge Erwachsene

Auch wenn Ihr Hovawart seinen zweiten Geburtstag gefeiert hat, ist er noch ein junger Hund und längst nicht erwachsen. Seine goldenen Jahre dauern mindestens bis zum achten Lebensjahr, wenn er nicht von chronischen Krankheiten geplagt wird, was zum Glück selten der Fall ist. Doch schon im Verlauf des dritten Lebensjahres scheint sich nun langsam eine gewisse Beruhigung einzustellen: Die heftigen Wogen der Rabaukenzeit glätten sich ganz langsam immer mehr. Das heißt aber nicht, dass es nun überhaupt keiner Anstrengung mehr bedürfte, um den Hovawart gut durchs Leben zu geleiten. Mensch und Hund verstehen sich jetzt deutlich besser und jeder weiß, was hinter der Stirn des anderen vor sich geht.

Hat der Hovawart die ersten Lebensjahre hinter sich, stellt sich eine größere Gelassenheit ein, aber die Lebensfreude bleibt erhalten. Der Einsatz in der Welpen- und Jugendzeit hat sich gelohnt – der Hund ist voll in die Familie integriert.

Der Umgang mit dem Ausgewachsenen

In Sachen Erziehung nur nicht nachlassen!

Ob Sie mit Ihrem Hovawart auf dem Hundeplatz trainiert haben oder nicht: Die Grundlektionen der Hundeausbildung sollten im Erwachsenenalter Ihres Hundes nun fest in seinem schönen Kopf verankert sein und nicht nur auf dem Hundeplatz oder im Garten klappen. Er ist zwar der hundlichen Kindergarten- und Grundschulzeit entwachsen, das bedeutet aber keineswegs, dass der Hovawart nun keine Ausbildung oder zumindest keine intensive Beschäftigung mehr nötig hätte. Nach wie vor baut er gemachte Erfahrungen in sein Weltbild ein und vergleicht sie mit dem, was er in der Welpen- und Junghundzeit als prägend erfuhr. Und noch immer lernt der Hofwächter gerne Neues hinzu. Während seine Grunderziehung quasi die Pflicht war, nimmt nun die Kür einen immer wichtigeren Stellenwert ein und besteht im immer differenzierteren Ausbauen einer soliden Gehorsamsbasis. Er hat gelernt zu lernen und die dazugehörigen Rituale verinnerlicht.

Die Verständigung beim Üben und im Alltag klappt nun oft schon durch kleinste Gesten. Sie können Ihren Hovawart Ihrerseits sehr gut »lesen«, kennen sein Ausdrucksverhalten, seine Stimmungen und kleinen Marotten in- und auswendig. Jetzt zahlt sich die vom Züchter einst geleistete Sozialisierungsvorarbeit und Ihre Sorgfalt in der Jugendphase aus! Vielleicht können Sie nun erst dankbar ermessen, wie gut dieser Hund von Ihnen nach der Übernahme als Welpe auf den richtigen Weg gebracht wurde. Das Resultat ist ein liebenswürdiger, zuverlässiger und (trotz allem Kitsch und Pathos trifft es diese Beschreibung) treuer Hund. Mit seiner ansteckenden Lebensfreude und seinem unglaublichen Charme weiß er jetzt ebenso zu überzeugen, wie durch seine souveräne Wachsamkeit, seine Nervenstärke und seine sprühende Intelligenz.

Viele Hovawarthalter wissen diesbezüglich verblüffende Anekdoten zu erzählen. Ich erinnere mich an eine Situation, in der ich für unseren Rüden gefundene Äpfel an einer Obstwiese ins hohe Gras warf, die er suchen und apportieren sollte. Ein Apfel war anscheinend unauffindbar. Auf meine auffordernden Worte: »Such! Wo ist der Apfel?« ging der Rüde allerdings nicht mehr mit tiefer Nase durch die Wiese, sondern trabte umgehend zum nächsten Apfelbaum und starrte hinein. Eine Verknüpfung, für die ich den Hut zog, und die der Kynologe Eberhard Trumler als klugen Ungehorsam bezeichnet hätte.

Erfolgreiches Zusammenwachsen

Ihr Hovawart ist voll in Ihre Familie integriert. Er kennt seinen Rang (und den der anderen Rudelmitglieder) genau und stellt ihn Zweibeinern gegenüber normalerweise auch nicht mehr infrage, wenn sich keine gravierenden Veränderungen in seinem Leben ergeben (z. B. Scheidung seiner Bezugspersonen, eventuelle Umplatzierungen). Kurz: Ihr Hund hat die wichtigsten Reifungsprozesse abgeschlossen, ist hormonell nach der Pubertät wieder mit sich im Reinen und ruht weitaus stärker in sich als noch in der Flegelzeit – trotz allem Temperament, das er natürlich immer noch in sich hat und dem er auch nach wie vor gerne übermütig Ausdruck verleiht, wenn es die Situation gerade erlaubt.

Jetzt ist es vom Aussehen und vom Wesen her eigentlich erst der gestandene Hovawart, den viele Halter vor Augen hatten, als sie sich vor wenigen Jahren für diese Rasse entschieden. Doch trotz des Führungs- und Erziehungserfolgs bleibt der Hovawart in seiner Wesens- und Exterieurentwicklung nicht stehen, die Veränderungen durch die weitere Reifung sind nur nicht mehr so drastisch wie noch in seiner Jugendzeit zu spüren.

Wachen ist Pflicht

Jetzt bilden Mensch und Hovawart idealerweise ein richtig gutes Team, und der Hund stellt sich voll in den Dienst seiner Rudelgemeinschaft. Dabei nimmt das Wachen einen wichtigen Stellenwert ein. Fremde Menschen sind für einen gereiften Hund kein Problem, sofern sie sich hundefreundlich verhalten und dabei entspannt bleiben. Ein Hovawart ist allerdings sehr empfänglich für Stimmungen und dazu außerordentlich territorial eingestellt. Wenn jemand nervös, stumm und ganz stocksteif vor dem Gartentor steht, wird dieser heftig verbellt, weil er sich einfach verdächtig benimmt. Sie werden auf diese Weise zur sofortigen Personenkontrolle herangerufen! Unsicheres Verhalten von Fremden nach Art eines Staubsaugervertreters hält ein pflichtbewusster Hovawart einfach grundsätzlich für meldepflichtig. Beeindruckte Gäste sollten sich möglichst locker geben, den Hund am besten ignorieren –

Gespannte Aufmerksamkeit einer dreijährigen Hündin. Keiner nähert sich ihrem Grundstück, ohne gemeldet zu werden – sei es durch warnendes Bellen oder durch hohes Freudenjaulen. Hovawarte sind sehr territorial.

selbstverständlich, ohne den Hofwächter gleichzeitig bedrohlich anzustarren. In solchen Momenten rede ich immer ganz fröhlich und betont unaufgeregt mit dem Verbellten, denn meine Hunde achten peinlich genau darauf, wie ich als ihre Chefin dieses unbekannte Objekt vor ihrem Zaun eigentlich bewerte. Ein sofort gereichtes Leckerchen nach dem befolgten Kommando »Still!«, und ein paar nette Worte von mir signalisieren, dass dieser Besucher völlig okay ist – und schon sind auch die Hovawarte bereit, ihre Meinung zu revidieren, sich freundlich streicheln zu lassen oder das nicht mehr wie eine Statue dastehende Etwas mit einem geholten Ball zu beglücken. Genau so wollten die Begründer der Rasse, Vater und Sohn König, bereits den nervenstarken Hovawart der ersten Stunde haben: Er sollte wachen, wenn es die Situation verlangt, und sich bei abflauender Gefahr ganz schnell wieder beruhigen. Das erwünschte »Abregen« spielt auch bei Körungen eine große Rolle, denn nervöse Hektiker, die lange auf einem hohen Erregungsniveau bleiben, entsprechen nicht dem Zuchtziel. Die zuverlässige Wachsamkeit des Hovawarts ist in vielen Haltungen kein mehr oder weniger erwünschter Nebeneffekt, sondern garantiert ihren Besitzern tatsächlich die Unversehrtheit von Haus, Grundstück und Leben. Ich kenne zwei Hovawarthündinnen (schwarzmarken und blond), die in Portugal ein riesiges Gelände rings um das einsam gelegene Domizil ihrer Besitzer im Auge haben. Eine andere blonde Hündin vermittelt in Südafrika mit seiner hohen Kriminalitätsrate ihrer Besitzerin das gute Gefühl von Sicherheit. Ohne Hovawart, so deren Aussage, hätte sie dem schönen, aber gefährlichen Land schon längst den Rücken gekehrt.

Hovawarte sind generell, wie diese Hündin, auch im Erwachsenenalter sehr feinfühlig. Die Kunst des harmonischen Umgangs liegt im richtigen Lesen ihres Ausdrucksverhaltens und im Ausbalancieren des Führungsstils.

Belastete Beziehungen

Natürlich gibt es erwachsene Hovawarte, die auch netten Besuchern nicht freundlich begegnen, nicht angefasst werden wollen oder sich insgesamt Fremden gegenüber sehr misstrauisch verhalten. Oftmals fehlt einfach die Übung. Solche Hunde leben vielfach bei Menschen, die nur sehr selten Besuch bekommen und vielleicht auch selbst nicht besonders zugänglich sind. Manchmal wurden auch traumatische Erlebnisse mit Fremden in der heiklen Welpen- und Flegelzeit nicht ernst genommen und somit nicht bearbeitet. Bestimmte ängstigende Situationen muss der Hovawart dann nicht mehr durchstehen, anstatt die Verunsicherung gezielt abzubauen. Bei Besuch wird der wilde Vierbeiner z. B. weggesperrt, obwohl ganz gelassenes Heranführen der weitaus bessere Weg wäre. Der Hund wächst durch die anscheinende Schonung seiner Nerven auch nicht an der Überwindung seiner Unsicherheit. Er schleppt somit seine schlechten Erfahrungen weiterhin mit sich herum, bis das alte Trauma in einer anderen Situation wieder aufbricht.

Es gibt allerdings auch Angst auslösende Situationen, deren Vermeidung nach dem Erkennen des Grundproblems für eine Weile angebracht ist. Wenn z. B. auf einem Hundeplatz ein sehr hoher Erwartungsdruck herrscht, kann sich diese »dicke Luft« auf den gestressten Hundeführer und von dort auf den anscheinend immer mehr versagenden Hund übertragen. Der feinfühlige Hovawart will seinen immer stärker unter Druck geratenden, innerlich schon kochenden Hundeführer für sein

»Nicht-Funktionieren« immer mehr beschwichtigen – und tut dabei genau das Gegenteil vom Verlangten: Der falsch verstandene Vierbeiner kriecht mit eingezogener Rute zum »Hier!« heran, sitzt nicht gerade vor, hängt bei der Freifolge einen halben Meter nach, zeigt ein ganzes Sortiment von Konflikt- und Beschwichtigungsreaktionen und fällt regelrecht in sich zusammen, sobald die nächste Übungsstunde beginnt. Anstatt diese Stress-Signale zu verstehen, reagieren die anderen Hundesportler oder gar die Ausbilder mehr oder weniger offen ungeduldig, hämisch, schadenfroh oder frotzelnd. Der unglückliche Hundeführer, der sich das immer schlimmer werdende Blackout seines im Alltag so führigen Hovawarts nicht erklären kann, muss sich sogar noch fragen lassen, was er da für eine Niete an der Leine habe. Da hilft nur ein langsamer Neuaufbau in völlig entspannter Umgebung und irgendwann ein Hundeplatz mit sachkundiger Besetzung.

Ähnliche Phänomene lassen sich auf Körungen beobachten, bei denen auch immer die Hovawart-Mensch-Beziehung (vom Körmeister mehr oder minder bewusst erkannt) auf dem Prüfstand steht. Insofern erlauben ZTPs wertvolle Hinweise auf den Bindungs- und Beziehungszustand von Prüfling und Besitzer. Dina Berlowitz und Heinz Weidt bringen es so auf den Punkt: »Zeige mir deinen Hund – und seine Konfliktreaktionen sagen mir, wer du bist.«

Ausbalancieren des Führungsstils

Nicht nur die unbewusste Übertragung von Stimmungen, sondern auch ein zu schwacher, diffuser oder ein zu autoritärer Führungsstil können sich negativ auf das Selbstbewusstsein des Hovawarts auswirken. In diesen Fällen fehlen ihm Sicherheit und Vertrauen, um nervliche Belastungen durchzustehen. Was Ihnen z. B. im Tonfall gar nicht hart erscheint, kann für Ihren Hund schon ein Drama sein! Am Ausdrucksverhalten Ihres Hovawarts können Sie ablesen, wie Sie als Führungspersönlichkeit auf ihn wirken. Gerade Zweithovawarte reagieren oftmals übersensibel auf Druck, denn den bekommen sie sehr subtil auch vom Ersthund schon zur Genüge. Sie müssen deshalb in Belastungssituationen im richtigen Moment zur Selbstüberwindung ermutigt und dürfen keineswegs, auch nicht mit sanfter Gewalt, zu etwas genötigt werden. Wir Zweibeiner haben oft zu genau im Kopf (oder aber beim erfolgreichen Führen von Vorgängerhunden diesen falschen Eindruck gewonnen), jeder Hund müsse so und nicht anders behandelt werden. Diese Haltung geht so lange gut, bis uns entweder ein sehr sensibler oder ein absolut »harter« Hovawart zum Umdenken zwingt, weil wir mit unserem bisherigen Latein bei ihm schlicht am Ende sind. Eine schonungslos selbstkritische Analyse des eigenen Auftretens und der Wirkung auf den Hund ist der erste Schritt auf dem Weg zur Verhaltenskorrektur: Jeder Hovawart ist ein Unikat, auf das wir uns ganz neu einstellen müssen.

Mit dem Bodyguard unterwegs

Unterwegs hält Ihr erwachsener Hovawart automatisch Ausschau nach ungewöhnlichen Dingen, auf die er Sie aufmerksam zu machen hat (zumindest seiner Ansicht nach). Ich kann mich gut an zahlreiche Spaziergänge mit einer Hundefreundin erinnern, die eine Golden Retriever- und eine Eurasierhündin führte, während ich mit unserem Hovawartrüden und unserer -hündin unterwegs war. Machten wir etwa auf einer Wiesenanhöhe Rast und überließen wir die Hunde sich selbst, ergab sich immer das gleiche Bild: Während der Eurasier nach Mäusen buddelte, brachte der Golden Retriever Stöcke zum Werfen herbei oder zerkaute sie genussvoll. Und meine beiden erwachsenen Hovawarte? Sie saßen unaufgefordert links und rechts von uns Menschen und schauten beide konzentriert den Horizont ab! Zeigte sich etwas Meldenswertes, gab es ein alarmierendes »Wuff«, während sie wie zu Statuen erstarrt sitzen blieben. Mit einem Hovawart unterwegs zu sein, gibt Ihnen zu allen Tageszeiten in den einsamsten Gegenden ein gutes Schutzgefühl. Allerdings müssen Sie Ihrem nun sicherer gewordenen vierbeinigen Bodyguard weiterhin zu verstehen geben, dass ein übersteigertes Bewachen Ihrer Person nicht gewünscht wird.

König schrieb 1972 über das Sozialverhalten des Hovawarts. »Heute darf kein Hund so misstrauisch, bissig oder gar ängstlich sein, dass man ihn nicht anstandslos zwischen fremden Leuten hindurchführen kann.« Durch eine überfüllte Fußgängerzone zu schlendern, ist tatsächlich überhaupt kein Problem, im Wald einem einzelnen, grimmig dreinblickenden Wanderer mit Stock und ohne Hund zu begegnen, der mit langen Schritten direkt auf Sie zueilt, könnte eines sein! Es muss kaum betont werden, dass der vierbeinige Wachmann nicht selbst entscheiden darf, wer sich in Ruhe mit Ihnen unterhalten kann und wer nicht. Günstig ist es, den eben noch für verdächtig gehaltenen Fremden mit dem Hund neben sich in ein freundliches Gespräch zu verwickeln und dem Hovawart entspannt Normalität zu signalisieren. Mir kommt unterwegs kein Waldarbeiter und kein Landwirt ohne Gespräch davon, wenn ich mit den Hovawarten unterwegs bin. Fast immer entwickelt sich daraus eine freundliche Annäherung, denn das kurze Misstrauen meiner Leibgarde schlägt ganz schnell in Neugier auf den interessanten Zweibeiner um. Da solche Leute robust gekleidet sind und sich mit Tieren auskennen, gibt es buchstäblich keine Berührungsängste.

Unterscheidung in Freund und Feind

Der ausgereifte Hovawart fängt mit dem Erreichen der »goldenen Jahre« merklich an, bei seinen Sozialkontakten noch stärker zu differenzieren – und zwar auch, was die Begegnung mit anderen Hunden betrifft. Ihr Hovawart kennt seine Pappenheimer in der Artgenossengemeinschaft seines Reviers nun wie seine Westentasche. Er geht nicht mehr ganz so naiv und vorbehaltlos begeistert auf andere Hunde zu, sondern nimmt sich auch mal das Recht heraus, etwa weitaus jüngere Artgenossen barsch grollend auf Abstand zu halten. Jetzt hat er einen Status erreicht, der nicht mehr automatisch dem kindlich-jugendlich Verspielten entspricht, sondern dem eines gestandenen Vierbeiners mit Lebenserfahrung, und die zählt sehr viel in Hundekreisen. Viele Hovawarthalter sind regelrecht enttäuscht darüber, dass die in den ersten beiden Jahren überschwängliche Kontakt- und Spielfreude ihres Hundes (zumindest in Bezug auf Artgenossen) nun recht deutlich abnimmt. Spielen tut ja ein Hovawart immer noch sehr gerne und ausgelassen, aber nicht unbedingt mit jedem buchstäblich Dahergelaufenen!

Hovawarte sind sehr rangbewusste Hunde, die dies mit zunehmender Reife auch anderen Vierbeinern gerne unmissverständlich deutlich machen. Vor allem Artgenossen, die sich als unsicher erweisen, werden von einem Hovawart gerne brüllend zusammengestaucht, was sein eigenes Selbstbewusstsein enorm hebt! Hovawartbesitzer sollten sich nicht scheuen, bei solchen Mobbing-Begegnungen regelnd einzugreifen und ihren Rüpel anzuleinen, wenn sich potenziell Schwächere nähern. Schließlich entscheiden immer noch die Zweibeiner, wer in ihrer Nähe zumindest geduldet wird und wer nicht.

Was erwachsene Hovawarte überhaupt nicht schätzen, sind kläffende, unkastrierte Kleinhunde vor allem ihres eigenen Geschlechts, die ihre Möglichkeiten überschätzen und eine Reaktion des Großen geradezu provozieren. Während ein etwa gleich starker Artgenosse höchstens ein nasses Fell oder einen Kratzer am Behang davon trüge, können solche ungleichen Auseinandersetzungen für die Kleinhunde mit erheblichen Verletzungen oder sogar tödlich ausgehen. Wer eigentlich wen frech herausforderte, wird später nicht mehr gefragt, es heißt aber schnell in der ganzen Gegend, der Große sei eben jener, der gebissen habe, basta!

Eine heikle Situation erlebte ich diesbezüglich bei meinen Eltern, mit denen mein Mann und ich einige Jahre gemeinsam ein Haus auf dem Lande bewohnten. Meine Eltern besaßen damals selbst eine rein schwarze Hovawarthündin. Ich ließ mittags wie immer die drei Hovawarte in den Garten, als unser Rüde auf einmal etwas Helles, Plüschiges auf dem Rasen erblickte, das ich zuerst für eine Perserkatze hielt. Mit fünf langen Sätzen sprang er auf das Fellbündel zu und packte es im Nacken! Das Opfer fing an, wie am Spieß zu schreien, und jetzt sah ich mit Schrecken, um wen es sich handelte: Um Chico, den Pekinesenrüden von gegenüber, der unseren Hovawart seit Jahren wild kläffend hinter seinem eigenen Zaun verfolgte, sobald wir vorbeigingen! Ich rannte sofort zu den ungleichen Kontrahenten, griff den Hovawart von hinten im Genick und hielt seinen Kopf fest, um ihm die Möglichkeit zu nehmen, den Pekingesen zu schütteln. Inzwischen war mein Vater herbeigeeilt und versuchte, den Zwerg aus dem Hovawartfang zu befreien, doch unser Rüde hatte anscheinend einen Kieferkrampf und ließ nicht los! Mein Vater wurde stattdessen vom Pekingesen kräftig in den Arm gebissen, während dieser immer noch schreiend im Hovawartfang hing. Das Ziehen an den Hinterläufen und an den Hoden des Hovawarts nützte auch nichts. Meine Mutter hatte nach einigen Schreckmomenten die Idee, zehn Liter eiskaltes Wasser über die Hundeköpfe zu gießen, was umgehend zum Loslassen führte. Sofort brachten wir Chico zu seiner Besitzerin, die mit ihm zum Tierarzt fuhr. Er hatte erstaunlich wenig abbekommen: Das Spritzen eines Antibiotikums war die einzige Maßnahme, die ergriffen werden musste. Ab dem nächsten Tag verbellte der Pekingese den Hovawart wieder wütend hinter seinem Zaun, als wäre nichts geschehen! Es stellte sich heraus, dass Chico von einem angetrunkenen Nachbarn über den Zaun in unseren Garten gesetzt worden war.

Hovawarte verfügen über ein Elefantengedächtnis, was Freund und Feind betrifft: Die Gelegenheit, sich endlich für die nervtötende Provokation zu revanchieren, hatte sich unser Rüde nicht entgehen lassen. Weitere Begegnungen konnten wir zum Glück verhindern und der freche Chico wurde uralt. Der von allen guten Geistern verlassene Nachbar bekam allerdings Ärger.

Aber dann gibt es wieder Freundschaften zu anderen Vierbeinern (auch zu Kleinhunden, wenn sich diese angemessen benehmen), die ein Leben lang bestehen bleiben können und von einem Ausdruck großer Hovawartzuneigung begleitet werden. Zeigt sich einer der geliebten Kameraden am Horizont, den ein Hovawart regelmäßig trifft und zu schätzen weiß, gibt es für ihn kein Halten mehr (sofern er nicht an der Leine ist). Hovawarte können in jedem Alter durch hohes juchzendes Jaulen ihrer Begeisterung Ausdruck verleihen: Es gibt unter ihnen recht viele Exemplare, die eine sehr lose Kehle haben, wenn das Glück sie schier überwältigt! Für Uneingeweihte klingt dieses hohe Freudengejohle allerdings eher, als hätten Sie Ihrem Hund versehentlich Schmerzen zugefügt. Dabei stehen Sie ihm keineswegs auf der Pfote, er wirft seinem Freund nur gerade sein Herz entgegen und scheint nur noch aus schierem Glück zu bestehen!

Feines Gespür für Menschen

Ebenso verhalten sich Hovawarte beim Anblick menschlicher Bekannter, die das Gefühl vermittelt bekommen, für diese pelzigen Begeisterungsbündel das Wichtigste auf der Welt zu sein.

Wer liebevoll und souverän mit ihm umgeht, wird vom Hochleistungsgehirn eines Hovawarts im Langzeitgedächtnis abgespeichert und bei jedem Wiedersehen mit rührenden Liebesbeweisen bedacht – und zwar bis ans Ende seiner Tage. Seine Wachsamkeit hält Ihren Hovawart aber auch im Erwachsenenalter nicht davon ab, eben noch Fremden, die sich freundlich und souverän verhalten, ganz schnell das Du anzubieten. Wie oft erzählen Hovawartbesitzer von hundeerfahrenen Handwerkern, die, statt ihrer Arbeit nachzugehen, mit dem hauseigenen Spaßvogel Hovawart ausdauernde Zerrspiele veranstalten, mit ihm über die Malerplanen kugeln, zig Bälle für ihn auf die Baustelle werfen oder vorm nächsten Arbeitsbeginn erst lange ihr verschlepptes Handwerkszeug suchen müssen. Hovawarte sind eben sehr, sehr neugierig: Unbekannte, die Arbeitshandschuhe tragen und so tolle Dinge wie einen Zollstock dabei haben, sind für sie einfach eine Sensation!

Für einen Hovawart ist es ganz wichtig, jeden Gast abzuschnüffeln und sich ein (Geruchs-)Bild von ihm zu machen. Gemütlich auf seinem Platz liegen zu bleiben, während so etwas Wunderbares wie ein hundefreundlicher Fremder das Haus betritt, ist für einen Hovawart ein Ding der Unmöglichkeit: So jemand muss nach kurzem Bellen auf seine Spieltauglichkeit untersucht werden! Und möglicherweise hat er ja sogar Leckerchen bei sich? Unsere schwarzmarkene Hündin ist z. B. vernarrt in die tierlieben Nachbarn, die (sehr zum hundlichen Leidwesen) ihr Wochenendhaus nur alle paar Wochen bewohnen. Sind sie da, werden die netten Leute in Arien nach Hovawartart geradezu nach draußen gejubelt, und das Wiedersehen wird von Zwei- und Vierbeinern entsprechend gefeiert.

Wie Seismographen erspüren Hovawarte aber auch, wenn mit Personen etwas nicht stimmt, weshalb die Therapiehunde unter ihnen sehr gründlich ausgebildet werden müssen. Wie stark die Reaktion auf psychische Disharmonien ausfallen kann, erlebten mein Mann und ich, als wir mit unserer ersten Hündin vor vielen Jahren Urlaub in einem Tagungshaus an der Nordsee machten. Ein anderer Gast wollte unsere Blondine unbedingt anfassen, doch wir erkannten die sonst so freundliche Asla nicht wieder: Sie legte sich unter einen Tisch und knurrte, sobald sich der Mann, der sich angeblich bestens mit Hunden auskannte, ihr dennoch nähern wollte. Der Fremde forcierte die aufdringlichen Kraulversuche, bis unser Hovawart wie festbetoniert mit krausem Nasenrücken und entblößtem Gebiss unmissverständlich drohte! Wir mussten dem uneinsichtigen Mann massiv untersagen, sie weiter zu bedrängen. Was war nur in unsere friedliche Hündin gefahren? Mit allen anderen Anwesenden ging sie völlig unbefangen um. Nach einigen Tagen des Grübelns erfuhren wir des Rätsels Lösung: Der Mann hatte keiner Reise-, sondern einer Therapiegruppe angehört. Er war hochgradig schizophren gewesen und nahm sich wenige Wochen nach unserer Abreise das Leben.

Der erwachsene Hovawart als Zweithund

Wenn Sie Ihren Hovawartwelpen anschafften, als bereits ein erwachsener Hund in Ihrem Hausstand lebte, kann jetzt eine Zeit der Rudelneuordnung anbrechen. Ihr einstiges Hundenesthäkchen ist zu einer stattlichen Erscheinung herangereift. Je nachdem, wie sich Ihr älterer Ersthund verhält und wie gesund er ist, kriselt es jetzt eventuell verstärkt – vor allem,

Die Rangfolge unter den eigenen Hunden lässt sich vom Menschen nicht zuteilen. Wichtig ist, den Anführer zu stärken und nicht durch falsche Koalitionen die gewachsene Hierarchie im Rudel durcheinander zu wirbeln. Hier zwei Hündinnen …

wenn Sie ein gleichgeschlechtliches Hundepaar halten und der Altersabstand zwischen den beiden nicht für klare Verhältnisse sorgt. Stabilisierend wirken in den meisten Fällen verwandtschaftliche Beziehungen zwischen den Hovawarten, denn eine Hundemutter oder -großmutter besitzt ebenso wie ein Hundevater oder -großvater eine Art eingebaute Grundautorität auf Lebenszeit, die sich auch in frei lebenden Wolfsrudeln beobachten lässt.

Die Konkurrenz steigt bei Hündinnen vor allem in der Zeit vor den Läufigkeiten. Jetzt können die Nerven blanker liegen als sonst, wenn es um das Verteidigen von Privilegien (etwa erhöhtes Liegen, den Kontakt zur wichtigsten Bezugsperson) und Ressourcen (etwa Futter, Extragaben wie Knochen oder getrocknete Schweineohren) geht. Ein besonderes Gespür für mögliche Konfliktsituationen ist gefragt: War eine Hündin einige Tage mit einem Familienmitglied auf Reisen, kann es Ärger geben, wenn sie zurückkommt und ihren gewohnten Platz im Rudel einnehmen möchte, aber durch die andere besetzt sieht. Zeigt die ältere Hündin etwa Schwächen nach einer Erkrankung, könnte sich die gerade erwachsen Gewordene ermuntert fühlen, deren hohe Rangposition nun infrage zu stellen. Gleiches gilt natürlich auch

… und hier zwei Rüden, die jeweils problemlos in einem Hausstand leben. Gleichgeschlechtliche Paarungen erfordern besonders viel Fingerspitzengefühl des zweibeinigen Rudelführers.

Diese Hündin ist aus dem Gröbsten heraus. Soll jetzt ein weiterer Hund einziehen? Ein Hovawartwelpe hätte später ähnliche Bedürfnisse. Zwei Hovawarte verlangen ihren Besitzern allerdings viel Energie ab und bilden eine Minimeute.

für mehrere Rüden in einem Hausstand. Dies muss allerdings keineswegs in einer offenen Auseinandersetzung geschehen, sondern kann sich auch fast unbemerkt vollziehen.

So wie früher auf Bauernhöfen irgendwann die Senioren aufs Altenteil zogen und ihren Hof in die Hände des leistungsfähigeren Nachwuchses abgaben, passiert der Führungswechsel auch bei unseren Hunden oft ohne heftigen Widerstand. Irgendwann ist es so weit, die Anzeichen für den Anbruch einer neuen Führungsära mehren sich: Sie werden die Übernahme des Staffelstabes an der Einführung neuer Verhaltensrituale bemerken, wenn Sie Ihre Aufmerksamkeit auf die oft kaum wahrnehmbaren, aber für die Hunde ganz wesentlichen Veränderungen richten.

Die Rangfolge unter den Hunden lässt sich nicht künstlich festlegen, den natürlichen Wechsel dürfen wir deshalb nicht aus Mitleid blockieren. Dies würde zu Unklarheiten führen, die doch eines Tages aggressive Auseinandersetzungen nach sich ziehen könnten. Dass grundsätzlich ein friedlicher Umgang verlangt wird, muss den Hunden allerdings klar gemacht werden – auch wenn nun der junge Aufsteiger im Rudel (oder noch eine ganze Weile das ältere Alphatier) häufig zuerst gebürstet, zuerst gefüttert und zuerst gestreichelt werden wird. Dominanz ist zudem oft situationsabhängig. Über ihr Sozialverhalten lernen wir am meisten, wenn wir das Ausdrucksverhalten der eigenen Hunde genau beobachten.

Wenn eine neue Rudelära beginnt

Für den älteren Hund ist Veränderung der Rangfolge ein normaler Vorgang, auch wenn sie uns traurig stimmt, weil wieder eine ganz bestimmte Phase in unserem Hunderudel zu Ende geht, aber gleichzeitig beginnt eine neue! Vielleicht hat der Zurückgestufte ja selbst einst den Führungsauftrag von seinem eigenen jahrelangen Hundechef übernommen und den Ton angegeben? Besitzen Sie einen Rüden und eine Hündin, vollzieht sich dieser Führungswechsel meistens nicht ganz so offensichtlich, denn zwischen beiden Geschlechtern gibt es getrennte Rangfolgen. Beide konkurrieren kaum miteinander, weil die Frage »Wer darf sich von uns beiden fortpflanzen?« nicht instinktiv im Raume steht.

Allerdings gehen Wölfe bei Verpaarungen in freier Wildbahn viel weniger strikt nach diesem Prinzip vor, als noch vor kurzem angenommen wurde. Es kann durchaus vorkommen, dass auch Wölfinnen ohne Alphastatus werfen und ihre Würfe dann problemlos gemeinsam aufziehen, stellten die Wolfs- und Hundeexperten Karin und Günther Bloch bei jahrelangen Beobachtungen von Timberwolfsrudeln in Kanada fest. So verwundert es nicht, dass sich auch im weiblichen Hunderudel oftmals jene jungen Hündinnen rührend um die Welpen bemühen, deren Kindermädchen, aber nicht deren Mütter sie sind.

Überlegungen zur Zweithundanschaffung

Wenn Sie im Moment nur diesen einen, jetzt erwachsenen Hovawart besitzen, könnte sich nun die Frage stellen, ob ihm ein vierbeiniger Gefährte hinzugesellt werden sollte oder nicht. Hovawarte sind zwar nicht wie Beagles oder Foxhounds ausgesprochene Meutehunde, dennoch lieben sie den Umgang mit ihresgleichen sehr und sind mit einem Artgenossen an ihrer Seite sicher körperlich und geistig weit ausgelasteter als solo lebende Hovawarte. Für jeden echten Hundeliebhaber gibt es ganz bestimmt nichts Interessanteres, als ein Kleinrudel zu führen. Erziehung und Beschäftigung beider Hunde (auch einzeln) verlangen jedoch sehr viel Zeit und Energie.

Es muss jedoch nicht zwangsläufig ein zweiter Hovawart sein: Selbstverständlich lassen sich auch andere Hunderassen oder Mischlinge zum Hovi hinzugesellen, doch bei der Auswahl ist darauf zu achten, ob und wie sehr sich die Bedürfnisse und Haltungsanforderungen unterscheiden. Ich kenne etwa Hovawarte, die mit Kleinhunden wie Yorkshire Terriern, Pudel-Terrier-Mischlingen und Jack Russell Terriern zusammenleben. Sicher führt bei diesen Hundepaaren der Terrierschneid dazu, dass die ungleichen körperlichen Möglichkeiten kompensiert werden. Ähnliches wurde mir auch schon von einer langjährigen Halterin zweier Hovawarthündinnen und eines Glatthaarteckelrüden berichtet; auch hier bereicherten das Selbstbewusstsein und die Intelligenz des Teckels das Zusammenleben von Hunden mit gleicher »Lebenseinstellung«. Bei gemeinsamen Spaziergängen können die Kleinen allerdings nicht lange mit dem sportlichen, großen Hovawart mithalten. Die exotischste Rudelkonstellation, die ich kenne, ist ein Haushalt mit einem schwarzen Hovawartrüden, der sein Lager mit drei Whippets teilt.

Das Abschauen von Charakterzügen

Immer wieder stellen mir Hundehalter die Frage, ob der neue Welpe wohl Wesenszüge oder gar Unarten des erwachsenen Hovawarts annehmen wird oder nicht. Ich selbst konnte dieses Phänomen nicht beobachten, stets ergänzten sich beide Hunde und schauten sich gegenseitig ihre sympathisch unperfekten Macken *nicht* ab. Es kommt allerdings wirklich darauf an, dass diese Hunde ein stabiles Nervenkostüm aus ihrer Aufzucht mitbrachten und eine solide Prägung durch Züchter und nervenstarke Mutterhündin erfahren hatten. Ich weiß von einer schwarzmarkenen Hovawarthündin, die als Welpe zu einer sehr ängstlichen Bearded Collie-Hündin kam, welche damals schon 13 Jahre alt war. Während die alte Hundedame am Silvesterabend wahnsinnig unter dem Lärm litt, rannte der Hovawartwelpe begeistert zwischen Balkontür und Beardie-Hündin im Zimmer hin und her und wollte sie anscheinend ermuntern, auch einmal diese interessanten Knaller am Himmel anzuschauen. Bis die Bearded Collie-Hündin mit fast 16 Jahren eingeschläfert werden musste, war ihr die junge, sehr sichere Hovawarthündin eine enorme emotionale Stütze, an deren Seite sie sogar einige ihrer sozialen Ängste überwandt. Doch der Aufschwung kam auch körperlich: Die alte Hündin hatte im Alter von acht Jahren aufgehört, läufig zu werden. Kaum war die Hovawartgefährtin geschlechtsreif, wurde auch der Bearded Collie wieder regelmäßig heiß! Als die Althündin in hohem Alter erblindete, orientierte sie sich an ihrer zuverlässigen, schwarzmarkenen Freundin. Der Hovawart schaute sich nichts von der Unsicherheit der Älteren ab und hat jetzt, da die alte Hundedame nicht mehr lebt, eine jüngere blonde Hovawarthündin neben sich, die ebenfalls als Welpe angeschafft wurde. Mein Mann und ich vergaben einmal eine blonde Hündin, der lustige Sonnenschein des Wurfes, an ein Ehepaar, welches bereits eine erwachsene Hovawarthündin der Farbe Schwarz-

Sie bereicherte den Lebensabend einer betagten Bearded Collie-Hündin und profitierte selbst von den Erfahrungen als Zweithund. Heute ist Banja selbst Chefin und Vorbild einer jungen blonden Hovawarthündin.

marken besaß. Diese war ein sehr in sich gekehrter, nicht besonders kommunikationsfreudiger oder gar vor Lebensfreude überschäumender Charakter gewesen – bis der blonde Clown einzog! Die lustige, temperamentvolle Art des Hovawartkindes, welches die Ältere jedoch nie ernsthaft provozierte, brachte die ältere Hündin so in Schwung, dass ihre Halter sie nach einer Weile des Protestschmollens kaum wieder erkannten! Sie begann nicht nur in bis dahin unbekannter Manier, Freude am Spielen zu zeigen, sondern ging (vielleicht angesichts der Konkurrenz) plötzlich auch viel offener und freudiger mit ihren Menschen um.
Gegensätze ziehen sich an: Oftmals sind es gerade unterschiedliche Persönlichkeiten, welche sich unter Hunden am besten ergänzen und am wenigsten auf den Füßen bzw. Pfoten stehen. Und dieses Phänomen soll es ja bekanntlich auch unter uns Zweibeinern geben.

Die Ernährung des erwachsenen Hovawarts richtet sich nach seiner Aktivität. Enzo (Bartok) vom Amorhof (drei Jahre alt) ist nicht nur Deckrüde, betreibt erfolgreich Hundesport und wird ausgestellt. Auch Strandspielen kann er viel abgewinnen.

Fütterung und Gesundheitsfürsorge im Erwachsenenalter

Die Ernährung des gereiften Hovawarts

Wenn Sie vorwiegend Trockenalleinfutter verwenden, wie die meisten Hovawarthalter, sind Sie vermutlich spätestens nach dem 18. Lebensmonat von Junghund-Aufzuchtfutter für großwüchsige Rassen auf eine Sorte für die Ernährung des erwachsenen Hundes umgestiegen. Mittlerweile gibt es nicht nur unterschiedliche Geschmacksrichtungen, sondern auch spezielle Zusammenstellungen je nach der Intensität der Bewegung. Während ein Sporthund eher hoch energetisch gefüttert werden muss, weil sein Organismus durch die Arbeit auf dem Hundeplatz oder im Einsatz (etwa als Rettungshund) viele Kilojoule verbrennt, würde ein »Sofawart«, der das gemütliche Leben eines Familienhundes ohne jegliche Hundesportambitionen führt, davon ganz schnell kugelrund werden. Da die Wahrscheinlichkeit, an einer Magendrehung zu erkranken, mit zunehmendem Alter steigt, sollte Ihr Hovawart auch in diesem Alter niemals überfüttert werden und weiterhin zwei bis drei Mahlzeiten täglich einnehmen dürfen. Das Toben und Wälzen nach dem Fressen ist für den ausgewachsenen Hund erst recht tabu.

Gebisspflege nicht vernachlässigen

Weil bei Ihrem Hund jetzt die Entstehung von Zahnstein, je nach Fütterungstechnik und genetischer Veranlagung, steigen kann, sollten Sie vor allem auf die Gabe zahnfreundlicher Zutaten achten. Zahnstein entsteht, wenn Kalksalze aus dem Speichel ausgefällt werden und sich mit Eiweißen, Bakterien und abgestoßenen Zellen der Maulschleimhaut verbinden. So entsteht Plaque, die sich irgendwann als feste, manchmal steinharte graugelbe oder braunschwarze Ummantelung auf den Zahnkronen findet. Unter diesen Belägen können Zahnhalskaries und Zahnfleischentzündungen entstehen, außerdem haben betroffene Hunde oft einen üblen Maulgeruch.
Die Entstehung von Zahnstein wird durch die Fütterung stets gut eingeweichten, kohlenhydratreichen Futters begünstigt, denn dadurch entfällt das mechanische »Zähneputzen« beim Fressen und die Bakterien finden einen günstigen Nährboden. In letzter Zeit kamen spezielle Trockenfutter auf den Markt, die durch die Form der Pellets und die Inhaltsstoffe Zahnstein reduzieren sollen. Harte Hundekuchen mit rauer Oberfläche, Ochsenziemerabschnitte, Zahnreinigungssnacks, spezielle Kaustreifen, Büffelhautknochen, ganze Möhren oder frische Kalbsknochen regen Kautätigkeit und Speichelfluss an und säubern die Zahnoberflächen auch mechanisch. Doch Vorsicht: Harte Röhren-

Das Gebiss dieser Hündin kann sich sehen lassen. Etwas Plaque ist nur am Fangzahn erkennbar. Die Neigung zur Zahnsteinbildung ist bei Hovawarten sehr verschieden. Es gibt verschiedene Möglichkeit, ihr vorzubeugen.

knochen können auf dem Unterkiefer so aufgespießt werden, dass eine Operation unter Vollnarkose notwendig wird, um den Hund wieder davon zu befreien. Noch dazu führen zu reichliche Gaben gegarter Knochen zu hartnäckigen Verstopfungen. Auch Hartgummispielzeug mit Rillen hat einen Zahnputzeffekt.

Weiche Zahnbeläge lassen sich mit Schlemmkreide oder etwas Wasserstoffperoxid entfernen. Helfen alle Maßnahmen nicht, kann der Tierarzt die Zahnreinigung übernehmen, wenn Ihr Hund wegen einer Erkrankung oder Untersuchung sowieso in Narkose gelegt werden muss, oder Sie nehmen das Säubern mit speziellen Instrumenten selbst vor. Dass dafür der Hund einwandfrei an solche Tätigkeiten gewöhnt sein und bestens im Gehorsam stehen muss, versteht sich von selbst.

Anfälligkeit für Erbkrankheiten

Selbstverständlich kann auch der nach wie vor gesundheitlich als robust geltende Hovawart von Erkrankungen wie Magen-/Darmkatarrh, durch Zecken übertragene Borreliose oder anderen Infektionen, vor allem bei ungenügendem Impfschutz, heimgesucht werden. Beleuchten möchte ich jedoch an dieser Stelle Krankheiten, bei denen von einer erblichen Veranlagung, der genetischen Prädisposition, ausgegangen wird. Als grundsätzlich erblich gelten heute aus wissenschaftlicher Sicht rund 470 verschiedene Erkrankungen, sodass sich fast die Frage stellt, was außer Unfällen, Infektionen und Entzündungen eigentlich *nicht* genetisch bedingt ist. Zum Glück gehört der Hovawart zu jenen Hunden, die im Vergleich zu anderen Artgenossen kaum von rassetypischen Erkrankungen betroffen sind. Der Tierarzt Fritz Groß hat in seinem Buch »Krankheitsdispositionen der Hunde- und Katzenrassen« Literaturquellen ausgewertet und zusammengestellt, mit welchen Erkrankungen diese Kleintierarten am häufigsten bei Tierärzten vorgestellt werden. Die Zusammenstellung sagt allerdings nichts darüber aus, wie hoch der Anteil erkrankter Tiere an der Hovawartgesamtpopulation ist.

Die Liste ist dennoch interessant und fällt beim Hovawart erstaunlich kurz aus. Eine erbliche Veranlagung besteht demnach z. B. für die Ausbildung eines zu langen Gaumensegels. Zum Thema »Haut« ist der Vermerk »**Allergie**« zu finden. In den letzten Jahren scheint sich wirklich unter Hovawarten die allgemeine Tendenz zu verstärken, unter allergischen Hautreaktionen zu leiden, wobei eine genetische Komponente wahrscheinlich ist. Zwischenzehen- oder Lefzen-Exzeme sowie so genannte Hot Spots (rote, entzündete oder nässende, stark juckende Bereiche im Fell) können auf eine Allergie hinweisen und gehören auf jeden Fall in die Hände des Tierarztes. Eine Ausschlussdiät gibt eventuell Hinweise auf Futtermittelunverträglichkeiten, denen oft durch spezielles antiallergenes Sensitivfutter begegnet werden kann. Aber auch Flohstiche können heftige Allergien auslösen. In schweren Fällen hilft nur eine möglichst niedrig dosierte, manchmal lebenslängliche Kortisonbehandlung, um den heftigen Juckreiz und die Entzündungsneigung einzudämmen.

Möglicherweise ist auch eine **Schilddrüsenunterfunktion (Hypothyreose)** an einem solchen Krankheitsgeschehen beteiligt, die sich auch auf die Fellqualität (schütteres, stumpfes, trockenes, oft schuppiges Haarkleid und eine wenig behaarte Rute) auswirken kann. Betroffene Hovawarte neigen bei normaler Futtermenge zur Verfettung, leiden unter Antriebslosigkeit, einem verlangsamten Herzschlag, weisen einen traurigen Blick durch anormal verdickte Hautbereiche im Gesicht auf und können, sofern sie zur Zucht eingesetzt werden, Fruchtbarkeitsstörungen zeigen. Erkrankte Hovawarte müssen lebenslänglich mit entsprechenden Medikamenten in Tablettenform versorgt werden und führen, richtig eingestellt, dann ein beschwerdefreies Hundeleben. Auch die normale Haarfülle und -qualität stellt sich rasch wieder ein. Zur Zucht werden erkrankte Hunde allerdings nicht verwendet, weil die Vererblichkeit angenommen wird.

Vor allem sportlich jahrelang stark geforderte Hovawarte neigen im fortgeschrittenen Erwachsenenalter zur Ausbildung von **Arthrosen**, oft im Anschluss an nicht frühzeitig erkannte Dysplasien oder kleinere Gelenkverletzungen. Bei Erkrankungen des Bewegungsapparates steht laut oben genanntem Buch für den Hovawart immer noch die bereits besprochene **HD** (Hüftgelenksdysplasie) an erster Stelle, gefolgt von der **OCD** (Osteochondrosis dissecans). Beide Befunde sind beim Hovawart dennoch selten! Ursache für die Osteochondrosis ist in der Regel eine Fehlentwicklung der Röhrenknochen-Epiphysen. Dabei lagert sich meistens im Ellenbogen- und Schulter-, seltener im Kniegelenk in einem Gelenkspalt abgelöstes Knorpelmaterial als »Gelenkmaus« an und führt zu Bewegungsschmerzen. Vor allem Junghunde im Wachstum sind von OCD betroffen. Überbelastung durch frühes Springen und zu lange Spaziergänge, Fehlernährung (zu viel Energie, Vitamine oder Mineralstoffe) sowie eine Fehlstellung der Läufe begünstigen die Entstehung einer OCD! Die Erkrankung kann erfolgreich operiert werden, wegen der erblichen Komponente wird mit betroffenen Hovawarten jedoch nicht gezüchtet. Gleiches gilt für die Osteochondritis, bei ihr liegt ein Entzündungsgeschehen infolge der gestörten Gelenkknorpelentwicklung vor.

Eine fortgeschrittene Spondylose beinträchtigt die Beweglichkeit dieser zehnjährigen Hündin. Erkrankungen der Wirbelsäule und ihrer Nervenstrukturen finden sich relativ häufig bei älteren Hovawarten.

Insbesondere ausgesprochen langrückige Hovawarte können Probleme mit dem Rückgrat von der **Spondylose** (Wirbelkörperverwachsungen = Spondilopathia deformans) bis hin zum **Bandscheibenvorfall** bekommen oder unter dem **Cauda Equina Syndrom** leiden. Letzteres wird auch von Fritz Groß als Erkrankung genannt, für die der Hovawart genetisch prädisponiert ist. Das Pferdeschweif-Syndrom entsteht etwa durch Frakturen, Tumoren oder aber durch bindegewebige bzw. knöcherne Anlagerungen an den Wirbelkörpern im Lenden- und Kreuzbeinbereich. Dadurch verengen sich Wirbelkanal und Zwischenwirbellöcher, ein Phänomen, das auch degenerative lumbosakrale Stenose, kurz DLSS, genannt wird. In der Folge kommt es zu Stauchungen der Nervenstrukturen in der Wirbelsäule mit den typischen neurologischen Symptomen: Lahmheiten und Lähmungen der Hinterhand, Schmerzen bei Druck auf das Kreuzbein, abnormes Aufsetzen der Hinterpfoten, eine auffallend unbewegliche Rute, plötzliche Verweigerung von Sprüngen (etwa ins Auto oder über die 1-Meter-Hürde auf dem Hundeplatz) bzw. Probleme beim Treppabwärtslaufen können Anzeichen solcher Beschwerden sein. Auch unkontrolliertes Absetzen von Harn- und Kot sind mögliche Hinweise auf diese Erkrankung.

Bei Rüden muss etwa ab dem siebten Lebensjahr verstärkt mit dem Auftreten von **Prostatabeschwerden** gerechnet werden. Hat der Hund etwa Schmerzen beim Urinieren und beim Laufen, kann eine Ultraschallaufnahme Aufschluss darüber geben, ob vielleicht die Prostata vergrößert ist und die Beschwerden verursacht. Meistens ist die Kastration das Mittel der Wahl, denn Operationen sind in diesem schlecht zugänglichen Bereich wenig Erfolg versprechend. Familiäre Häufungen von Prostata-Erkrankungen sind nicht auszuschließen.

Eine Hovawarthündin mit Hotspot ungeklärter Ursache. Niedrig dosierte Kortisongaben sorgten für ein Abklingen des quälenden Juckreizes. Hovawarte haben eine gewisse Veranlagung für allergisch bedingte Hauterkrankungen.

Dieser Rüde hatte als Welpe eine zu spät erkannte Hornhautverletzung am linken Auge. Folge: eine chronische Keratitis (Hornhautentzündung) mit Gewebseinsprossungen. Erbliche Augenerkrankungen sind beim Hovawart selten.

In manchen Fällen erweisen sich Hovawarte als herzkrank, wobei am ehesten Fälle von **Aortenstenosen** von Bedeutung sind. Diese Herzerkrankung gehört zu den häufigsten bei Hunden auftretenden Defekten des Herzens, wobei die Hauptschlagader eingeengt und durch einen Ring aus Bindegewebe die Pumpleistung der linken Herzkammer beeinträchtigt ist. Einzelfälle und familiäre Häufungen werden auf jeden Fall züchterisch beachtet und registriert. Auch sollten ausgesprochene Leistungshunde unter den Hovawarten vorm Sporteinsatz gründlich untersucht werden, um Vorschädigungen am Herzen ausschließen zu können. Wenn Hovawarte in höherem Alter nicht mehr im Hundesport geführt werden sollen oder können, müssen sie wie ein menschlicher Sportler auch langsam abtrainiert werden, um keine **Herzvergrößerung** (»Sportlerherz«) zu riskieren. Ein verdickter Herzmuskel ist keineswegs besonders leistungsfähig, sondern verliert die Fähigkeit, eine optimale Pumpleistung zu erbringen. Augenfällig wird ein Herzproblem durch die leichte Ermüdbarkeit des Hovawarts vor allem bei schwül-warmem Wetter. Weitere Hinweise sind Atemnot, blasse oder bläuliche Schleimhäute, Neigung zu Kollaps-, Schwindel- und Schwächeanfällen, chronischer Husten, geschwollene Läufe und ein vergrößerter Bauchumfang durch Leber- oder Milzvergrößerungen.

Ein sehr seltenes Phänomen ist der **Lebershunt**. Dabei handelt es sich um eine anormale Verbindung, dem so genannten Shunt, zwischen dem zu- und abführenden Hauptblutgefäß der Leber. Diese Umleitung führt dazu, dass das herangeführte Blut teilweise ungereinigt die Leber umfließt. Der RZV unterstützt eine Lebershunt-Forschungsarbeit an der Universität Utrecht, Ergebnisse liegen noch nicht vor.

Einzelfälle gibt es auch im Bereich der **Augenerkrankungen**, wobei beim Hovawart der **Katarakt** (Linsentrübung, Grauer

Star, Cataracta lentis) eine gewisse Rolle zu spielen scheint. Als erblich gilt der so genannte Jugendstar (Cataracta juvenilis). Fritz Groß führt allerdings als Hovawart-typisch nur den **Nickhautvorfall** sowie die **Konjunktivitis follicularis**, eine durch Viren verursachte Bindehautentzündung, auf. Im RZV gehört die nachgewiesene Freiheit von erblichen Augenerkrankungen zu den Belegen, die für angehende Zuchthunde verlangt werden. Vorgestellt werden die Hovawarte bei spezialisierten Tierärzten des **Dortmunder Kreises (DOK)**, der Gesellschaft für Diagnostik genetisch bedingter Augenerkrankungen bei Tieren. Ferner existiert im RZV ein spezieller **Solidaritätsfond**, den Züchter und Deckrüdenhalter finanzieren: Besitzer von Hovawarten mit Erbkrankheiten werden bei der tierärztlichen Behandlung bzw. beim Neukauf eines Welpen unterstützt. Sie liefern durch ihre Informationen nicht zuletzt wertvolle Erkenntnisse bezüglich der zum Glück selten auftretenden Krankheitsfälle. Im Jahre 2002 wurde der RZV-Solidaritätsfond in 17 Fällen in Anspruch genommen.

Von einer gravierenden Belastung der Rasse mit erblichen Erkrankungen kann also keine Rede sein, dennoch werden sie züchterisch im Blick behalten. Gleiches gilt für den **verkürzten Unterkiefer (VUK)** – ein Merkmal, für das der RZV wie für HD die Zuchtwertschätzung anwendet – und für **erbliche Rutenwirbelanomalien (RA)**, Erbdefekte, die zum Glück die Lebensqualität betroffener Hovawarte nicht einschränken.

Hundesport-, Schau- und Zuchtkarriere auf dem Höhepunkt

Die Zeit der Prüfungen

Während Sie in den ersten drei Lebensjahren die erzieherischen Grundlagen für die Ausbildung Ihres Hovawarts gelegt haben, beginnt auch hier die Saat mehr und mehr aufzugehen. Wenn Sie schon früh mit Ihrem Hovawart auf dem Hundeplatz trainierten, wird er vermutlich schon die Prüfung zum verkehrssicheren Begleithund gemacht haben. Ob Gebrauchshundsport, Turnierhundsport, die reine Fährtenhundarbeit oder eine moderne Disziplin wie Obedience, Dog-Dancing oder Agility: Falls Sie regelmäßig übten und Prüfungsambitionen haben, dürften Ihre Wochenenden in der Saison zwischen Frühjahr und Spätherbst nun ganz im Zeichen von hundesportlichen Wettkämpfen stehen und Ihre Pokalsammlung im Regal wächst und wächst wahrscheinlich unaufhaltsam. Regional, überregional, national und international – Möglichkeiten, mit Hovawarten je nach Leistungsstand aktiv zu sein, gibt es viele, und die Rassezuchtvereine fördern ihre sportbegeisterten Mitglieder nach Kräften. Ganz sicher stärkt das intensive gemeinsame Training und das Durchleben von Erfolgen und Niederlagen das Band zwischen Hovawart und Zweibeiner ganz enorm. Nebenbei lernt Ihr Hund dabei nachhaltig, mit vielen anderen Menschen und Artgenossen umzugehen, einen gewissen Prüfungsstress zu ertragen und unter Ablenkung (in Anwesenheit von Publikum und Richtern, oft auf einem unbekannten Hundeplatz) sein Bestes zu geben.

Als ausgebildeter Sanitäts- oder Rettungshund gehört Ihr Hovawart nun schon zu den Erfahrenen unter den Hunden im Team. Er hat schon mehrere Einsätze hinter sich. Wie ruhig und gelassen er arbeitet, erkennen Sie vor allem im Vergleich mit den Junghunden, die neu in Ihre Gruppe kommen. So aufgedreht verhielt sich Ihr Hovawart auch einmal, und das ist eigentlich noch gar nicht so furchtbar lange her. In einem Interview wurde eine Schäfermeisterin gefragt, wie lange denn die Hüteausbildung ihrer auch auf Prüfungen sehr erfolgreichen Border Collies gedauert habe. »Unter jeder Pfote«, antwortete sie nachdenklich, »steckt im Grunde ein ganzes Jahr Arbeit.« Eine Aussage, die sich durchaus auch auf den Hovawart im Hundesport übertragen lässt.

Modalitäten der Schauteilnahme

Besuchen Sie mit Ihrem erwachsenen Hovawart häufig Ausstellungen, geht die Schaukarriere Ihres Hundes jetzt in die entscheidende Phase. Möglicherweise können Sie ein anerkanntes Ausbildungskennzeichen (AKZ) aus dem Gebrauchshundesport für ihn nachweisen: In Deutschland berechtigt eine bestandene SchH- bzw. VPG-Prüfung (SchH/VPG I, II oder III) und in der Schweiz zusätzlich die IPO für den Start in der Gebrauchshundklasse, wo die Konkurrenz nun sehr viel dünner als in der Offenen Klasse gesät ist. Die Teilnahme ist ab dem 15. Lebensmonat möglich; das vorhandene Ausbildungskennzeichen muss bei der Meldung (bei VDH-Veranstaltungen durch ein offizielles Bestätigungsformular) nachgewiesen werden. Auf den

BOB und CAC: HZD-Deckrüde Kosta vom Wittlerdamm auf dem Sprung zum Champion. Um Anwartschaften sammeln, müssen Besitzer erfolgreicher Hovawarte so manches Wochenende an und in Ausstellungsringen verbringen.

Schauen in Deutschland können von den Erstplatzierten in der Offenen-, Gebrauchshund- und Champion-Klasse Anwartschaften für die Titel Nationaler Champion (CAC), Deutscher Champion (VDH) und Deutscher Champion (Club) errungen werden; die Vergabe liegt allerdings im Ermessen des Formwertrichters.

Stechen um die Titel

Gemeldet werden die meisten Hovawarte allerdings sowohl auf CAC- als auch auf CACIB-Schauen in der Offenen Klasse, die Teilnahme ist vom 15. Lebensmonat des Hundes an möglich. Vom Ablauf her laufen diese Teilnahmen nicht anders ab als jene etwa in der Jugendklasse. Gestochen wird unter den Siegern der Hauptklassen anschließend um die Titel »Beste Hündin« und »Bester Rüde«. Diese beiden Spitzenvertreter ihrer Geschlechter konkurrieren dann im Finale um die begehrte Auszeichnung »Best of Breed« (Abkürzung BOB, Bester Hund der Rasse). Wird auf einer CACIB-Schau gestartet, geht dieser beste Hovawart im Ehrenring vor dem interessierten Publikum auf den Rängen dann noch ins Stechen um den Sieger der FCI-Gruppe 2 (Pinscher und Schnauzer, Molosser und Schweizer Sennenhunde), der er angehört. Dort tritt er im Gruppenwettbewerb gegen den besten Neufundländer, den besten Riesenschnauzer, den besten Berner Sennenhund usw. an – eben gegen alle anderen Besten seiner FCI-Gruppe 2. Der FCI-Gruppensieger konkurriert anschließend im Stechen um den Titel »Tagessieger« dieser CACIB-Schau mit den anderen FCI-Gruppenbesten. Aus den Tagessiegern wird last but not least der allerschönste Hund der ganzen Ausstellung, der BIS (Best in Show), ausgewählt. Dieser Titel gleicht einem Olympiasieg! Ehrlich gesagt: So weit schaffen es Hovawarte auf internationalem Ausstellungsparkett nur ganz, ganz selten. Vielleicht, weil andere Rassen noch professioneller vorgeführt werden? Oder aber aufgrund des auffälligeren Haarkleides, des eleganteren Gangwerks oder der exotischen Ausstrahlung manch anderer Hunde? Für Hovawartfans bleiben ihre vierbeinigen Naturburschen trotzdem die Allerschönsten!

Ein substanzvoller, gut gewinkelter Rüde in der seltenen Farbe schwarz. Wer häufig Ausstellungen besucht, bekommt ein Auge für die Standarddetails und kann Entscheidungen der Richter mit der Zeit immer kompetenter beurteilen.

Die Bewertungen sportlich sehen

Um gute Chancen auf Ausstellungen zu haben, reicht ein dem Standard entsprechendes Aussehen Ihres Hundes alleine nicht aus: Auch auf die gekonnte Präsentation kommt es an. Wenn Sie das Ringtraining seit den Jugendtagen nicht vernachlässigt haben, Ihren Hund gepflegt, schlank und gut bemuskelt vorführen, auf ein korrektes Gangwerk achten (Passgang korrigieren, Schubförderung durch sorgfältig durchgeführtes Fahrradtraining), sich Ihr Hund freundlich, selbstbewusst, sicher und voller Ausstrahlung im Ring präsentiert, dürften Ihnen gute Bewertungen und Richterberichte nur so zufliegen! Diese lassen übrigens auch das Herz Ihres Züchters höher schlagen, der Sie aber ebenso trösten wird, wenn es einmal nicht so gut lief. Bewertet wird ja immer die Tagesform Ihres Hundes, und diese vierbeinigen Hauptdarsteller im Ring sind schließlich keine Maschinen. Aber auch Formwertrichter sind nicht perfekt, machen Fehler und lassen subjektive Kriterien in ihre Beurteilung einfließen, vor allem, wenn es ins Stechen um die Platzierungen geht. Bei dem schwarzmarkenen Kandidaten sind vielleicht die Marken an der Hinterhand nicht klar genug abgegrenzt, während die Rückenlinie des Blonden im schnellen Trab eventuell doch nicht ganz ruhig zu sein scheint. Ein weiterer Blonder ist etwas zu hell und hat anscheinend gerade abgehaart. Und könnten nicht die Augen des schwarzen Hundes dunkler sein, um ein V1 rechtfertigen zu können? Sie würden trotzdem den Schwarzen vorne sehen, weil Sie gerade diese Farbe so lieben, doch es gewinnt der schwarzmarkene Rüde, weil der ein überragendes Gangwerk hat. Ungerecht? Die Unterschiede zwischen den besten vier Hunden sind manchmal minimal und ihre Gewichtung nicht immer nachvollziehbar. Richter, die ihre Entscheidungen vor dem Publikum erläutern, sind immer häufiger zu finden, aber leider noch nicht auf allen Schauen Standard. In weitläufigen Messehallen kommen oft nur wenige Zuschauer in den Genuss, die Erklärungen auch verstehen zu können.

Werden im Ring nicht immer Birnen mit Äpfeln verglichen? Schon, das Ausstellen von Hunden ist eben trotz des Rassestandards als Messlatte jeder Bewertung immer auch ein wenig wie Eiskunstlaufen. Der nächste Richter wird vermutlich einiges anders sehen als dieser, aber die deutlichsten Vorzüge und Nachteile eines Hundes können alle erkennen und im Richterbericht beschreiben.

Die Zuchttauglichkeitsprüfung (ZTP)

Wenn Sie Zuchtambitionen haben, muss Ihr Hovawart in einem der Vereine entweder an einer Jugend- und an einer Zuchttauglichkeitsprüfung (Hauptkörung) oder an zwei ZTPs erfolgreich teilgenommen haben. Bei der Kontrolle des Erscheinungsbildes wird der Hund ge- bzw. vermessen. Das Gangwerk, das Erscheinungsbild im Stand inklusive der Winkelungen, der Ansatz und das Tragen der Behänge, die Augenfarbe, der korrekte Zahnschluss und die Anzahl der Zähne – so genau unter die Lupe genommen zu werden, ist für Ihren erwachsenen Hovawart nun absolut nichts Neues mehr. Anschließend darf zur Auflockerung gespielt werden, dann geht es ab zum Wesenstest!

Beim RZV wird der Hund (Mindestalter 20 Monate) nun an einer 10-Meter-Leine geführt, die auf Aufforderung des Körmeisters losgelassen wird, beim HC absolviert der Prüfling den Wesensparcours frei.

Die Hauptkörung oder Zuchttauglichkeitsprüfung des erwachsenen Hundes enthält beim RZV, bei der HZD und beim ÖKH auch Verteidigungs- bzw. Abwehrelemente mit einem ZTP-Helfer in Anlehnung an die Schutzdienstprüfung. Dieser Punkt existiert bei HC-Körungen nicht mehr: Oberstes Zuchtziel ist der besonnene Familienhovawart, nicht der Leistungshund. Der Vierbeiner soll während der Körung nicht künstlich zu wehrhaftem Verhalten motiviert werden, das danach im friedlichen Alltag sofort wieder unerwünscht wäre. Auch den Schusstest schaffte der HC ab, statt dessen wurde anderen Arten der Überprüfung nervlicher Belastbarkeit ein noch höherer Stellenwert eingeräumt.

Kriterien für die Zuchtzulassung

Ein weiterer Unterschied: Im RZV wird zwischen Standard- und Leistungszucht unterschieden. Während bei der Standardzucht Ausbildungskennzeichen (also bestandene Gebrauchshundprüfungen) nicht zwingend vorgeschrieben sind, werden in der Merkmalslinie Wesen- und Leistungsveranlagung nur Hunde mit SchH-, IPO- oder VPG-Ausbildungskennzeichen miteinander verpaart. Im Jahre 2002 stammten von den eingetragenen RZV-Welpen 508 aus der Standard- und 208 aus der Leistungszucht. Bei der RZV-Hauptkörung erfolgt die Bewertung der Prüfungselemente zudem nach Punkten, die »Zur Zucht zugelassen« (Zz) und »Zur Zucht empfohlen» (Ze) bedeuten.

Links: Immer enger schließt sich der Menschenkreis um den Prüfling bei der HC-Körung, bis er sich wie in einem überfüllten Bus kaum noch bewegen kann. In genauen Bewertungsbögen halten alle Vereine die ZTP-Ergebnisse fest.

Rechts: Keine Angst vor lauten Tönen! In der Gasse untersucht diese ZTP-Kandidatin eine scheppernde Blechdose – ein sehr erwünschtes, sicheres Verhalten. Hovawarte müssen mit Zivilisationsbelastungen wie Lärm zurecht kommen.

Die Joggergruppe ist ein Prüfungsteil der HZD-Körung. Ein Hovawart, der die Zuchtzulassung bekommen soll, darf sich weder beeindruckt noch aggressiv zeigen, wenn Menschen auf ihn zu laufen.

Auch im Österreichischen Klub der Hovawartfreunde gibt es das Prädikat »Zur Zucht empfohlen«.
Abgesehen von übergeordneten Überlegungen und den bereits genannten Gesundheitsnachweisen muss die Teilnahme an Zuchtschauen mit einer Mindestbewertung – in Deutschland z. B. zweimal »Sehr gut« bei HZD (verliehen von zwei verschiedenen Richtern) und HC, einmal »Gut« beim RZV – neben dem Bestehen der Körungen nachgewiesen werden, wenn der eigene Hovawart später (frühestens mit 24 Monaten) in der Zucht eingesetzt werden soll.
Die genaue Auflistung aller Unterschiede und Kriterien würde hier zu weit führen. Die Zuchtverantwortlichen der Vereine geben über die Details gerne Auskunft (Adressen siehe Anhang). Am sich Vertrautmachen mit den anfangs kompliziert anmutenden Formalitäten kommt kein angehender Hovawartzüchter vorbei – wichtige Informationen, die auch auf speziellen (Pflicht-)Züchter- und Deckrüdenhalterschulungen der Vereine vermittelt werden.

Der Zuchtentschluss reift

Viele Hovawartbesitzer wollen einfach nur einen lieben, zuverlässigen Familienhund und denken gar nicht daran, dass sie einen für die Rasse sehr wertvollen, zukünftigen Zuchthund ihr Eigen nennen könnten. Zum Glück ist die übertriebene Championzucht (also die bevorzugte Verpaarung von Siegertieren) beim Hovawart nicht an der Tagesordnung. Auch bloß mit »Sehr gut« bewertete Hunde können hervorragende Vererber sein und bewahren die genetische Vielfalt der Population, was der Vitalität der gesamten Rasse sehr gut tut.
Die ersten Ausstellungen und Körveranstaltungen geben bereits Hinweise darauf, ob dem späteren Zuchteinsatz grundsätzlich etwas im Wege stünde oder nicht. Die Vorstellung, doch zu züchten, nimmt immer mehr Formen an – vielleicht führen auch Ermutigungen des eigenen Züchters dazu. Wenn neben Schönheit und Wesensfestigkeit dann noch die vorgeschriebenen Gesundheitsbescheinigungen, vor allem bezüglich der Freiheit von Hüftgelenksdysplasie (im RZV auch noch die bescheinigte Freiheit von Augenerkrankungen) vorliegen, wird die Idee langsam konkret.
Doch Enttäuschungen sind trotz bester Vorbereitungen nicht auszuschließen: Ich kenne eine blonde Hündin, die ihre Hauptkörung mit Bravour bestand, doch dann wurde auf einer Schau eine leichte Rutenanomalie festgestellt. Die Entscheidung der Zuchtleitung nach dem Einholen eines Röntgengutachtens: »Nicht zur Zucht zugelassen!« Eine erfolgreiche Züchterin behielt eine wunderschöne schwarzmarkene Hündin aus dem letzten Wurf, um mit ihr eines Tages weiterzuzüchten. Ein zuchtausschließender Zahnfehler machte alle Hoffnungen zunichte. Eine knochenstarke schwarze Hündin wurde abgekört, weil sie einen kleinen weißen Fleck in der Bauchnabelgegend aufzuweisen hatte. Leider nicht zuchttauglich! Solche Beispiele gibt es viele. Letztlich gehört auch viel Glück dazu, um aus einem jungen Hovawart irgendwann einen Zuchthund nach den strengen Vereinsvorgaben werden zu lassen. Was bedeutet das Zuchtvorhaben für Rüden- und Hündinnenbesitzer nun ganz konkret?

Der Deckrüde

Anforderungen an den künftigen Deckrüden und seine Besitzer

Anders als in anderen Rassen ist der Einsatz eines Deckrüden bei Hovawarten begrenzt. Besonders gute Vererber kommen maximal auf fünf Deckakte im Inland und bei sehr gefragten Rüden vielleicht noch wenigen mehr im Ausland. Danach wird etwa im RZV die Nachkommenschaft ganz genau unter die Lupe genommen, was z. B. die HD-Rate betrifft. Im Einzelfall kann die Zuchtleitung danach weitere Deckeinsätze genehmigen (im RZV im Höchstfall insgesamt 10), doch dies ist eine seltene Vorgehensweise und betrifft nur absolute Spitzenrüden, die in allen Belangen herausragend vererben.
Bei Hovawarten wird viel Wert auf den Erhalt der genetischen Vielfalt gelegt, was den Forderungen an eine moderne, kontrollierte Rassehundezucht im Hinblick auf die Eindämmung von Erbkrankheiten absolut entspricht. So wird der Inzuchtgrad des Bestandes nicht in die Höhe getrieben, sondern der Anteil nicht oder kaum miteinander verwandter Tiere auf eine relativ breite Basis gestellt. Das Präsentieren eines einzigen Spitzendeckrüden und seiner 300 Nachkommen auf einer Zuchtschau, wie es etwa bei Deutschen Schäferhunden als normal gilt, wäre bei Hovawarten ein Ding der Unmöglichkeit!

Die Vorstellung, ein Rüde müsse in seinem Leben mindestens einmal gedeckt haben, um ein glückliches, gesundes Hundeleben zu führen, ist (im Gegensatz zur veralteten Meinung bezüglich des Werfens) zum Glück kaum verbreitet und auch unsinnig. Weder für seine Wesensentwicklung noch für seinen Gesundheitsstatus müsste Ihr Hovawartrüde jemals Vater geworden sein. Fakt ist aber, dass das Belegen einer Hündin sein Selbstbewusstsein enorm steigern kann – und dies wird sich unter Umständen auch in Bezug auf andere Rüden durchaus auswirken!

Erfahrene Deckrüden reagieren auf die Duftspuren heißer Hündinnen in ihrem Revier stärker als solche ohne erfolgreiche Deckversuche. Jeder Rüdenbesitzer sollte sich aber nicht nur diesbezüglich im Klaren sein, sondern sich selbstkritisch fragen, ob sein Rüde wohl dazu taugen würde, die Rasse zu verbessern oder sie durch seine Nachkommen zumindest auf einem sehr hohen Niveau zu halten. Denn jeder Wurf formt die Rasse im Kleinen und entscheidet im Großen ein wenig über ihre Zukunft mit. Die Welpen Ihres heutigen Hundes sind schließlich die Urgroßeltern von morgen, wenn von ihnen wieder Nachkommen in die Zucht gelangen.

Wie schnell es mit einer Rasse bergab gehen kann, wenn nur nach Championtiteln geschielt wird, ohne hervorragende Wesens- und Gesundheitsmerkmale des Qualitätsmittelfeldes im Schönheitsbereich züchterisch genügend zu beachten, mussten Anhänger einiger Modehundrassen in den letzten Jahren schmerzhaft erfahren. So kann es durchaus sein, dass ein Rüde zwar formal die Zuchtvoraussetzungen erfüllt hat, aber dennoch nicht von seinem verantwortungsbewussten Besitzer eingesetzt wird, weil er ihn zum Beispiel für zu heftig im Umgang mit anderen Rüden hält und diese Eigenschaft nicht vererbt sehen möchte (wobei die Anteile von Genetik und falscher Führung an diesem Problem allerdings kaum auseinander zu halten sind).

Der Rüde wurde angefordert

Ist alles okay, hat ein Züchter Interesse bekundet und die Zuchtleitung grünes Licht gegeben, wird es aufregend: Wann wird die Hündin hoch läufig sein und stehen, sich also deckbereit zeigen?

Deckrüdenbesitzer müssen ihre Vererber in sehr guter körperlicher Verfassung, bestens gepflegt und natürlich frei von Parasiten halten, viel bewegen und gut füttern, denn das Decken ist anstrengend und verlangt Kondition. Untrainierte und übergewichtige Rüden streichen nach den ersten erfolglosen Versuchen schnell erschöpft die Segel!

Doch nicht nur das, Deckrüdenbesitzer sollten zeitlich flexibel sein: Es wurden schon Sommerurlaube umgebucht, Weihnachtsfeiern verschoben und die verrücktesten Treffen auf Parkplätzen oder Hotelhinterhöfen auf halber Ferienstrecke vereinbart, denn der Zyklus der Zuchthündin gibt nun einmal die Termine für das bevorstehende Hovawartrendezvous exakt vor. Vom unbedarften Deckrüdenbesitzer etwa zu hören, »… tut mir Leid, am 14./15. Mai können wir nicht, da müssen wir zu einer Hochzeit«, wie es uns schon passierte, kann einen Züchter rasend machen!

Schlimm sind Hündinnenbesitzer, die nur einen Tag Urlaub einplanen und meinen, das Decken müsse unbedingt sofort klappen. Auch in diesen Situationen zeigt sich bei aller Instinktsicherheit der Hovawarte wieder, wie anfällig diese feinfühligen Hunde für Stimmungsübertragungen sind: Signalisieren die anwesenden Zweibeiner vielleicht Stress, Unbehagen, Leistungsdruck? Werden die Menschen langsam ungehalten, wenn sich die Hunde Zeit nehmen und sie die Rituale wie das Verfolgen der Hündin, das wilde Spielen, das löwenähnliche Gebrüll der Hundedame, das Aufschlecken und Durchschmecken ihres Urins mit klappernden Zähnen als überflüssig empfinden? Deckrüdenbesitzer brauchen ein ebenso dickes Fell wie ihre Hunde es haben, was merkwürdiges Verhalten von Hündinnenbesitzer angeht. Und sie sollten sich vor allem die Entscheidung darüber vorenthalten, ob ihnen selbst die Hündin, die geschilderten Aufzuchtbedingungen und die künftigen Paten der Kinder ihres Rüden gefallen!

Die Meinung, Züchter seien ja eigentlich nur die Hündinnenhalter, Deckrüdenbesitzer selbst hätten mit dem Ganzen kaum etwas zu tun, greift eindeutig zu kurz. Nicht zuletzt deshalb werden die Fortbildungsveranstaltungen der Vereine für Züchter und Deckrüdenbesitzer gleichermaßen angeboten. Der Rüde steuert schließlich die Hälfte des Erbgutes bei und sollte nicht hergegeben werden für Verpaarungen oder Zuchtambitionen, die in irgendeinem Punkt nicht stimmig erscheinen.

Nicht selten werden »schlechte« Würfe nur dem Rüden angekreidet, was an den Erbgesetzen absolut vorbei geht. Eine schlechte Aufzucht schadet dem Ruf des Welpenvaters, wenn seine Kinder dadurch Wesensmängel entwickeln.

Die Zuchthündin

Anforderungen an die Zuchthündin und ihre Besitzer

Die Entscheidung, ob mit der Hovawarthündin gezüchtet werden sollte oder nicht, darf nicht auf die leichte Schulter genommen werden. Ein Wurf fordert den Hund und seine Familie über Wochen enorm. Es stellt sich nicht nur die Frage, ob die Hündin zur Rasseverbesserung in den Punkten Wesen, Erbgesundheit und Exterieur beitragen kann, sondern ob ihre Betreuer den Anforderungen ebenso gerecht würden. Kynologisches Know-how, Menschenkenntnis, Platz, Geld und viel Zeit sind nötig, um auch einen großen Wurf von zwölf Welpen aufzuziehen und tierärztlich betreuen zu lassen. Auch die Wohnverhältnisse müssen die Aufzucht in Haus und Garten erlauben. Züchter sollten in der Lage sein, umzuplatzierende Nachzuchthunde aus ihrem »Zwinger« später notfalls (und sei es für begrenzte Zeit) zurückzunehmen. Über mindestens zwei Monate werden alle anderen Verpflichtungen aus dem Züchteralltag gestrichen. Für echte Hundefans wird die Ausnahmesituation Wurfaufzucht allerdings zur schönsten Zeit des Jahres!

Und die Hündin? Die Körungen hat sie mit Bravour bestanden, die vom Verein verlangten Mindestschauergebnisse mit links erbracht oder am besten übertroffen. Sie ist im besten Alter für den ersten Wurf: Normalerweise warten Hovawartzüchter mit dem ersten Belegenlassen bis fast zum Erreichen des dritten Lebensjahres, obwohl die Zuchtordnung den Zuchteinsatz ab einem Alter von 24 Monaten erlaubt. Auch über die vorgeschriebenen Erbgesundheitstests hinaus ist die Hündin in bester Verfassung. Sie ist wesensmäßig ein Schatz, gut sozialisiert, weder aggressiv oder hektisch noch ängstlich: Die Zuchthündin in spe ist das Ein und Alles ihrer Menschen. Diese nahmen an Züchterfortbildungen teil und es wurden drei Vorschläge für Zwingernamen bei der Zuchtleitung eingereicht, die diese an den Verband weitergab. Einer davon, hoffentlich die Wunschnennung, wird international geschützt. Ein Zuchtwart des Vereins kommt zu den künftigen Züchtern nach Hause, lässt sich zeigen, wo sie den Wurf aufziehen wollen, wie viel Platz für das Aufstellen der Wurfkiste zur Verfügung steht, wie der Auslauf gestaltet werden wird und notiert die festgestellten Einzelheiten. Erst wenn die geforderten Bedingungen für die Aufzucht vorhanden sind, erteilen die FCI-Hovawartvereine eine Zuchtgenehmigung.

Gehen wir davon aus, dass es nichts zu beanstanden gab und ideale Zuchtbedingungen geboten werden. Jetzt nimmt das Wurfvorhaben langsam Formen an und es wird ganz spannend!

Aufregende Deckrüdensuche

Was jetzt so langsam (oder schnell, je nachdem, wie lange die in Betracht gezogene Läufigkeit noch entfernt ist) gefunden werden muss, ist ein passender Deckrüde. Sicher gibt es bereits eine Vorstellung bezüglich des Kandidaten. Er soll wesensfest sein, eine bestimmte Farbe haben und vom Typ und von der Abstammung her zur Hündin passen. Kein Hund, auch kein Champion, ist perfekt: Welche Fehler bringt die Hündin, trotz guter Bewertungen, als Mitgift in die geplante Hovawartbeziehung ein? Was ist über die ins Visier genommenen Rüden und ihre Hundeverwandtschaft bekannt in punkto Gesundheit, Wesen und Aussehen? Wie steht es um die Werte der Zuchtwertschätzung in den diese Methode anwendenden Vereinen und mit dem Inzuchtkoeffizienten, der den Verwandtschaftsgrad der Zuchtpartner angibt?

Nach gründlicher Recherche und der Durchsicht aller vorhandenen Unterlagen wird Ihnen als Zuchtneuling vermutlich ein passender Rüde vorgeschlagen werden. Erfahrene Züchter wissen natürlich, welcher Rüde am besten zu ihrer Linie passte. Endlich kann Kontakt zu den Deckrüdenbesitzern aufgenommen werden, die Kopien seiner Ahnentafel, Kör- und Schaubewertungen sowie Fotos zuschicken. Selbstverständlich revanchieren sich die Hündinnenbesitzer mit den gleichen Unterlagen ihres Hovawarts. Optimal wäre es, schon vorm Deckzeitpunkt mit der Hündin zum Rüden zu fahren, ihn persönlich zu erleben und auch die Besitzer »abzuschnuppern«.

Die Hündin wird heiß

Ist die Hündin hormonell pünktlich wie die Feuerwehr, ist ziemlich klar, wann die nächste Hitze einsetzen wird. Unbedingt sollte vorher der Tierarzt eingeweiht werden, der durch verschiedene Methoden (Progesterontest und Scheidenabstrich) den idealen Deckzeitpunkt aufgrund des im Labor nachgewiesenen Eisprungs eingrenzen kann. Die Duldungsphase ist sehr indivi-

Langjährige Züchter können viele Anekdoten rings um die Deckabenteuer erzählen. Zeit und Geduld sollten unbedingt mitgebracht werden, um vielversprechende Ansätze nicht ungewollt zu vereiteln.

duell und besteht bei Hovawarten etwa zwischen dem neunten und dem 16. Tag der Hitze.

Die Taschen sind gepackt, Zuchtwart, Zuchtleiter und Deckrüdenbesitzer werden darüber informiert, dass es nun jeden Tag so weit sein kann. Und dann der erlösende Anruf des Tierarztes bzw. des Progesteronlabors: »Fahren Sie los! Die Werte nähern sich stark dem optimalen Decktermin!«

Nach einer hoffentlich angenehmen Fahrt darf sich die Hündin erst in Ruhe lösen, dann folgt das große Hallo mit heulendem Jubel, herzhaftem Gebrüll und Zähneklappern durch die vierbeinigen Hauptpersonen des Deckabenteuers!

Für den Verlauf des Deckgeschehens lassen sich kaum allgemein gültige Prognosen abgeben. Wenn der Deckzeitpunkt wirklich gekommen ist und sich die Hunde sympathisch sind, kann das Decken innerhalb einer Viertelstunde klappen. Andere Paarungspartner mögen sich zwar furchtbar gerne, flirten aber am ersten Tag des Beisammenseins nur heftig, ohne, dass sich die Hündin decken ließe. Jetzt heißt es, Ruhe zu bewahren und die Geduld nicht zu verlieren. Auch sollten den beiden Verliebten Auszeiten zum Erholen gegönnt werden. Erfahrene Rüden decken erst, wenn die Hündin wirklich passend duftet und verschwenden ihre Energie nicht mit hoffnungslosen Versuchen. Andere wollen unbedingt nur auf Spaziergängen decken, andere am liebsten nur im Wohnzimmer …

Das erste Belegen unserer blonden Hündin klappte nicht auf Anhieb im Garten des Deckrüden, also gingen wir gemeinsam spazieren. Eine Stunde verging mit erfolglosem Aufreiten, bis wir den Weg zurück einschlugen und glaubten, doch noch nicht den richtigen Tag erwischt zu haben. Ein neuer Versuch des Rüden, ein Aufschrei der Hündin – und das Decken vollzog sich an der Leine mitten auf einem Fußweg unweit einer belebten Straßenkreuzung, an der sich plötzlich der Verkehr staute! Eine Gruppe verdutzter Seniorinnen näherte sich der Szenerie und staunte nicht schlecht, als die Deckrüdenbesitzerin und ich strahlend versicherten, dieser Akt vollziehe sich ganz im Sinne unserer Hundefamilienplanung.

Das Decken hat geklappt

Hat das Eindringen funktioniert, wird die Hündin am Halsband gehalten, damit sie mit dem schweren Rüden auf dem Rücken nicht vorwärts geht. Nach dem Hängen, bei dem beide Paarungspartner fest miteinander verbunden sind und (oft nach ein wenig Hilfe beim Absteigen des Rüden) Po an Po stehen, lösen sie sich plötzlich nach einer Weile. Grob geschätzt kann das Hängen zwischen drei und 45 Minuten betragen, ist aber für den Deckerfolg nicht unbedingt notwendig. Die schwer verliebten Hovawarte toben danach nicht selten in freudigen Spielanfällen, nach ausgiebigem Belecken ihrer Genitalien, miteinander durch die Gegend. Die Hündin sollte jetzt eine Stunde Ruhe im Auto bekommen, auch darf sie sich am besten nicht sofort nach dem Deckakt lösen.

Viele Züchter verabreden für den nächsten Tag einen Termin für das Nachdecken, um die Wahrscheinlichkeit des Aufnehmens und möglicherweise auch die Wurfgröße zu erhöhen. Ob diese Maßnahme wirklich Erfolg hat, ist nicht gesichert, denn auch nur einmal gedeckte Hündinnen können viele Welpen zur Welt bringen. Aber warum sollte das Hovawartpaar seine Fortpflanzungsinstinkte nicht noch einmal ausleben dürfen?

Neuer Welpenzauber entsteht

Nun heißt es, in Ruhe abzuwarten und sich auf den ersten Welpenzauber zu freuen. Und wieder beginnen neue Hovawartlebensläufe, aber diesmal sind *Sie* mit *Ihrer* Hündin in der verantwortungsvollen Position, den kleinen Hovawarten als Züchter so ideale Startbedingungen zu ermöglichen, dass sie von ihren prägenden Erfahrungen ein ganzes Hundeleben lang zehren können. Wie abenteuerlich und herausfordernd! Ganz sicher gibt es für einen Hündinnenbesitzer kein intensiveres Erlebnis, als zusammen mit der Hovawartmutter (und vielleicht weiteren Hunden im Hausrudel) einen Wurf aufzuziehen.
Wenn Sie die Möglichkeit haben und alle Vorbedingungen erfüllt sind, werden Sie ein ganz intensives Zusammengehörigkeitsgefühl mit Ihrer Hündin erleben, das Ihnen andernfalls immer unbekannt geblieben wäre. Und wenn Sie dann noch Ihren Welpenkäufern mit Rat und Tat zur Seite stehen, haben Sie sich durch Ihren Entschluss, vom Hovawarthalter zum -züchter zu werden, um die Rasse verdient gemacht!

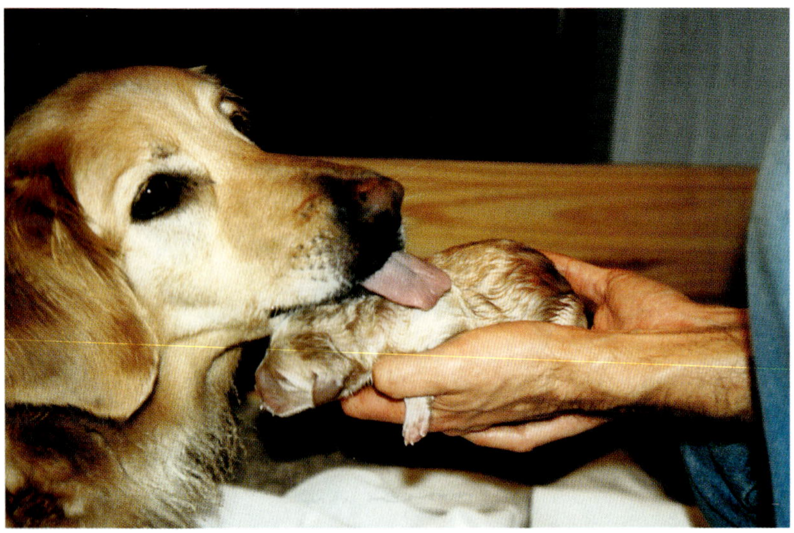

Wenn Sie gezüchtet haben, durften Sie in den goldenen Jahren Ihrer Hündin selbst das Entstehen neuen Welpenzaubers miterleben. Für begeisterte Hovawartliebhaber gibt es nichts Schöneres, als ihre Stammtiere in deren Ahnen weiterleben zu sehen.

Am Ende der goldenen Jahre

Egal, ob Rüde oder Hündin: Wenn sich die goldenen Jahre Ihres Hundes langsam dem Ende zuneigen und der Hovawart vom erwachsenen zum älteren Hund wird, ist es besonders rührend, seine einstige Jugend in den Gesichtern und im Verhalten seiner Nachkommen wiederzuentdecken. Möglicherweise haben Sie einen Hovawartwelpen aus eigener Nachzucht behalten und werden mit ihm eines Tages weiterzüchten. So entsteht das Gefühl, das unaufhaltsame Vergehen ein wenig überlistet zu haben, denn Ihr Stammhovawart lebt in seinen Hovawartsöhnen und -töchtern fort. Die einst aufflackernde Ideen vom Hovawartzüchten wird vielleicht auch für Sie von Wurf zu Wurf immer mehr zur Lebensaufgabe, um die sich irgendwann (fast) alles dreht.
Haben Sie nicht gezüchtet, werden die goldenen Jahre für Sie weniger turbulent verlaufen sein. Was Sie dennoch genießen konnten, war sicher ein starkes Zusammenwachsen mit Ihrem Hovawart, bei dessen Begleitung ins Erwachsenenleben Sie vielleicht Lehrgeld zahlten, aber das Ergebnis alle Mühen rechtfertigte. Ihr nun längst erwachsener Hovawart brachte Ihnen garantiert sehr viel über Hunde und ihre Bedürfnisse bei – weit mehr, als jedes Buch und jeder Artikel Ihnen vermitteln konnte.
Auch ohne Zuchtambitionen haben Sie vielleicht in Ihrem Hovawart- oder Hundesportverein ein Amt übernommen oder Sie stehen als echter Fan dieser Rasse anderweitig in Kontakt mit der »Hovawartszene«. Wenn Sie jetzt dankbar auf die vergangenen Jahre zurückblicken, können Sie sich auf jene freuen, die Sie noch auf der gemeinsamen Wegstrecke vor sich haben – trotz aller Melancholie, die Sie jetzt beim Ansehen Ihres Hovawarts an seiner Schwelle zum Seniorenalter mit ziemlicher Sicherheit hin und wieder beschleichen wird.

V. Der Lebensabend

Vom 8. Lebensjahr bis zum Abschied

Der ältere Hovawart, hier eine neunjährige Hündin, gehört noch lange nicht zum alten Eisen. Vitalität, Spiel- und Bewegungsfreude bleiben ihm lange erhalten. Der Übergang zum Seniorenalter muss liebevoll begleitet werden.

In die Jahre gekommen

Irgendwie ist es nicht zu fassen: Da springt Ihr Hovawart wie ein Gummiball neben Ihnen auf und ab, weil Sie gleich sein Lieblingsspielzeug werfen werden, und dabei ist er schon so reich an Jahren und längst kein junger Hund mehr! Immer noch wirkt dieses Ihnen so vertraute Hovawartgesicht wahnsinnig verschmitzt. Auch jetzt noch funkeln die vielleicht nur bei bestimmtem Lichteinfall ganz wenig trüb wirkenden Augen so temperamentvoll und unternehmungslustig. Der Schock über unausweichliche Alterungsanzeichen, verbunden mit den ersten Rücksichtnahmen, sitzt tief. Irgendwie sind wir Hovawartbesitzer derartig verwöhnt und reich beschenkt gewesen mit der unbändigen Lebens- und Bewegungsfreude unserer Hunde, dass wir den Gedanken an den Lebensabend des pelzigen Begleiters gerne auf »irgendwann später« verschieben. Gerade weil der vitale Hovawart selbst im Alter oft noch so jugendlich wirkt, zieht der Gedanke an den Abschied das Herz so stark zusammen. Hovawarte altern wie gute Weine: Sie werden von Jahr zu Jahr besser, und ihre Freundschaft wird gleichzeitig immer kostbarer.

Der Hovawart geht in Rente

Das Ende des Zuchtalters

Wenn Sie eine in Würde gealterte Hovawartzuchthündin Ihr Eigen nennen, ist sie jetzt im verdienten Zuchtruhestand, denn der letzte ihrer maximal drei, in wenigen Ausnahmefällen vier Würfe würde ihr nur bis zum vollendeten achten Lebensjahr bewilligt werden. Hovawartrüden dürften allerdings noch in hohem Lebensalter decken, wenn sie gesund und vital sind und noch nicht zu häufig eingesetzt wurden. Die Zuchtverwendung älterer, konditionsstarker Rüden ist durchaus gerechtfertigt, wird die Langlebigkeit der Rasse als vorrangiges Zuchtziel betrachtet. Schließlich haben diese Vererber bereits bewiesen, dass sie ohne gravierende Erkrankungen durchs Leben gingen. Ihre bisherigen Nachkommen werden auch keine Erbdefekte aufweisen, die zum Zuchtausschluss ihres Vaters geführt hätten. Eine bessere Visitenkarte können sich Hündinnenbesitzer für die Zucht kaum wünschen!

Reif für die Veteranenklasse

Auf Ausstellungen geht es für die älter gewordenen Hunde ab dem achten Lebensjahr nun in den Seniorenring. Leider ist die Veteranenklasse (auf internationalen Zuchtschauen spricht man vom Veteranen-Wettbewerb) der meisten Schauen kaum besetzt, denn wie in der Jüngstenklasse warten auch hier keine Formwertnoten oder Anwartschaften mehr auf die Teilnehmer. Das heißt: Es geht wieder »nur« um die Ehre, aber nicht mehr um das Erfüllen von Voraussetzungen für einen Championtitel. Für überzeugte Züchter ist es allerdings trotzdem ein Anliegen, ihre immer noch schönen, wenn auch um den Fang nun weiß gewordenen Lieblinge einem interessierten Publikum zu zeigen. Einen Richterbericht bekommt auch jeder Hovawartsenior, wobei zum Schluss im Stechen im Rüden- und im Hündinnenring getrennt die Veteranensieger gekürt und dem Publikum durch Erläuterungen des Urteils vorgestellt werden. Am Stechen um den Best of Breed (BOB), den besten Hovawart der Ausstellung, nehmen die betagten Hunde allerdings nicht teil, obwohl sie in der Ausstrahlung so manchen jungen Hüpfer locker übertreffen könnten! Bei ihrer Bewertung steht dem Richter zwar nach wie vor der Rassestandard als Messlatte zur Verfügung, doch der Pflegestatus des Haarkleides, der Gebisszustand und die Klarheit der Augen sowie die Gesamtkonstitution fließen verstärkt in die Beschreibung ein.

Kürzer treten im Hundesport

Im Hundesport fristen die erfahrenen, alten Hovawarte eher ein Schattendasein, denn es gibt außer im Agility (Kategorie »Maxi Senioren«) keine Altersklassen, in denen ihr fortgeschrittenes Lebensalter berücksichtigt würde. Hohe Hürdensprünge beim Apportieren in der VPG-Unterordnung oder der Parcours im Turnierhundesport scheiden mit zunehmendem Alter des Hovawarts als Beschäftigungsinhalte immer mehr aus. Disziplinen, bei denen Konzentration und Erfahrung und keine akrobatischen Herausforderungen den Ausschlag geben, können dem ergrauten Sportsfreund dagegen immer noch ebenso viel Freude bereiten, wie in jungen Jahren. Gut geeignet sind zum Beispiel das Fährten und Obedience. Auch den Geländelauf über 2000 Meter im Rahmen des Turnierhundesports kann ein gut trainierter, gesunder Hovawart jenseits des zehnten Lebensjahres problemlos absolvieren. Er wird seinen Hundeführer

dabei immer noch locker abhängen, wenn dieser es darauf ankommen lässt.
Unser alter Rüde liebte die Hindernisbahn beim Turnierhundesport auch nach seiner aktiven Zeit so sehr, dass er beim Laufen der Unterordnung auf dem Übungsplatz in der Freifolge einmal plötzlich ausbrach, zum ersten Sprung rannte und in Überschallgeschwindigkeit einen akkuraten, vollständigen Hindernislauf absolvierte – allerdings ohne meinem verblüfften Mann, und sehr zur Belustigung des Publikums und des Leistungsrichters!
Einige Hovawartvereine (etwa RZV und ÖKH) führen seit Jahren regelmäßig so genannte Veteranenfestivals durch, auf denen die Freude am alten Hovawart im Vordergrund steht und nicht der sportliche Ehrgeiz.

Fütterung und Gesundheitsfürsorge im Seniorenalter

Auf altersgemäße Fütterung umsteigen

Spätestens ab dem achten Lebensjahr Ihres Hovawarts wird es sinnvoll, auf die Fütterung von Fertigfuttersorten speziell für Hundesenioren umzustellen. Diese sind dem (im Vergleich zu erwachsenen Hunden in den besten Jahren) um etwa 20 Prozent reduzierten Energiebedarf angepasst, besonders gut verdaulich und in vielen Fällen auch noch antiallergen auf Reis und Geflügelbasis hergestellt. Da Übergewicht Herz, Kreislauf und Gelenke stark belasten würde, ist es ratsam, den betagten Hovawart schlank zu halten. Eine gute Figur meint nicht klapperdürr, sondern so gut genährt, dass sich die Rippen, das Brustbein, die Hüfthöcker und die Wirbelsäule problemlos ertasten lassen.
Nicht nur bei Fettleibigkeit (Adipositas), sondern auch bei chronischen Erkrankungen, etwa der inneren Organe, kann eine gezielte Diät die tierärztlichen Maßnahmen hervorragend unterstützen. Ob Leber-, Nieren-, Bauchspeicheldrüsen-, Herz- oder Gelenkprobleme: Die Futtermittelindustrie hat in enger Zusammenarbeit mit kynologischen Forschungszentren für viele Fälle das passende Futter im Programm. Diese speziellen Zusammenstellungen gibt es allerdings meistens nur beim Tierarzt, und entsprechend hoch fallen die Rechnungen aus. Oftmals kann aber in Absprache mit dem Veterinär über die Beimengung von Reis, Geflügelfleisch, Pansen, gegartem und frischem Gemüse, hochwertigen Ölen mit ungesättigten Fettsäuren oder Hüttenkäse die teure Spezial-Nahrung gestreckt werden. Abwechslung im Napf macht Futtermäklern Appetit! Wenn der alte Hovawart das Diät-Futter gut verträgt, es gerne frisst und so zu mehr Lebensqualität gelangt, wird aber wohl kaum jemand sich ernsthaft über den Preis für die Diätmaßnahmen oder über den Aufwand beim Selbstkochen beklagen. Hauptsache, dem geliebten Hundesenior kann geholfen werden! Um den Verdauungstrakt und das Herz des alten Hovawarts zu entlasten sowie Magendrehungen vorzubeugen, sind wie im Welpenalter mehrere kleine Mahlzeiten pro Tag besser als wenige große.

Erste Alterungsanzeichen

Natürlich werden auch unsere altersfrischen Hovawarte nicht jünger, aber zum Glück mutieren sie ja nicht über Nacht zu Senioren. Äußerlich ist etwa ab dem neunten Lebensjahr ein stärkeres Weißwerden der Fangpartie auffällig, das schon ab dem fünften Lebensjahr (je nach Veranlagung) ganz, ganz langsam seinen Lauf nahm. Bei blonden und schwarzmarkenen Hunden fällt dieser Vorgang wegen des geringeren Kontrastes zum

Eibhilin vom Quellenhof, eine gepflegte Hovawartseniorin aus deutschschweizerischer Zucht. In Ehren zu ergrauen, war dieser Hovawartdame voller Würde an der Seite einer blonden Junghündin vergönnt.

restlichen Fell weniger ins Auge, was sie oft jünger als die schwarzen Hovawartkollegen mit weißem Bart gleichen Alters aussehen lässt. Der Kopf wirkt jetzt schärfer in seinen Konturen. Gleichzeitig ist das Bindegewebe weniger fest, was sich vor allem an den nicht mehr ganz so straffen Lefzen bemerkbar macht, die unseren Hund einst schmückten.
Hochbetagte Hovawarte ab dem zwölften Lebensjahr fallen oftmals in den Flanken deutlich ein, und die Hüfthöcker werden fühl- und sichtbarer. Die unteren Schneidezähne (Incisivi) zeigen auch bei bester Pflege Abnutzungserscheinungen, und das Haarkleid verliert an Glanz und Geschmeidigkeit.

Einschränkungen der Beweglichkeit

Das Aufstehen nach längeren Ruhephasen kann dem Hovawartsenior jetzt Mühe machen, viele von einer Hinterhandschwäche betroffenen Hunde laufen sich nach einer Weile ein und traben dann weiter, ohne zu lahmen. Trotzdem sollten solche Beobachtungen dem Tierarzt mitgeteilt werden. Die Neigung zu Bänderan-, -durch- oder -abrissen im Kniegelenk verstärkt sich im Alter: Lahmt der Hovawart plötzlich nach einer heftigen Aktion (hoher Sprung, starkes Abbremsen) und will er mit einer Pfote nicht mehr auftreten, schwillt daraufhin das Gelenk an und wird ganz warm, ist mit einem solchen Befund zu rechnen. Ein Riss z. B. des Kreuzbandes muss in den meisten Fällen operiert werden und zieht wochenlangen, strikten Leinenzwang sowie ein totales Tobeverbot nach sich. Krankengymnastik für Hunde, insbesondere in Verbindung mit Aquatherapie, fördert die Genesung. In vielen Fällen ist leider durch die Fehlbelastung des anfangs gesunden Laufes mit einer gleichen Symptomatik im Gelenk auf der anderen Seite zu rechnen.
Problematisch wird es, wenn durch die wochenlange Schonung die Muskulatur so stark abgebaut wird, dass das Aufstehen aus dem Liegen und das Laufen immer anstrengender wird. Ein Teufelskreis entsteht: Je weniger der alte Hovawart bewegt wird, desto stärker bauen sich die Muskeln ab und desto weniger belastbar wird sein Bewegungsapparat. Physiotherapie kann die Lebensqualität in solchen Fällen entscheidend verbessern helfen.
Das Treppenlaufen und das Auto-Ein- und Aussteigen könnte jetzt für den Hovawart mit Beschwerden verbunden sein, vor allem, wenn er an HD oder an einem Rückenproblem leidet. Entweder wird er ins Auto gehoben oder er steigt über ein Brett bzw. eine professionelle Einstiegsplanke ein, die der Fachhandel bereit hält. Bei Erkrankungen des Bewegungsapparates können niedrig dosierte Schmerzmittel lebensverlängernd wirken, wobei in Absprache mit dem Tierarzt die möglichen Nebenwirkungen mit in die Waagschale geworfen werden müssen.
Der Tellington-Touch®, eine bewährte Massagemethode aus den USA, kann nicht nur solche Beschwerden lindern helfen und die Durchblutung verbessern, sondern wirkt sich auch positiv auf die seelische Verfassung des Hundes aus.

Diese zehn Jahre alte Hündin ist immer noch mobil und gut auf den Läufen. Ziehen turbulente Aktionen schmerzhafte Lahmheiten nach sich, muss an einen Bänderriss gedacht werden, der wochenlangen Leinenzwang bedeutet.

Verstärkt auf Krankheitsanzeichen achten

Bei beiden Geschlechtern sollten Sie jetzt aufmerksam darauf achten, ob Ihr Hovawart auffällig mehr trinkt als sonst und unter unerklärlicher Übelkeit mit möglichem Erbrechen leidet. Vielleicht stecken **Niereninsuffizienz**, eine **Diabetes mellitus** oder bei der unkastrierten Hündin eine **eitrige Gebärmutterentzündung (Pyometra)** dahinter, die oft in einer Zwangskastration mündet, weil Antibiotikagaben nicht mehr ausreichen, um eine Selbstvergiftung des Organismus zu verhindern. Auch plötzliches, scheinbar grundloses Lahmen der Hintergliedmaßen kann eine Organerkrankung anzeigen und muss nicht zwangsläufig den Knochen, Gelenken, Sehnen oder Bändern zugeschrieben werden. Husten, merkwürdige Atemgeräusche, ein veränderter Bellklang und nachlassende Leistungsfähigkeit sind möglicherweise Hinweise auf Wasser in der Lunge, eventuell verursacht durch eine **Erkrankung des Herzens**. Es gibt heute, vor allem in Städten mit Tierärztlichen Hochschulen, Herzspezialisten für Kleintiere, die entsprechende Diagnosemöglichkeiten haben und technisch hervorragend ausgerüstet sind.

Mit zunehmendem Alter nehmen auch **Tumorneigung** und **Infektanfälligkeit** zu. Bei Hündinnen sollten Sie immer wieder die Milchleiste auf Veränderungen und Knötchen kontrollieren. Betroffene Gesäugeabschnitte werden entweder einzeln operiert, oder der Tierarzt wird die Milchleiste zur Vorsicht komplett chirurgisch entfernen. In jedem Fall sollten Sie die Gewebeveränderung im Labor histologisch auf ihre Gefährlichkeit untersuchen lassen. Längst nicht alle Tumoren sind lebensbedrohlich oder bilden Metastasen aus! Selbst, wenn die niederschmetternde Diagnose »**Krebs**« lautet, können Ihrer erkrankten Hündin durch die rechtzeitige Behandlung wahrscheinlich noch einige beschwerdefreie Lebensjahre vergönnt sein, sofern durch **Metastasen** noch keine weiteren Organfunktionen in Mitleidenschaft gezogen wurden.

Von den Fortschritten der Humanmedizin profitiert auf diesen Spezialgebieten auf jeden Fall auch die Tiermedizin. Ob harmlose Feigwarzen oder Besorgnis erregende Hautveränderungen: Auffälligkeiten erfordern immer die Begutachtung durch einen Fachmann, der mit solchen Symptomen, ihren Ursachen und ihrer Behandlung vertraut ist.

Selbstverständliche Rücksichtnahme

Der erhöhten Infektionsneigung kann durch Vorsichtsmaßnahmen begegnet werden: Der alte Hovawart darf selbst an warmen Tagen nach einem genüsslichen Bad in der Natur nirgendwo Zugluft ausgesetzt werden. An sehr kalten Wintertagen mit klirrenden Temperaturen sind Apportierspiele draußen tabu, weil der Hund dabei fast automatisch Schnee aufnimmt und viel durch den Fang atmet, ohne die Atemluft in der Nase vorzuwärmen. Eine Bronchitis bis hin zur lebensgefährlichen Lungenentzündung könnte die Folge sein. Im Haus möchte der Hovawart vor allem in der kalten Jahreszeit eine warme, weiche und stets trockene Lagerstätte vorfinden. Nach Regenspaziergängen wird er noch gründlicher abgetrocknet als je zuvor. Geradezu Gift für den Hovawartkreislauf sind Sommerspaziergänge in den heißen Stunden des Tages. Die Gassirunden sollten in die frühen Morgen- und späten Abendstunden verlegt werden. Ganz besonders gilt dies für gesundheitlich angeschlagene, geschwächte Hovawarte. Nehmen Sie Abstand von Sommer-Autofahrten mit dem Hund an Bord, wenn Ihr Wagen keine Klimaanlage hat. Niemals darf der überhitzte Hund in ein eisiges Gewässer zum Abkühlen steigen. Besonders bei (eventuell bis dahin unentdeckten) Vorschädigungen seines Herzens droht sonst ein dramatisches Herz-/Kreislaufversagen. Da jeder Transport auch mit Stress verbunden ist, möchte der alte Hovawart vor allem in der heißen Jahreszeit keine langen Reisen mehr unternehmen, die nicht zwingend nötig sind. Auch Urlaub zu Hause kann sehr erholsam sein!

Nachlassende Sinnesleistungen

Das Gehör des alten Hovawarts kann sich im Alter merklich verschlechtern und zu anscheinendem Ungehorsam führen. Vielleicht hat Ihr inzwischen schwerhöriger Hund Sie aber einfach nur akustisch nicht verstanden? Jetzt zahlt sich aus, wenn in der Jugend des Hovawarts viel mit Sichtzeichen gearbeitet wurde: Über sie lässt sich, sofern der Hund noch gut sieht, auch auf Distanz vermitteln, welches Verhalten gerade von ihm erwartet wird. Unerklärliches Anbellen, Schreckhaftigkeit oder Angst vor eigentlich vertrauten Gegenständen und Personen könnte ihren Grund in nachlassender Sehfähigkeit haben. Sollte der Hovawartsenior etwa durch den Altersstar (Cataracta senilis) langsam erblinden, kann ihm ein Artgenosse an seiner Seite zur

Geruchsorientierung dienen. Bei dieser häufigen Altersform der Linsentrübung kommt es durch eine Sauerstoffunterversorgung des Augenlinsengewebes zu einer morphologischen bzw. kristallinen Veränderung. Wenn Sie Ihren alten Hovawart anschauen, fällt die mit der Zeit dichter werdende, rauchige oder milchige Eintrübung der Linse auf. Wichtig für einen sehbehinderten Hund ist es, dass wesentliche Dinge im Haus an Ort und Stelle bleiben, um ihn nicht zu verwirren. Plötzlich verstellte Möbel, an denen er sich stoßen könnte, würden ihn andernfalls erschrecken.
Der hervorragende Geruchssinn kann die nachlassende Sehfähigkeit im Alter recht gut kompensieren. Ein sehbehinderter Hund leidet vermutlich weniger, als wir denken, unter seinem Handicap. Der Tierarzt wird über die Behandlungsmöglichkeiten informieren und den Hovawart an einen Spezialisten überweisen, wenn nötig.

Der Tierarzt Ihres Vertrauens

Was mit zunehmendem Alter des Hovawarts gebraucht wird, ist nicht nur eine gute Beobachtungsgabe für eventuell entstehende gesundheitliche Probleme sowie der Wille, auf die nachlassende Leistungsfähigkeit des Hundes Rücksicht zu nehmen. Ganz wichtig wird jetzt auch ein Tierarzt Ihres Vertrauens, der sich Zeit nimmt für die Behandlung Ihres Hundes und Sie wirklich gründlich, offen und ehrlich berät. Ich habe es immer wieder erlebt, dass vom Hundebesitzer geschilderte Symptome nicht ernst genommen wurden und die Ursachenforschung nur oberflächlich geschah.
Der Grund liegt oft darin, dass manche Tierärzte sich scheuen, auch kostenintensivere Untersuchungen und Behandlungen einzusetzen, doch schließlich wollen wir unserem Hovawart doch möglichst effektiv helfen lassen und nicht vorrangig möglichst preiswert!
Wenn Sie das Gefühl haben, es seien noch nicht alle Diagnoseverfahren ausgeschöpft, dringen Sie darauf, dass doch noch ein großes Blutbild, eine Ultraschalluntersuchung oder ein Röntgenbild gemacht werden. Ich weiß von vielen Hovawartbesitzern, die sich mit Nachdruck wie Löweneltern für die Durchführung weiterer Maßnahmen einsetzten, die der Tierarzt von selbst nicht anbot. Selbstverständlich schätzen Veterinäre es in der Regel nicht, wenn die Patientenbesitzer mit fertigen Diagnosen und Behandlungsvorstellungen die Tierarztpraxis betreten, aber wir sollten die Verantwortung für unseren kranken Hund niemals an der Praxistür abgeben.
Heutzutage bietet vor allem das Internet mit seinen zahlreichen Chatforen eine gute Informationsplattform, wenn es um das Einholen von Erfahrungsberichten geht – dies gilt auch hinsichtlich von Erkrankungen des geliebten Vierbeiners. Jeder Hovawarthalter sollte zum Fachmann für das werden, woran sein Hund leidet. Dies versetzt ihn in die Lage, dem Tierarzt – zumindest, was das ungefähre theoretische Wissen betrifft – auf Augenhöhe zu begegnen und mit ihm gemeinsam nach den idealen Strategien zu suchen, um dem Hund zu helfen. In Zweifelsfällen können andere Tierärzte bzw. Spezialisten aufgesucht werden, um Diagnosen und Behandlungsvorschläge abzusichern. Dies gilt insbesondere, wenn sich eine Erkrankung als lebensbedrohlich herausstellt oder gar wegen einer chronischen Krankheit zum Einschläfern geraten wird. Dies ist keine misstrauische Untreue, sondern reine Vorsicht: Auch Tierärzte können sich irren. Es geht aber hier um nichts Geringeres als um Ihren Hovawart! Schließlich hat Ihr Hund sich ein Leben lang für Sie und Ihre Familie eingesetzt. Jetzt gilt es, ihm seine treue Loyalität zurückzuzahlen.

Der Umgang mit dem weisen Hovawart

Den alten Hund bei Laune halten

Zur Lebensqualität Ihres Hovawartseniors gehört dementsprechend nicht nur sein körperliches, sondern ebenso sein mentales Wohlbefinden. Besonders ihr Leben lang sportlich geführte Hovawarte leiden nach dem Ausscheiden aus dem Wettkampf- und Trainingsgeschehen unter Beschäftigungsmangel. Sie zum alten Eisen zu zählen, nur weil die höchsten Punktzahlen nicht mehr erreichbar sind, wäre Verrat an ihrem Bemühen, vor allem in den goldenen Jahren immer ihr Bestes zu geben. Ältere und alte Hovawarte brennen auch jetzt noch geradezu auf Herausforderungen: Es ist eine Freude, die Augen der betagten Herrschaften nur so blitzen zu sehen, sobald sie z. B. nach längerer Pause wieder ihren vertrauten Hundeplatz betreten. Es muss aber nicht unbedingt diszipliniertes Arbeiten sein: Die tempe-

ramentvollen Charaktere lieben wildes Spielen mit Ihren Zweibeinern bis ins ganz hohe Alter! Neue Tricks und alte Lektionen halten den ergrauten Hovawart wach und interessiert.
Sollten das schnelle Verknüpfen und die Konzentrationsfähigkeit vielleicht etwas nachgelassen haben, so ist Ihr Hund dennoch fähig, noch zu lernen! Da er schon als Welpe erfahren hat, dass sich das Mitmachen lohnt und Spaß macht, wird seine Begeisterung selbst im Alter dafür entflammbar sein. Auch wenn der Hovawart nicht in der Lage ist, durch das Lösen komplizierter Kreuzworträtsel und ausgiebige Zeitungslektüre seine kleinen grauen Zellen in Schwung zu halten: Ob durch Suchspiele im Haus und im Garten, bei denen er Spielzeuge finden und apportieren soll, die so genannte Höridentifikation (z. B. das Heraussuchen eines gewünschten Gegenstandes aus einer ganzen Anzahl verschiedener Dinge), das Ausarbeiten von Fährten unterwegs und zu Hause oder das richtige Anzeigen eines mit Namen genannten Zweibeiners – es gibt viele Möglichkeiten, selbst körperlich eingeschränkte Hovawarte zu motivieren und bei Laune zu halten. Zusätzlich wirkt das regelmäßige Treffen netter Artgenossen anregend und ist buchstäblich reizvoll: Harmonische, vertrauensvolle Sozialkontakte unterstützen nicht zuletzt das Immunsystem und halten den alten Hovawart deshalb auch körperlich länger fit.

Diese zwölf Jahre alte Hündin ist noch hellwach! Ein Hovawart, der ein abwechslungsreiches Leben führte, möchte auch im letzten Lebensabschnitt motiviert und altersgerecht beschäftigt werden.

Alterseinfälle und -ausfälle

Auch im Gehirn eines Hundes macht sich der fortschreitende Abbau von Zellen bemerkbar, und sogar die Alzheimer-ähnliche Demenz mit Verwirrtheit, Vergesslichkeit und unangemessenen Reaktionen wurden von Wissenschaftlern in Bezug auf alte Vierbeiner schon beschrieben. Medikamente können zur Besserung beitragen.
Ich habe immer wieder festgestellt, dass unsere alten Hovawarte mit der Zeit ihre typischen Wesenszüge verstärkt zeigten. Freude, aber auch Unmut verliehen sie weit deutlicher Ausdruck, als noch in jüngeren Jahren. Dazu kam ein fast störrisches Beharren auf eingeschliffenen Ritualen, was uns Menschen immer wieder zum Schmunzeln brachte. Ich kann mich gut daran erinnern, wie zuverlässig etwa unser schwarzmarkener Rüde im Alter meine Schreibtischzeiten zu Hause kannte. Mit aufforderndem Blick stand er morgens pünktlich zur gegebenen Zeit schon mit den Pfoten auf der Treppe, um mich zum Arbeiten ins obere Stockwerk zu begleiten. Er wollte sich davon um diese Uhrzeit selbst dann nicht abbringen lassen, wenn Wochenende war oder ich Urlaub hatte. Die Umstellung von Sommer- auf Winterzeit und zurück brachte ihn völlig aus dem Konzept!
Bekam unser Schwarzmarkener Durst, trank er nicht etwa aus dem Napf wie früher, sondern stellte sich vor die Badewanne und starrte unbeweglich minutenlang den Hahn an. Es musste dringend ganz frisches Wasser sein und zwar am besten aus der Brause – und dies auch dann, wenn wir den Inhalt seines Wassernapfes gerade eben erst, vor seinen Augen, ausgetauscht hatten. Solche Verhaltensauffälligkeiten haben allerdings oft eine körperliche Ursache: Unser Rüde litt unter fortschreitender Niereninsuffizienz, wie sich herausstellte.

Mit fast zwölf Jahren stellte sich zusätzlich eine Hinterhandschwäche ein. Unser alter Hovawartherr bekam merklich Probleme, seine Läufe beim Treppensteigen zu koordinieren. Manchmal stand er unten am Treppenaufgang und schien zu überlegen, welchen Lauf er wie aufsetzen müsste, um die Stufen erklimmen zu können. Setzten wir ihm die Vorderpfoten auf die ersten beiden Treppenstufen, war der Rest kein Problem mehr, er spulte den Bewegungsablauf einfach ab.
Eine furchtbare Schrecksekunde durchlebten mein Mann und ich, als wir ihm diesen Pfotenservice die Treppe abwärts einmal nicht boten. Er hatte den Eindruck gemacht, als wolle er selbst hinuntergehen, stolperte aber und fiel polternd elf Stufen hinunter, bis er uns auf dem Treppenabsatz vor die Füße rollte! Sofort wollten wir ihn aufrichten und vorsichtig untersuchen, da stand unser alter Rüde mit etwas Mühe selbst auf, schüttelte sich kräftig und trottete zu seinem Lieblingsschlafplatz in der Küche. Wir zitterten noch Minuten später! Unser Hundesenior hatte sicher auch alle seine Schutzengel in helle Aufregung versetzt.

Eiserne Grundsätze prüfen

Einige alte Hundepersönlichkeiten haben plötzlich Probleme mit dem Alleinbleiben. Unsere blonde Hündin (sie ist zehneinhalb Jahre alt) folgt mir auf Schritt und Tritt durchs Haus. Manchmal überlege ich, ob ich wirklich in ein anderes Zimmer muss und bleibe noch länger sitzen, nur um Brenda nicht zu wecken. Zum Glück macht ihr das Aufstehen (noch?) keine Schwierigkeiten. Wenn unsere in die Jahre gekommene Hovawartdame für ihr Empfinden zu lange alleine bleiben muss, reagiert sie wie ein entnervter Junghund, indem sie irgendetwas zerfetzt. Zuletzt hat sie eine eigene Teemischung kreiert: Nach zwei Stunden des Wartens holte sie verschiedene Päckchen mit Darjeeling von der Kommode, riss sie auf und verteilte den Inhalt auf dem Küchenfußboden.
Ihre Anhänglichkeit drückt sich auch im starken Bedürfnis nach Nähe aus, weshalb sie abends neben uns auf dem Sofa liegen darf. Wer noch nie einen alten Hund verlor und nicht jeden Tag mit ihm als Geschenk empfand, mag vielleicht bis zu dessen letztem Atemzug dem eisernen Vorsatz folgen, immer und überall konsequent zu sein. Ich halte dem entgegen, dass eine jahrelange gewissenhafte Führung des Hundes eine Vertrauensbasis geschaffen hat, die großzügige Nachsicht und ein zugedrücktes Auge in dieser letzten Lebensphase absolut verträgt. Wieder sei auf das Wolfsrudel verwiesen, in dem weitaus mehr Toleranz in nichtigen Dingen herrscht, als jahrzehntelang angenommen wurde. Wenn ich der alten Hundedame nun das erhöhte Liegen ausdrücklich erlaube, tue ich dies mit Bedacht und immer in dem Wissen, dass sie das Sofa auf einen Fingerzeig wieder zu verlassen hätte.
Eine gute Bindung bedeutet auch, im Rudel gemeinsam zu ruhen und die beruhigende Nähe und den Schutz der Sozialpartner zu spüren. Warum sollte ich meiner Hündin und mir dieses wohlige Gefühl des Zusammenhaltes versagen, zumal wir beide nicht wissen, wie viel kostbare Zeit wir noch miteinander verbringen dürfen? Meine Rangüberlegenheit stelle ich damit ganz sicher nicht (mehr) infrage, und nur dieser Umstand wäre für mich ein Hinderungsgrund.

Gewissensfrage Zweithund

Jetzt stellt sich vielen Hovawarthaltern die wichtige Frage, ob sie ihrem betagten Hovawart einen Welpen zur Seite stellen sollen oder nicht. Halten Sie neben Ihrem alten Hovawart bereits einen jüngeren, aber inzwischen erwachsenen Zweithund, sind beide so eingespielt, dass der vierbeinige Gefährte auch für einen immer gebrechlicher werdenden Hund nicht zur Belastung wird. Es ist faszinierend, wie feinfühlig Hovawarte ermessen können, wie belastbar ihr Gegenüber ist, sei es ein Mensch oder ein anderer Hund. So wie ein alter Hundegefährte in Ruhe gelassen wird, der dies ausstrahlt, gehen gereifte Hovawarte auch mit Familiensenioren auf zwei Beinen um. Ich kann mich gut an viele Situationen erinnern, in denen meine über 80-jährige Großmutter, durch einen Schlaganfall auf den Stock angewiesen, von drei normalerweise stürmischen Hovawarten im Haus begrüßt wurde: Wie durch eine geheime Absprache hielten die Hunde einen halben Meter Abstand um die alte Dame, die mit der freien Hand immer irgendeinen Hovawartkopf tätschelte und jeden mit den Worten »Ja, du bist der Beste!« bedachte.
Gesellen Sie einen Welpen zu Ihrem alten Hovawart, vielleicht um sich selbst den Gedanken an den nahenden Abschied durch den Nachfolger im fließenden Übergang zu erleichtern, prallen allerdings völlig unterschiedliche Bedürfnisse aufeinander. Der Welpe verfügt noch nicht über diese Fähigkeit der disziplinierten Rücksichtnahme, sondern platzt fast vor Energie. Der Be-

sitzer wird also sehr viel lenkend eingreifen müssen, um die nötige Ruhe des alten Hovawarts zu gewährleisten. Andererseits kann ein junger Hund im Haus, je nach gesundheitlichem Zustand des betagten Ersthundes, auch für einen zweiten Frühling sorgen und die gute, alte Seele von Hund auf andere Gedanken bringen. Nicht wenige Hovawartbesitzer berichten von einem regelrechten Aufschwung, den ihr Hundegreis durch den kleinen Wirbelwind erleben würde. Der junge Hund wird durch die Erziehungsarbeit des Erfahrenen sehr gründlich in die hundlichen Benimmregeln eingewiesen, was Ihnen dessen Erziehung enorm erleichtert.
Für das Treffen der richtigen Entscheidung kommt es allerdings auch sehr auf den Charakter beider an. Ein kleiner »Stinkstiefel«, der sein Gegenüber ständig provoziert und wild tobend auch körperlich herausfordert, kann einen geschwächten Hovawart schon sehr nerven und zu einer echten Belastung werden. Er muss nun alle Kraft, die er eigentlich jetzt für sich bräuchte, einsetzen, um den Junghund an seine Grenzen zu erinnern. Ein ernsthaft kranker Hund wäre damit glatt überfordert! Außerdem können Sie sich nicht zweiteilen, wenn sich innerhalb Ihrer Familie die Aufgaben nicht delegieren lassen: Der Junghund braucht wahnsinnig viel Zuwendung und Aufmerksamkeit, um ihn auf die richtige Bahn zu bringen, die vielleicht für die Pflege des Althundes dringender eingesetzt werden muss. Womit Sie bei einer Entscheidung für die jetzige Anschaffung eines Welpen rechnen können, sind Kommentare von Freunden und Verwandten. Oft wird der nun ins Haus geholte Nachfolger als Abschiebung des Alten bewertet. Dass Sie Ihrem Hovawartoldie mit dem jungen Hüpfer vielleicht sogar einen Gefallen tun, wird von Außenstehenden oftmals nicht so gesehen und pauschal verurteilt.

Der Abschied naht

Todesursachen und Lebenserwartung

Wie alt werden Hovawarte im Schnitt, und woran sterben sie? Die Auswertung von 209 publizierten Sterbedaten von Hovawarten aus der HZD und 187 verstorbenen Hovawarten aus den Reihen des SHC (J. Kerl, 2003) ergab, dass Krebserkrankungen bei Hovawarten aus diesen Vereinen am häufigsten zum vorzeitigen Tod führen. Übereinstimmend findet sich in beiden Statistiken ein hoher Anteil an Knochenkrebs. Weitere dominierende Todesursachen sind ferner Herz-Kreislaufversagen, Unfälle/Vergiftungen sowie Hinterhandlähmungen infolge von Spondylose oder dem Cauda Equina Syndrom. Auch an Magendrehungen verstarben viele Hovawarte, wobei dieser Auswertung zufolge drei- bis viermal so viele Rüden wie Hündinnen betroffen waren!
Eine Euthanasie wegen Überaggressivität in den ersten Lebensjahren betraf sogar ausschließlich Rüden. Als Einschläferungsgründe wurden außerdem sehr oft die Sammelangabe »Altersschwäche« und weniger häufiger Infektionen, Niereninsuffizienz, Asthma, Hirnschlag, neuromuskuläre Erkrankungen und postoperative Probleme genannt. Es ist zu vermuten, dass die Tendenz dieser Ergebnisse für die Rasse Hovawart verallgemeinert werden kann.
Im Vergleich zu anderen Rassen dieser Widerristhöhe und dieses Gewichtes sind Hovawarte durchaus langlebig. Fließen Vorfälle wie Euthanasie aufgrund Überaggressivität und tödliche Unfälle (weitaus mehr Rüden als Hündinnen verunglückten

Remus, unser damals 11½-jähriger Rüde, ein halbes Jahr vor seinem Tod. Irgendwann lassen die Kräfte nach. Auch bei diesem Wechsel auf das letzte Wegstück des Lebensbogens müssen wir unseren Hunden beistehen. Nicht zu fassen, dass diese Freundschaft enden wird.

tödlich und zwar vor allem im dritten und vierten Lebensjahr) in die Statistik ein, senkt sich die durchschnittliche statistische Lebenserwartung allerdings deutlich ab. Ist erst das fünfte Lebensjahr erreicht, so kann in beiden Vereinen von einer Lebenserwartung der Hovawarte von rund acht Jahren ausgegangen werden. Doch es gibt sie ja, jene Hovawartlinien, in denen einige Hunde 14, 15 und manchmal sogar stolze 17 Jahre alt werden! Leider können wir von einer solchen Lebensspanne nicht automatisch ausgehen, doch erreichten viele Hovawarte ein Alter zwischen zehn und 13 Jahren. Ein schwacher Trost: Während viele Senioren schwererer Rassen mit zehn Jahren schon wie wirklich betagte Hundeherrschaften wirken, vermittelt ein gesunder Hovawartoldie seinem Halter eher das Gefühl, sein Hund habe eine eingebaute Frischzellenkur, mit deren Hilfe das Altwerden auf die lange Bank geschoben würde.

Wenn die Kraft nachlässt

Rührend, aber auch schmerzlich, ist die Beobachtung, dass der Senior von sich aus langsam immer mehr seiner Anführerprivilegien an den jungen Hundegefährten abtritt, wenn er mit einem Artgenossen zusammenlebt. Ganz geschickt wird dabei von ihm das scheinbare Ignorieren eingesetzt. Da er sich anderenfalls energisch durchsetzen müsste, sieht der alte Hund anscheinend gar nicht, wie der Jüngere ein höchst wichtiges Spielzeug entführt. Wenn der junge Hüpfer frech nach einem Kauknochen schielt, muss der Althund plötzlich ganz dringend in ein anderes Zimmer gehen. Und er hatte übrigens gerade sowieso vor, sich auf den weniger attraktiven Liegeplatz zu begeben. Schwer erträglich ist es, den fortschreitenden Verlust an Würde zu beobachten: Da schafft es der alte Rüde nicht mehr, durch sein Imponierverhalten einen Kontrahenten zu beeindrucken, der sich »seiner« Hündin nähern will. Das Bellen klingt auf einmal nach rostigem Blecheimer und nicht mehr nach einem respektablen Wächter über Haus und Hof. Ein einst athletischer Hovawart, der früher sofort an der Tür war, nachdem geläutet wurde, kommt nun kaum auf die Läufe. In solchen Momenten wird spätestens klar, dass das Zusammensein endlich ist, und dass bereits mehr Zeit miteinander verbracht wurde, als noch verbleibt. Ich denke, diese sehr nahe gehenden Eindrücke gehören ebenso zum intensiven Erleben des Hovawarts, wie die unbeschwerten Welpentage. In die Gedanken mischt sich unausweichlich das Gefühl des unumgänglichen Abschieds, das sich noch verdrängen ließ, solange der alte Hovawart gesund und munter war.

Quälende Ungewissheit

Die Frage, wie das Ende wohl aussehen wird, und die Unsicherheit bezüglich des richtigen Handelns in diesem Lebensabschnitt quält viele Hovawartbesitzer. Es kann sein, dass Sie sich durch eine chronische Erkrankung Ihres Hundes lange auf den Verlust vorbereiten können. Es kann aber auch sein, dass Sie durch einen Notfall, eine akute Erkrankung oder durch einen Unfall vor vollendete Tatsachen gestellt werden.
Dies gilt natürlich nicht nur für den alten Hovawart. Wenn Sie Ihren todkranken Hund in der Phase des Übergangs begleiten können, dann verlassen Sie sich darauf: Ihr Hund wird Sie um den endgültigen Gefallen des Loslassens bitten, wenn es Zeit für ihn ist, zu gehen. Bitte bleiben Sie während des sanften Einschlafens bei ihm, wenn es Ihnen vom Ablauf der Geschehnisse her vergönnt ist.
Die Art des Abschieds kann jedoch nicht immer frei bestimmt werden, das Schicksal ereilt manche Hovawarte ganz plötzlich. Manche ziehen sich auch zum friedlichen Sterben an einen ruhigen Ort auf dem Grundstück zurück. Der Selbstvorwurf, sich nicht verabschiedet und den Hund vielleicht im Stich gelassen zu haben, mischt sich bei unerwarteten Todesfällen in die Trauer. Das Gefühl, viele Jahre lang wirklich alles für das Wohl dieses wundervollen Gefährten getan zu haben und jetzt ohnmächtig und hilflos von seinem Tod überrascht zu werden, ohne das Schreckliche abwenden zu können, ist nur schwer zu verkraften. Was bleibt, ist eine große Demut und die Einsicht, trotz bestem Bemühen im Leben nicht alles kontrollieren zu können.
Manchmal ist der Wunsch, sterben zu dürfen, buchstäblich der letzte Wille unseres geliebten Hundes: Wir haben ihn seinetwillen zu akzeptieren, indem wir ihm zum richtigen Zeitpunkt seinen Schmerz abnehmen und auf unsere Schultern laden.

Begleitung auf dem letzten Weg

Wenn nur noch die Euthanasie bleibt, um dem leidenden Hovawart zu helfen, ist es ratsam, den Tierarzt dafür nach Hause kommen zu lassen, falls medizinisch nichts dagegen spricht. Bitte fahren Sie nicht zum Einschläfern mit Ihrem todkranken

Hund in die Praxis, die für ihn vielleicht mit Schmerz, Stress und Angst verbunden war. Wie viel schonender für diesen guten Freund ist es, ihn auf seiner Lieblingsdecke an seinem Lieblingsort in seiner vertrauten Umgebung sanft in den letzten Schlaf gleiten zu lassen, wobei er im Arm gehalten und mit dem Tierarzt eine möglichst ruhige Stimmung hergestellt wird.

Unsere erste Hovawarthündin Asla erkrankte im Alter von 9½ Jahren an Krebs, und zwei Tierärzte rieten unabhängig von einander zu einer Diagnoseoperation, um das Tumorausmaß an den inneren Organen ermessen zu können. Nicht nur die Milz war jedoch, wie erhofft, betroffen (diese hätte entfernt werden können), sondern auch die Leber. Mein Mann und ich mussten unserer geliebten Hündin weiteres Leiden ersparen und sie in der tiefen Narkose belassen. Damals waren wir derartig geschockt und auf diesen Verlust unseres ersten und so wunderbaren Hundes nicht vorbereitet, dass sich ein großes Vakuum aus unsagbarem Entsetzen und großer Verzweiflung auftat. Bis heute kann ich es kaum fassen, dass wir unsere blonde Hündin nach dem Einschläfern in der Tierarztpraxis ließen und nicht zur Gartenbestattung mit nach Hause nahmen. Doch wir waren damals einfach nicht in der Lage dazu gewesen und hatten den Gedanken an das Danach in der konkreten Situation im Schockzustand verdrängt.

Wie würdevoll, ruhig und intensiv war dagegen der Abschied von unserem schwarzmarkenen Rüden Remus, der an einem wunderschönen Märzmorgen, während draußen vorm Fenster die Vögel den neuen Tag begrüßten, bei uns zu Hause erlöst wurde. Der Tierarzt hatte am Abend vorher bei uns noch vorbeigeschaut, das schwächer werdende Hundeherz abgehört und sich auf ein schnelles Kommen vorbereitet. Als es so weit war, weckte uns der Rüde durch sanftes Schnobern im Gesicht, wurde aber bald darauf sehr unruhig und bog sich schließlich vor unerträglichen Qualen. Es gab keinen Zweifel mehr: Wir mussten ihn möglichst schnell von seinem Leiden erlösen und riefen um 5 Uhr den Tierarzt an, der nach einer Ewigkeit von 15 Minuten endlich ankam. In unseren Armen schlief der große Rüde voller Vertrauen sanft auf seiner Decke in bekanntem Umfeld bei leiser Musik ein. Noch stundenlang hielten wir Totenwache neben unserem verstorbenen Begleiter, der so friedlich schlafend aussah, stellten Kerzen neben ihm auf und begruben ihn schließlich feierlich mit seinem Lieblingsspielzeug und seiner Decke im Garten. In die Tränen unserer Trauer mischten sich solche der Dankbarkeit über diesen, seinem stolzen Charakter so angemessenen, letzten Weg. Wir hatten diesmal zum Glück genügend Zeit, uns wirklich von unserem Hund zu verabschieden, der uns zwölf Jahre lang auf Schritt und Tritt begleitet hatte.

Die Bestattung und ihre Alternativen

Darf der verstorbene Hovawart auch nach seinem Tod in unserer Nähe bleiben? Die Beisetzung verstorbener Haustiere ist in Deutschland auf dem eigenen Grundstück erlaubt, was meinen Mann und mich bewog, von Hausmietern zu Hausbesitzern zu werden: Laut Tierkörperbeseitigungsgesetz darf das Begraben allerdings nicht in der Nähe öffentlicher Wege und Plätze sowie nicht in Wasserschutzgebieten geschehen. Außerdem muss das Tier mindestens 50 cm tief beerdigt werden. Die Erdbestattung von Haustieren ist in der Schweiz verboten. Auch in Deutschland stellt das Beisetzen von Haustieren in Wald und Feld eine Ordnungswidrigkeit dar. Dafür ist es im Land der Eidgenossen viel leichter und üblicher, seinen Hund einäschern zu lassen und in der Urne zu bestatten, da es recht viele Kleintierkrematorien gibt. In Deutschland existieren momentan leider nur zwei solcher Einrichtungen, eine in Süd- und eine in Norddeutschland. Jedoch gibt es professionelle, seriöse Tierbestatter, welche die verstorbenen Hunde beim Tierarzt abholen und völlig legal z. B. in den Niederlanden einäschern lassen. Die Mitarbeiter bringen die Urne mit der persönlichen Asche des betreffenden Vierbeiners oder aber die Asche aus einer Sammeleinäscherung pietätvoll wieder mit zurück und übergeben sie dem Eigentümer. Jeder Tierarzt hält die Kontaktadressen solcher Unternehmen bereit.

Selbst bei eigenem Grundstück und eindeutiger Rechtslage kann ein eiskalter Wintertag mit tiefem Bodenfrost den Vorsatz zunichte machen, den verstorbenen Hund zu begraben, auch dann ist die Einäscherung die bessere Lösung.

Eine weitere Möglichkeit der Bestattung (wenn z. B. der eigene Garten fehlt) bieten in Deutschland Tierfriedhöfe, auf denen gegen eine Gebühr Grabstätten vergeben und individuell gestaltet werden können, nur die Verwendung christlicher Symbole ist verboten. Die Tierschutzverbände verschicken Listen mit den Anschriften solcher deutschlandweit vorhandenen Einrichtungen. Tierfriedhöfe haben nichts mit Verkitschung zu tun: Sie drücken die große Wertschätzung aus, die die Besitzer ihren verstorbenen Gefährten entgegenbringen. Im Internet gibt es heutzutage zudem virtuelle Tierfriedhöfe, auf denen verstorbenen Haustieren durch Beschreibungen und Fotos ein Denkmal gesetzt und ihr Andenken gepflegt werden kann. Der Austausch mit Tierfreunden, die diesen unerträglichen Schmerz kennen, kann eine echte Hilfe bei der Bewältigung des Abschieds sein.

Welcher dieser Wege sich auch als richtig erweist: Für die Verarbeitung des Verlustes ist es auf jeden Fall empfehlenswert, den geliebten Hovawart nach der Euthanasie nicht der schrecklichen Verarbeitung in einer Tierkörperbeseitigungsanstalt auszuliefern. Die Trauerarbeit fällt leichter, wenn die Art eines würdevollen Abschieds frühzeitig festgelegt wurde.

Eine Zeit tiefer Traurigkeit

Was folgt, ist eine unsagbar große Leere, ein Gefühl der abgrundtiefen Trauer, das dem Verlust eines engen Vertrauten entspricht und einem beim Anblick der Leine am Haken oder von Hundehaaren auf dem Teppich das Herz in Stücke reißt. Wie sehr Ihr Hovawart Ihr Leben bereichert hat, fällt jetzt schmerzhaft auf: kein Klimpern der Steuermarke am Halsband, kein Ohrenausschlecken zur Begrüßung, kein freudiges Jammern beim Anblick geliebter Rudelmitglieder, keine Spaziergänge, kein Füttern. Der jahrelang nach den Bedürfnissen des Hundes strukturierte Tagesablauf unterliegt auf einmal völlig anderen Gesetzen. Im größten Schmerz sind wie Phantomschmerzen manchmal Pfotengeräusche, Bellen oder Wasserschlabbern am Napf zu hören. Vielleicht haben Sie auch den Eindruck, der verstorbene Hovawart sei ganz dicht bei Ihnen, Sie müssten sich nur umdrehen, um ihn zu sehen. Kleine Rituale, wie das weite Öffnen der Fenster zum symbolischen Freigeben der Seele, halfen einst unseren Vorfahren, unabänderliche Verluste zu verarbeiten. Auch beim Trauern um den geliebten Hovawart können solche Gesten des Loslassens gut tun.

Ich fühlte mich stets nach dem Verlust subtil von meinen verstorbenen Hovawarten gegrüßt: durch eine auffällige Wolkenformation, einen besonderen Sonnenuntergang, einen wunderschönen Regenbogen, einen Schmetterling, der mich umflatterte oder eine einzelne Blüte, die mir im Garten begegnete. Haustierlose Mitmenschen bringen leider wenig Verständnis für diesen Ausnahmezustand auf und meinen, wir Hundefreunde könnten uns doch einfach schnell einen neuen Welpen anschaffen und damit sei das Trauern beendet.

Nur Sie werden wissen, ob und wie schnell Sie nach dem schlimmen Verlust schon über einen eventuellen Nachfolger Ihres Hovawarts nachdenken können. Ich hoffe sehr für Sie, dass Sie gute (Hunde-)Freunde oder tierliebe Verwandte haben, die Ihnen in Ihrem Kummer zur Seite stehen. Auch in den Hovawartvereinen (und über Vereinsgrenzen hinweg, etwa per E-Mail) werden trauernde Hundefreunde aufgefangen, denn viele Freunde haben Ähnliches selbst durchgemacht und wissen genau, wie Sie sich fühlen. Für die Hundefreunde war Ihr verstorbener Hovawart nicht irgendein Vierbeiner, sondern ein guter Bekannter. Das Aussprechen (oft nach einigen Tagen der völligen Sprachlosigkeit) oder Aufschreiben eigentlich unsagbar trauriger Gefühle gegenüber Gleichgesinnten tut sehr gut. Trotzdem braucht diese Wunde Zeit, um zu verheilen.

Der Tod des geliebten Hovawarts ist ein schwerer Schlag, der am besten von anderen Hundefreunden nachvollzogen worden kann. Bleibt ein Artgenosse zurück, beginnt auch für diesen nun eine Zeit der Neuorientierung.

Der Zweithund wird Ersthund

Vielleicht blieb Ihnen ein weiterer Hund Ihres Rudels, der Sie jetzt auf andere Gedanken bringen kann, weil er seinen ganz normalen Alltag leben möchte. Wenn er reden könnte, würde er Ihnen vielleicht sagen, dass Abschiede und Veränderungen in der Rudelstruktur für einen Hund etwas Normales sind. Dass Sie sich ein Beispiel an Ihrem Vierbeiner nehmen sollten, der immer im Jetzt lebt und jeden Augenblick seines Lebens intensiv empfindet, ohne sich über abstrakte Dinge Sorgen zu machen oder über die Kürze des irdischen Daseins zu philosophieren. Nicht zuletzt würde Ihr verstorbener Hovawart, der sich jahrelang so verantwortlich für Ihren Schutz und Ihr Wohlbefinden fühlte, niemals wollen, dass es Ihnen jetzt schlecht geht.

Wenn nur ein einziges irrationales Argument für die Mehrhundehaltung spricht, dann ist es der unendliche Trost, den diese vorgelebte Hundenormalität, etwa auf langen Spaziergängen, in der schlimmen Zeit der Trauer spendet. Dabei ist die neue Situation für den verbliebenen Hund auch keineswegs leicht. Er hat seinen vierbeinigen Bezugspunkt verloren und muss sich nun völlig neu orientieren. In vielen Fällen stand er unter der Kommandantur des dominanten Älteren und hat plötzlich mit den neuen Freiheiten eines Einzelhundes zurecht zu kommen. Für das ganze Hund-Mensch-Rudel stellen sich jetzt die Weichen neu.

Die Entscheidung für einen Nachfolger

Das Alleinleben wird der noch Vorhandene vielleicht nie erlebt haben, und so stellt sich die Frage, ob ihm wieder ein Hund, gehen wir ruhig von einem Hovawartwelpen aus, zur Seite gestellt werden soll oder nicht. Aus dem ewigen »Hundekind« würde nun bald der Boss des Minirudels, der die Verantwortung zu tragen hätte: eine völlig neue Ausgangsposition! Aber ist die Entscheidung richtig?

Als Asla gestorben war, suchten wir uns ein halbes Jahr später Brenda als ihre blonde Nachfolgerin aus. Dieser Welpe war noch gar nicht bei uns eingezogen, als ich träumte, die verstorbene Hündin sei ins Wohnzimmer gekommen, wo die Neue schon neben dem Sofa saß. Die Althündin sagte in diesem Traum mit glockenheller Stimme: »Die ist in Ordnung. Nehmt sie. Ich bin einverstanden!« Mit dem guten Gefühl, quasi den Segen für diese Entscheidung durch die verlorene Asla bekommen zu haben, wachte ich am nächsten Morgen auf. (Übrigens hatte sie mir im selben Traum auch Lottozahlen vorausgesagt, die sich allerdings als falsch erwiesen!) Dieses Beispiel macht deutlich, dass sich das schlechte Gewissen, einen »Ersatz« anzuschaffen, durchaus melden kann. Erst hatten wir generell Zweifel gehabt, ob wir unserem schwarzmarkenen Rüden, der immer sehr dominant gewesen war, wieder einen Hund zugesellen sollten. Wie würde er auf einen Neuzugang reagieren? Es ergab sich die Gelegenheit, die Golden-Retriever-Hündin

Kann der Welpe so ins Herz geschlossen werden wie sein Vorgänger? Ja! Neuer Welpenzauber ist kein Verrat, sondern eine Verbeugung vor dem verlorenen Hovawart. Dieser überzeugte uns von seiner Rasse und wollte für uns stets das Beste.

einer Freundin für zwei Wochen in Pflege zu nehmen und die Rudelerweiterung zu testen. Und der Rüde genoss es sichtlich, wieder der Chef eines Kleinrudels zu sein und blühte auf! Seine Autorität war so groß, dass Blanca jeden Stock, den sie unterwegs apportierte, in hohem Bogen ausspuckte, nur weil der Rüde sie ansah. Doch die beiden vertrugen und arrangierten sich so gut, dass bald feststand: Es muss wieder ein zweiter Hovawart ins Haus! Viele Hundebesitzer, die einen furchtbar schmerzhaften Abschied von ihrem vierbeinigen Freund erleben mussten, haben allerdings große Zweifel, ob sie den Neuen so sehr lieben könnten wie seinen Vorgänger. Das befürchtete ich beim ersten Verlusterlebnis auch, machte dann aber eine andere Erfahrung. Für mich trabte der verstorbene Hovawart unbewusst immer in Gedanken mit, wenn ich mit seinem Nachfolger unterwegs war und wurde mit ihm eins.

Ein springlebendiger Welpe wird Ihnen jedoch ungeheuer wild erscheinen, wenn Sie sich von einem weisen, alten Hovawart verabschieden mussten. Aber der ungestüme, neue Wildfang hat einen großen Vorteil: Er bringt Sie und Ihre Lieben mit seinen lustigen Einfällen ganz schnell auf andere Gedanken und ist ein Symbol des hoffnungsvollen Neubeginns: Sie haben soeben das Vergehen des Lebens miterlebt. Jetzt ist es Zeit, das Werden erneut zu genießen, der Freude wieder Raum zu geben und aus den Tränen der Trauer Lachtränen werden zu lassen.

Ein neuer Lebensbogen beginnt

Schon die Suche nach einem Züchter bzw. einem Welpen tut gut und wirkt wie Seelenbalsam. Wenn die Wahl wieder auf einen Hovi fällt, stellt sich die Frage, ob in Bezug auf Farbe und Geschlecht wieder die gleiche Hovawartkombination wie zuvor Ihr Leben bereichern sollte. Oder darf es nach einem schwarzmarkenen Rüden jetzt z. B. eine blonde Hündin sein? Diese Entscheidung wird Ihnen natürlich niemand abnehmen. Wir bleiben inzwischen bei der Farbe und dem Geschlecht des verlorenen Hundes. Unserer Erfahrung nach lässt sich das Schicksal so ein wenig überlisten: Wie in einer langen Ahnengalerie ergibt sich dadurch eine gewisse Kontinuität in der Hovawarthaltung, zu der jeder einzelne Hund zehn oder mehr Jahre beiträgt. Wenn auch jeder Hovawart eine einzigartige Persönlichkeit verkörpert, so trägt er doch in sich viele rassetypische Eigenschaften. Was ich an Hovawarten liebe, bekomme ich wie in einer gemeinsamen Schnittmenge durch jeden nächsten Welpen, egal, welche Farbe und welches Geschlecht, höchstwahrscheinlich wieder geschenkt. Zusätzlich lasse ich mich aber auf das Abenteuer ein, erneut ein Puzzlestück der großen Bandbreite möglicher Hovawart-Charakterzüge kennen zu lernen und immer neue Erfahrungen mit dieser Rasse zu sammeln.

Natürlich können wir nicht erwarten, einen Hovawart zu erhalten, der sofort jedem Vergleich mit unserem verstorbenen Hund standhalten kann. Ich kann nur aus meiner Beobachtung und nach vielen Gesprächen mit Hovawartbesitzern versichern: Verglichen wird der neue Hovawart *immer* mit dem Vorgänger, aber ich finde diese Tatsache gar nicht tragisch! Jeder Hundecharakter hat seine Berechtigung und bereichert unser Leben auf die eine oder andere Weise. Es ist ja kein Zeichen von Untreue, wenn uns am Nachfolger etwas als angenehmer auffällt oder eher zu schaffen macht. Dieser hoffnungsvolle Hovawart ist eine neue Herausforderung und der Beginn einer ganz speziellen gemeinsamen Ära. Und vielleicht handelt es sich auch gar nicht um einen Welpen, sondern um einen Hovawart, der dringend umplatziert werden muss? Wie dem auch sei: Geben wir ihm ebenso viel Platz in unserem Herzen und in unserem Leben wie seinem Vorgänger, und lernen wir mit ihm ganz neue Hovawartfacetten kennen.

Ich habe durch die immer viel zu frühen Verluste eines gelernt: alle Lebensphasen unserer jetzigen und künftigen Hovawarte ganz bewusst zu genießen. Dazu, dass Sie sich vielleicht auch wieder auf einen charmanten Hovawartsturkopf einlassen, kann ich Sie auf jeden Fall nur beglückwünschen. Denn um es leicht abgewandelt mit der deutschen Schauspieler-Legende Heinz Rühmann zu sagen: »Man *kann* ohne Hovawart leben – es lohnt sich nur nicht!«

Für Ihren gemeinsamen Weg über den neuen Lebensbogen wünsche ich Ihnen und Ihrem Hovawart alles erdenklich Gute!

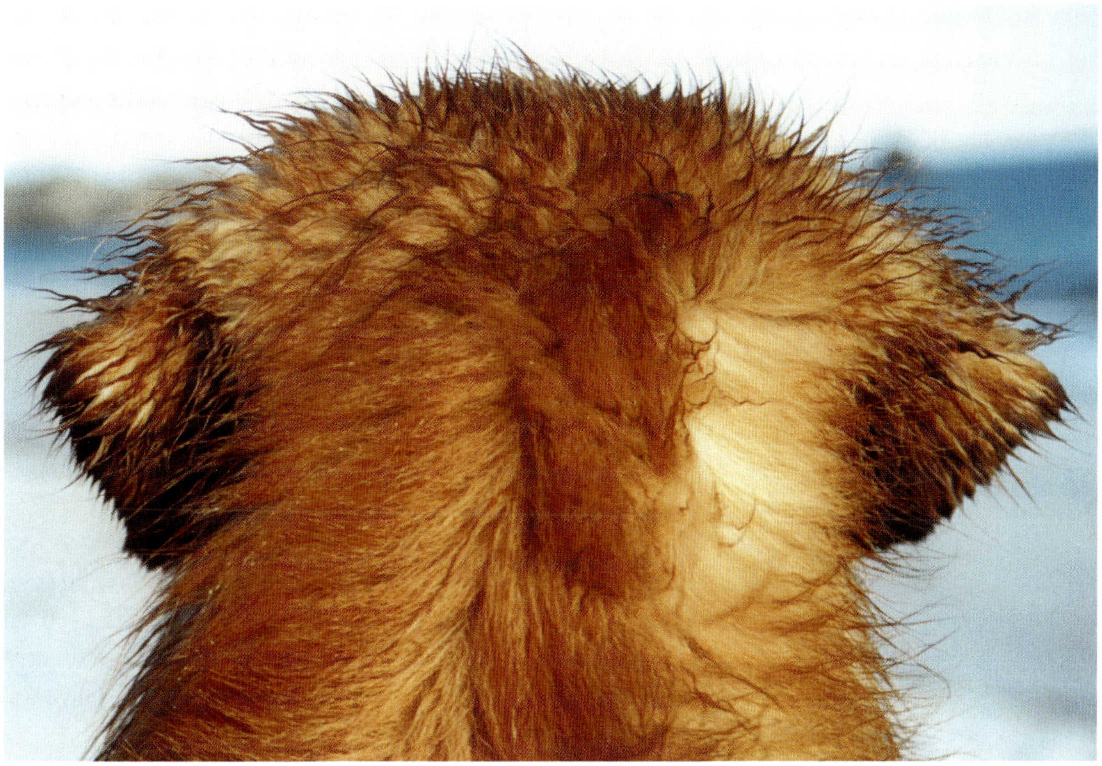

Ein Dasein ohne Hovawart? Nein! Folgen wir einer anderen, ebenfalls einzigartigen Hundepersönlichkeit beim Gang über ihren Lebensbogen. Der verstorbene Hovawart bleibt unvergessen und lebt in der Erinnerung weiter.

VI. Anhang

Wichtige Anschriften

FCI-Dachverbände & -Hovawartzuchtvereine

Folgende Verbände und Hovawartvereine halten für Interessenten die aktuelle Fassung des FCI-Rassestandards Nr. 190 bereit und beraten individuell in allen Fragen zu Kauf, Haltung, Gesundheit, Ausbildung und Zucht von Hovawarten.

DEUTSCHLAND

Verband für das Deutsche Hundewesen e. V. (VDH)
Westfalendamm 174, D–44141 Dortmund
Tel.: + 49/ 02 31/ 56 50 00, Fax: + 49/ 02 31/ 56 24 40
E-Mail: *Info@vdh.de,* Internet: *http://www.vdh.de*

Hovawart-Club e. V. (HC)
1. VORSITZENDER: Dr. Jens Kerl
Sorpestraße 35, D–57392 Schmallenberg
Tel.: + 49/ 0 29 75/ 80 96 83
E-Mail: *sjkerl@t-online.de*

2. VORSITZENDE & GESCHÄFTSSTELLE: Petra Biallas
Auf der Bochumer Landwehr 31, D–44791 Bochum
Tel.: + 49/ 0 23 4/950 75 21
Fax: + 49/ 0 23 4/950 80 98

WELPENVERMITTLUNG: Peter Friedrich
Wilhelmstraße 57, D–63071 Offenbach
Tel.: + 49/ 0 69/ 85 65 85
Internet: *http://www.hovawart-club.de*
Vereinszeitschrift: »Hovi-Extra«

Hovawart-Zuchtgemeinschaft Deutschland e. V. (HZD)
1. VORSITZENDER: Uwe Hansen
Ofeld 46, D–24214 Gettorf
Tel.: + 49/ 0 43 46/ 41 99 62
Fax: + 49/ 0 43 46/ 41 99 63

GESCHÄFTSSTELLE: Peter Michael Haase
Elfershäuser Straße 24, D–34212 Melsungen
Tel.: + 49/ 0 56 61/ 5 25 34

WELPENVERMITTLUNG: Sigrun Kühn
Am Hüllepfuhl 59, D–13589 Berlin
Tel.: + 49/ 0 30 /3 73 21 53
Internet: *http://www.hovawarte.com*

Rassezuchtverein für Hovawart-Hunde e. V. (RZV)
PRÄSIDENT: Gisbert Langheim
Kuchengasse 3, D–42897 Remscheid

GESCHÄFTSSTELLE:
Wallbergstraße 10, D–85221 Dachau
Tel.: + 49/ 0 81 31/ 53 96 56

WELPENVERMITTLUNG: Ulrike Stickel
Anemonenweg 7, D–72764 Reutlingen
Tel.: + 49/ 0 71 21/ 2 05 59 33, Fax: + 49/ 0 71 21/ 27 96 82
E-Mail: *ulrike.stickel@t-online.de*

Internet: *http://www.hovawart.org*
Vereinszeitschrift: »Der Hovawart«

SCHWEIZ

Schweizerische Kynologische Gesellschaft (SKG)
Länggassstraße 8, CH–3001 Bern
Tel.: + 41/ 031/ 3 06 62 62, Fax: + 41/ 031/ 3 06 62 60
E-Mail: *skg@hundeweb.org,* Internet: *http://www.hundeweb.ch*

Schweizerischer Hovawart-Club e. V. (SHC)
PRÄSIDENT: Hans Peter Maurer
Underem Gfell 27, CH–3860 Meiringen
Tel.: + 41/ 033/ 97 13 188, Fax: + 41/ 033/ 97 21 115
E-Mail: *hp.maurer@maurergyn.ch*

WELPENVERMITTLUNG & ZUCHTWART: Pierre Hartmann
Lindentalstraße 94, CH–3067 Boll
Tel.: + 41/ 031/ 83 95 953, Fax: G. + 41/ 031/ 93 91 020
E-Mail: *pierre.hartmann@bluewin.de*

Internet: *http://www.hovawart.ch*
Vereinszeitschrift: »Hovawart-Nachrichten«

ÖSTERREICH

Österreichischer Kynologenverband (ÖKV)
Johann-Teufel-Gasse 8, A–1230 Wien
Tel.: + 43/ 01/ 8 88 70 92
Fax: + 43/ 01/ 8 89 26 21
E-Mail: *Office@oekv.at*
Internet: *http:// www.oekv.at*

Österreichischer Klub der Hovawartfreunde (ÖKH)
PRÄSIDENT: Josef Stastny
Schuhbrechergasse 29, A–1140 Wien
Tel.: + 43/ 01/ 914 12 69

GESCHÄFTSSTELLE & WELPENVERMITTLUNG: Annelore Itze
Robert-Bach-Gasse 11, A–3001 Mauerbach
Tel./Fax: + 43/ 01/ 97 97 27 9
E-Mail: *welpe@hovawart-verein.at*
Internet: *http://www.hovawart-verein.at*

WEITERE INFORMATIONEN

Forschungs- und Kontrollzucht der Hovawart-Stammzucht e. V. (HST)
(Nicht der FCI angeschlossen)
ZUCHTBERATUNG: Alfred Stenzel
In der Pieperbeck 16, D–45239 Essen
Tel.: + 49/ 02 01/ 40 34 63

Fred Graf
An der Rottriede 3, D–49637 Menslage-Hahlen
Tel.: + 49/ 0 54 37/ 305
E-Mail: *FredGraf@t-online.de*

Internet: *http://www.hovawart-stammzucht.de*
Vereinszeitschrift: »HST-Mitteilung«

Hovawart-Verein für Deutsche Schutzhunde e. V.
(Kein Rassezuchtverein)
1. VORSITZENDER: Klaus Frey
Dorfstraße 29, D–21376 Eyendorf
Tel.: +49/ 0 41 72 / 72 17
Fax: + 49/ 0 41 31 / 74 96 22
E-Mail: *info @hovawart-thale.de*
Internet: *http://www.hovawart-thale.de*

Quellen & Lesetipps

■ Baumann, Thomas: Was Hündchen nicht lernt … Welpen und Junghunde verstehen, prägen und erziehen. Baumann-Mühle-Verlag, Helbigsdorf 2003

■ Baumann, Thomas: … damit wir uns verstehen. Die Erziehung des Familienhundes. Baumann-Mühle-Verlag, 3. überarb. Aufl., Helbigsdorf 2003

■ Benecke, Norbert: Der Mensch und seine Haustiere. Die Geschichte einer Jahrtausende alten Beziehung. Theiss, Stuttgart 1994

■ Bengeforth, Fritz: Der Hovawart. Aktuelle kynologische Themen. Oertel + Spörer, Reutlingen 1992

■ Bengeforth, Fritz/Radam, Heinz: Der Hovawart. Herkunft, Zuchtgrundsätze, Erziehung und Haltung. Paul Parey Verlag, Hamburg und Berlin 1983

■ Berlowitz, Dina/Weidt, Heinz: Hunde verstehen – Signale rechtzeitig sehen. Leitplanken für die Verhaltensentwicklung vom Welpen zum Hund. Schweizer Hundemagazin (Hrsg.), Sonderdruck Nr. 2, 3. Aufl., Dietlikon Juli 2002

■ Blasius, Heidrun: Der Hovawart: Haltung, Zucht, Erziehung, Ausstellung, Gesundheitsfürsorge. Kynos Verlag, Mürlenbach/Eifel 1994

■ Bloch, Günther & Karin: Timberwolf, Yukon & Co. Elf Jahre Verhaltensbeobachtungen an Wölfen in freier Wildbahn. Kynos Verlag. Mürlenbach/Eifel 2002

■ Brackert, Helmut/van Kleffens, Cora: Von Hunden und Menschen. Geschichte einer Lebensgemeinschaft, Verlag C. H. Beck, München 1989

■ Graf, Fred: Rassekunde – Hundekunde/ Was ist Hovawart-Zucht? In: Dein Hund. Das Rassehund-Magazin. Hefte 86 und 100, VDRG (Hrsg.), Bochum 1978 und 1981

■ Graf, Fred: Mitteilungsblätter Nr. 66, (1/1993), 72 (3/1994) und 74 (2/1995) der Forschungs- und Kontrollzucht der Hovawart-Stammzucht e. V., Menslage-Hahlen

■ Graf, Fred: Hundekunde – Hovawarthunde, Fabeln – Fakten – Forschung, Eigenverlag der HST-Zuchtberatung, Menslage-Hahlen 1999

■ Groß, Fritz: Krankheitsdispositionen der Hunde- und Katzenrassen, Verlag Fritz Groß, Stuttgart 2000

■ Hansen, Inge: Lebenserwartung und Todesursachen bei Hovawarten, UR 3/1999

■ Hansen, Inge: Handbuch Hundezucht. Von der Wurfplanung bis zur Welpenabgabe. Müller Rüschlikon Verlag. Cham 1999

■ Hansen, Jens: 40 Jahre Rassezuchtverein für Hovawart-Hunde e. V., 1948–1988, Versuch einer Dokumentation, RZV (Hrsg.), Bremervörde 1988

■ Hovawart-Zuchtgemeinschaft Deutschland e. V. (Hrsg): HZD-Zuchtbücher 1992/ 93/ 94, Berlin

■ Hovawart-Verein für Deutsche Schutzhunde e. V.: Homepage: www.hovawart-thale.de, Thale a. Harz 2003
■ Jung, Doris: Der Hovawart. Ein Gebrauchshund – ein Familienhund, Landbuchverlag, 2. Aufl., Hannover 1993
■ Kaiser, Hermann: Ein Hundeleben. Von Bauernhunden und Karrenkötern. Zur Alltagsgeschichte einer geliebten und geschundenen Kreatur, Verlag Museumsdorf Cloppenburg, 2. Aufl., Cloppenburg 1994
■ Kerl, Jens: Krankheitsbelastung und Todesursachen beim Hovawart, Hovawart-Club e. V. (Hrsg.), Hovi-Extra Nr. 29/2003
■ Kerl, Jens: Zur Vererbung der Fellfarben beim Hovawart, Hovawart-Club e. V. (Hrsg.), Hovi-Extra Nr. 19/2000
■ Kerl, Susanne: Hovawart. Ursprung, Aufzucht, Erziehung, Pflege. Müller Rüschlikon Verlag, Cham 1996
■ Kerl, Susanne: Wir wollen einen Hund! Kleine Hundekunde. Wie und wo kaufen? Müller Rüschlikon, Cham 1999
■ Kerl, Susanne: Hunde kaufen mit Verstand. Der Ratgeber für Käufer und Züchter. Müller Rüschlikon, Cham 1999
■ Kerl, Susanne: Der Hovawart. Die 50 wichtigsten Fragen – vom Experten beantwortet. Müller Rüschlikon Verlag, Cham 2001
■ König, Kurt F.: Anlagen-Prüfung nach K. F. König, in: Mitteilungsblatt Nr. 63, 1/1992 der Forschungs- und Kontrollzucht der Hovawart-Stammzucht e. V., Menslage-Hahlen 1992
■ Langheim, Gisbert: In: Rassezuchtverein für Hovawart Hunde e. V. (Hrsg.): RZV-Zuchtbuch für die Jahre 1998 und 1990, TG Verlag Giessen 1991
■ Miodragovic, Milos: Hundeausbildung leicht gemacht. Der sanfte Weg zur Unterordnung. Müller Rüschlikon, Cham 2002
■ Münnich, Andrea: Fortpflanzung der Hündin. Ein Leitfaden in Gynäkologie und Geburtshilfe. BioS Biotechnologie GmbH, Schönow 2000
■ Nagel, Martina/V. Reinhardt, Clarissa: Stress bei Hunden. animal learn Verlag, Grassau 2003
■ Niepel, Gabriele: Welpenspielstunde. Hunde richtig prägen im ersten halben Jahr. Müller Rüschlikon Verlag. Cham 2001
■ Pryor, Karen: Positiv bestärken, sanft erziehen. Franckh-Kosmos Verlag, Stuttgart 1999
■ Rassezuchtverein für Hovawart-Hunde e. V. (Hrsg.): Zuchtbuch-Ausgabe 1995 für die Jahre 1993/94, TG Verlag, Giessen 1995
■ Rugaas, Turid: Calming Signals. Die Beschwichtigungssignale des Hundes. animal learn Verlag, Grassau 2001
■ Schöning, Barbara: Hundeverhalten. Franckh-Kosmos Verlag, Stuttgart 2001
■ SZG Hovawartzüchter (Hrsg.): Zuchtbuch der Jahrgänge 1953–1968, Berlin 1969
■ Weidt, Heinz: Der Hund, mit dem wir leben. 3. Aufl., Parey Buchverlag, Berlin 1996
■ Weidt, Heinz/Berlowitz, Dina: Das Wesen des Hundes. Verhaltenskunde für eine harmonische Beziehung zwischen Mensch und Hund. Naturbuch Verlag, Augsburg 1998
■ Wienrich, Volker: Der Hovawart. Praktische Ratschläge für Haltung, Pflege und Erziehung. Paul Parey, 3. Aufl., Hamburg und Berlin 1992
■ Wild, Rosemarie: Hund und Kind. Für ein harmonisches Miteinander. Müller Rüschlikon Verlag, Cham 2000
■ Wild, Rosemarie: Aufzucht junger Hunde. Von der Geburt bis zur Welpenspielstunde. Das Handbuch für Züchter und Halter. Müller Rüschlikon Verlag, Cham 2003
■ Zimen, Erik: Der Hund. Abstammung, Verhalten, Mensch und Hund. Bertelsmann, München 1988

Danksagung

Mein Dank gilt meiner Müller-Rüschlikon-Fachlektorin **Rosemarie Wild** für die außerordentlich kompetente Betreuung dieses Projekts. Ihre freundschaftliche Begleitung auf dem langen Weg von der Idee bis zum fertigen Buch hat ganz wesentlich zum Gelingen beigetragen.

Zu herzlichem Dank verpflichtet bin ich außerdem vielen Hovawarthaltern, -züchtern und Amtsinhabern für die freundliche Bereitstellung und Organisation von Bildmaterial. Leider kann ich nicht alle Fotolieferanten aufzählen, die nicht Erwähnten mögen mir verzeihen. Die Hilfsbereitschaft aller beweist, dass die Liebe zum Hovawart nicht vor Vereinsgrenzen Halt macht. Nicht zuletzt durch ihre Fotos und/oder die zum Teil jahrelange Weitergabe ihrer Erfahrungen mit dieser Hunderasse haben u. a. folgende Hovawartliebhaber dieses Buch letztlich erst möglich gemacht: **Monika Bergedieck** (HC), **Rita Breves** (HC), **Fred Graf** (HST), **Kristin Bürger-Löloff** (RZV), **Elke Haake** (HZD), **Inge Hansen** (HZD), **Bärbel Hartan** (Fotomotive: RZV), **Karin Hoßfeld** (HC), **Gabriele Hühn** (RZV), **Birgit Heine** (HC), **Rita Horisberger** (SHC), **Angelika Jell** (RZV), **Gaby Kiene** (HC), **Anja Krieghoff** (RZV), **Tanja Malinowksi** (RZV), **Michaela** und **Ernst Miller** (SHC), **Karola Müller** (HZD), **Heidi** und **René Oppliger** (SHC), **Christiane Pinnekamp** (RZV), **Iris Rickert** (HZD), **Roswitha Rotter** (HC), **Wolfgang Scheferling** (HZD), **Eleonore Schwalm** (HC), **Diana** und **Jörg Siebert** (HC), **Dr. Marion Stein** (HC), **Barbara Thiel** und **Thomas Baruth** (RZV), **Klaus Volkheimer** (HZD), **Barbara Zierott-Simon** (HZD).

Meinem Mann **Dr. Jens Kerl** herzlichen Dank für die aufmerksame Durchsicht des Manuskripts und für den anregenden Gedankenaustausch (nicht nur) in Sachen Hovawart seit mehr als 20 Jahren. Nicht zuletzt verdanke ich mein Wissen und meine Erfahrungen dem Zusammenleben mit den eigenen Hovawarten. Unsere momentanen Begleiter und geduldigen Lehrmeisterinnen: **Brenda vom Wideneck** (bl) und **Alma zum Quadrat** (sm).